地方史活動の再構築

新たな実践のかたち

地方史研究協議会［編］

雄山閣

序　文

二〇一二年度（第六三回）の地方史研究協議会大会は「地方史、その先へ―再構築への模索―」を共通論題として、一〇月二〇日（土）から二二日（月）までの三日間、東京都品川区において開催された。一日目の二〇日には、午前に二名ずつの自由論題研究発表と共通論題研究発表が、午後に公開講演・総会が、二日目の二一日には七名の共通論題研究発表と共通論題討論が、立正大学大崎キャンパス石橋湛山記念講堂において行われ、三日目の二二日には船で江戸・東京の水路をめぐる巡見が実施された。

東京で本会の大会が開催されたのは、一九九六年の第四七回大会（共通論題「地方史の再生―多様性からの出発―」）以来のことである。前の大会では、「総合学」としての地方史研究のための史料論や、隣接諸科学との連携について、また地方史研究の「核」となる地域の博物館・資料館・文書館の役割や、資料の保存・利用の問題をめぐって議論された。以来本会ではこの大会の成果を踏まえ、地方史研究の方法をさらに深化させるべく活動してきた。

しかしこの十六年の間に、日本の社会状況は大きく変化し、地方史の研究環境も厳しくなり、また度々大きな災害に見舞われ、地方史の活動の柱である史料保存利用運動においても新たな課題が出てきている。そのような認識のもと、今回の大会では、地域住民と連携しながら、地域の歴史像の解明と、資料の保存・活用に向けて尽力している博物館・資料館・文書館や学校など、現場からの報告を通して、地方史研究の方法論、問題点を検証し、今後の地方史活動の方向性を探った。

本書はその大会成果を収録したものである。すなわち、公開講演の中尾堯氏と森安彦氏、共通論題の発表者である石尾和仁・青木歳幸・小谷利明・加藤隆志・早田旅人・北村敏・高木秀彰・吉田律人・毛塚裕之の九氏、自由論題の発表者である楠瀬慶太氏、合わせて一二氏の論考を、Ⅰ、地方史研究の現状と課題、Ⅱ、地方史活動の広がり、Ⅲ地方史資料の新たな可能性、Ⅳ、公開講演の四部に構成、配置している。末尾の「第六三回（東京）大会の記録」では、今大会の開催経緯、常任委員会内の運営委員会と、実行委員会による準備過程、大会当日の経過、とくに共通論題討論の内容をまとめている。

大会では、それぞれの地域の調査研究や資料整理等、基礎的な部分を含む地方史活動が、個々の努力に拠るだけでなく、継続性を保持していくためには、他機関・組織、地域住民を含む多くの人々と連携したり、情報を共有して、議論を重ねていくことが重要であることが指摘された。今後も模索は続くが、本会ではこの大会成果をもとに永続的な地方史活動の方法を再構築していきたいと考えている。

本大会の実行委員会は、様々な立場で地方史研究に携わっておられる方々を中心に、通常の大会よりも多くの常任委員が加わり組織された。実行委員会の開催は一五回に及び、運営委員会と協議を重ねて大会の開催に至った。末筆ながら、大会実行委員長の奥田晴樹氏、事務局長の小泉雅弘氏をはじめ、大会実行委員の方々、後援して頂いた立正大学、品川区、品川区教育委員会、協力・協賛して頂いた諸機関・諸学会の方々に、心から感謝と御礼を申し上げたい。

二〇一三年一〇月

地方史研究協議会

会長　松尾美恵子

地方史活動の再構築 ― 新たな実践のかたち ―／目　次

Ⅲ　地方史資料の新たな可能性

公開講演

Ⅰ　地方史研究の現状と課題

「連携」に探る地方史研究団体の新しいかたち ―徳島地方史研究会の取り組みを中心に―

石尾　和仁

はじめに

小稿は、在野の地方史研究団体が直面する課題を見据えて、今後の活動のあり方を模索するために、筆者が所属する徳島地方史研究会を事例に検討するものである(1)。

徳島地方史研究会は、昭和四四年（一九六九）に発足し、すでに四〇年を越えて活動している。高校教員五名でスタートした本会も、今は八〇名近い会員数となっている。

しかし、高校教員を主体とした研究会も、発足二〇年目の頃から様相が変化してきた。すなわち、教員の会員離れ、歴史愛好家の高齢化など、『地方史研究』三五〇号、三五八号で報告されている各地の状況と同様の様相を示している。例えば、在野の地方史研究団体として長い伝統をもつ信濃史学会でも「かつて本会の主力であった小中高校の教員は、業務の煩雑化・多忙化等もあり、地方史研究の場から「逃走」するように撤退しつつある」状況であり(2)、富山県でも「早くより学校の統廃合が進み、また生徒指導の負担および雑用の増加と、さらに県史編纂の終了もあって地域史研究に取り組める教員が減少」していったようである(3)。

徳島県もその例外ではない。しかし、こうした教員の地方史研究離れの現象は近年顕著になったことではなく、徳島地方史研究会でも前述したように二〇年前から見られた現象であった。三〇年近く前に、すでに山内譲氏によって「私には、小中高校の歴史教育関係者が、地方史研究の第一線から退きつつあるように思えてならない」と指摘されていたことが現実の姿になったのである。(4)

また、徳島県では教員の会員離れに加えて、他県のように自治体史の編纂が地元研究者の養成にも一定の役割を果たしていたことに対し、自治体史（県史）の編纂すら大幅に遅れている現状にある。その一方で、古文書学習の浸透と翻刻作業には一定の成果が見られる。こうした現状を前提に、在野の地方史研究団体の今後の方向性について考えていこう。

一　徳島地方史研究会発足以前

1　阿波郷土会と徳島史学会

まず始めに、徳島地方史研究会発足以前において、徳島県内での研究団体の活動を取り上げ、本会の発足の経緯を確認しておきたい。

阿波郷土会

阿波郷土会は、昭和五（一九三〇）年五月に、当時県立図書館長だった坂本章三の肝いりで発足した「阿波郷土研究会」を前身とする。郷土教育が盛んだった昭和九（一九三四）年頃には博物館建設も会活動のなかで模索していたようであるが、(5)戦局の悪化とともに戦中・戦後の一時期は休会に追い込まれていた。

それが、昭和二四（一九四九）年一〇月に、やはり図書館長だった蒲池正夫を会長にして再発足することとなった。会則第2条には、「本会は郷土の自然並びに文化全般に亘り調査研究と郷土文化の向上に貢献することを目的とする」とある。その後、昭和三〇（一九五五）年五月には機関誌「阿波郷土会報」の刊行が始まり、七年後には誌名を「ふるさと阿波」に変えて刊行が継続されてきた。

機関誌の刊行が始まった昭和三〇年当時の役員は、飯田義資・横山春陽・前田正一・岩村武勇・石川重平・金沢治・多田伝三・浪花勇次郎・藤目正雄・岸本実・山本武男ら、県内の熱心な郷土史家を網羅するものであった[6]。しかし、会員の高齢化などもあり、平成一四年（二〇〇二）三月で休会し、機関誌「ふるさと阿波」も一九〇号を最後に終刊となった。

徳島史学会

前項の阿波郷土会から分離するかたちで、昭和三二年（一九五七）に発足したのが徳島史学会である。会長の個人的な営為もあって、一般向けの歴史関係図書を約八〇冊刊行してきたが、現在は会員の高齢化によって阿波学会（阿波学会については後述）の調査にも参加できていない状況である。

2 『徳島県史』の問題点

前述した阿波郷土会や徳島史学会などの活動があったものの、そこでの著述内容は全国レベルの研究状況に鑑みたとき、偏狭的な印象をぬぐい去ることはできない。その端的なものが『徳島県史』（一九六四〜六七年の間に通史六冊と史料編2冊を刊行）である。『徳島県史』に対する批判は、これまでにも繰り返しなされてきたが、次のような点が指摘されている[7]。

・近世の編纂物が同時代史料の如く扱われ叙述されている。
・戦前の歴史観がそのまま投影されている箇所が少なくない。
・学会の研究状況やその水準がまったく反映されていない。
・史料編が貧弱である。編纂物が中心で、一次史料がない。

戦前の歴史認識がそのまま記述された端的な例として、『徳島県史　第二巻』（一九六六年）がある。そこには、「峻険な山岳地帯の武士団が南朝尊奉に立って長く細川氏に屈しなかったのは壮観である」（一二八頁）、「吉野時代において（略）、山岳地帯の峻峯を負い、幽谷に拠った武士は宮方として剛直不羈、正を守って屈しなかった」（一三〇頁）などの記述が見られ、戦前の歴史認識がそのまま投影されているのである。(8)

このような地域史環境の中で徳島地方史研究会が発足した。

二　徳島地方史研究会の取り組み

1　設立の経緯

徳島地方史研究会は、前述したように昭和四四年（一九六九）四月に高校教員五名で発足した。徳島史学会の会員であった五名が同会から分離するかたちでスタートしたのであるが、その契機は『美郷村史』（一九六九年）の編纂にある。

『美郷村史』には、編集後記に「本史編纂を機に盛り上がった郷土研究」と見えたり、監修者の言葉にも徳島史学会の「脂の乗り切った同会中堅の協力者を得、これら若い同志の溌溂たる研究心を中軸として従来のものとやや形を異にする町村史が出来た」と自負している。ここにいう「中堅の協力者」がまさしく徳島史学会から分かれて徳島地方史研究会を立ち上げた草創期のメンバーであったのである。

　このような経緯で発足した本会も、二〇年目あたりまでは高校教員が主体であったが、そのころから教員の参加が減少し、現在では、大学教員・博物館学芸員・市町村職員・民間企業の方々が会員として活動している。一九九〇年代の前半に文化の森総合公園（県立博物館・県立文書館を含む文化施設が集まった公園）の開園や徳島市立徳島城博物館をはじめとする市町村立の資料館の開館が重なったことで、教員に変わり学芸員が会員として加入したことにより、活動の継続がはかられている。

2　機関誌・記念論集の刊行、月例会・公開研究大会の開催

　発足以降、徳島県における地域史研究の推進に努めるとともに、史料の調査・保存を図り、そのような成果を広く市民に還元していく取り組みを続けてきた。

写真　第24回大会チラシ

　主な活動として、毎月の研究例会、機関誌『史窓』の刊行（年刊で、現在四三号まで刊行）、公開研究大会の開催などがある。月例会では会員の研究発表をもとに熱心な討議が重ねられているが、時として県内各地で、その地域の研究団体と研究会を開催することもあった（阿波市土成町、三好市池田町、海部郡海陽町など）。また、地域史研究の成果を市民の方々とも共有していくことを目的に公開研究大会を毎年開催してきた。「自由民権運動と徳島」や「歴史のなかの吉野川」「阿波と淡路の地域文化を考える」「地域における歴史

表　徳島地方史研究会　公開研究大会一覧

1	1978年2月	新しい地域史像をめざして
2	1979年2月	地域と歴史教育
3	1980年1月	(社会経済史学会と合流)
4	1981年1月	産業史をめぐる諸問題
5	1982年1月	自由民権百年
6	1982年10月	自由民権運動と徳島
7	1983年12月	徳島の歴史と文化―地域文化の創造のために―
8	1984年12月	地域文化の創造と地方史研究―文書館設立にむけて―
9	1985年12月	阿波と淡路の地域文化を考える
10	1986年12月	みんなでつくろう　阿波の歴史を
11	1987年12月	新しい地域史像を求めて
12	1988年12月	語り伝えよう　ふるさとの歴史を
13	1989年12月	阿波の民衆生活史を問う―水・家・女性―
14	1990年12月	地域史の中の"わたし"―今、自分史を考える―
15	1991年12月	歴史の中の吉野川―治水・利水と民衆―
16	1992年12月	水平社とその時代―1920・1930年代の社会と民衆―
17	1994年2月	水が語る阿波の歴史―鮎喰川流域の用水を手がかりに―
18	1994年12月	新しい県民史づくりへの提言―21世紀・地域文化創造のために―
19	1996年1月	震災と阿波の地域史―新しい県史づくりにむけて―
20	1997年1月	阿波文化の継承と創造―新しい県史づくりにむけて（パートⅢ）―
21	1998年1月	海を渡る交流の歴史―新しい県史づくりにむけて（パートⅣ）―
22	1999年2月	地域における歴史資料の保存・利用をめぐって ―新しい県史づくりにむけて（パートⅤ）―
23	2000年2月	地方史研究と徳島―新しい県史づくりにむけて（パートⅥ）―
24	2001年2月	モノから見た徳島県のあゆみ ―歴史を語るさまざまな資料（新しい県史づくりに向けて7）―
25	2002年2月	「ふるさと」の歴史を調べること・学ぶこと ―地域史研究成果のはばひろい普及をめざして―
26	2003年2月	よみがえれ阿波の歴史家　ＰａｒｔⅠ　没後五〇年、今、鳥居龍蔵を考える
27	2004年2月	よみがえれ阿波の歴史家　ＰａｒｔⅡ 正倉院の扉を開けた阿波の偉人―「最後の国学者」小杉榲邨を考える―
28	2005年3月	よみがえれ阿波の歴史家　ＰａｒｔⅢ 徳島が生んだ近代歴史学の泰斗　喜田貞吉を考える
29	2006年2月	近代のなかの徳島城―殿様の城から市民の城へ―
30	2007年2月	山から見直す阿波の歴史―生業の視点から―
31	2008年2月	海から見直す阿波の歴史―生業の視点から―
32	2009年2月	里と街から見直す阿波の歴史―生業の視点から―
33	2011年3月	生業から見る地域社会―たくましき人々―
34	2012年1月	災害史に学ぶ阿波の歴史
35	2013年3月	土地に刻まれた阿波の歴史

資料の保存・利用をめぐって」「災害史に学ぶ阿波の歴史」などのテーマを掲げて研究集会を開催してきた(9)。さらには、郷土の先覚者の成果を継承する意図から、鳥居龍蔵・小杉榲邨・喜田貞吉らの生涯や業績についてテーマを設定したこともある（別表参照）。

　また、十年目ごとの節目に『阿波・歴史と民衆』、『阿波・歴史と民衆Ⅱ』、『阿波・歴史と民衆Ⅲ』の論文集を刊行してきた。そして、四〇周年目にも「生業」をキーワードにして『阿波・歴史と民衆Ⅳ　生業からみた阿波の歴史』を刊行した。

その他にも、草創期には郷土史入門講座や史跡見学会、各種テキスト作り（『阿波の近世史料演習』・『阿波の人物史』など）にも携わった。こうした取り組みは博物館施設の建設が進んだ現在は、事業内容が博物館事業とも競合することから、研究会としては実施していないが、教員のみで運営していた時期にこうした取り組みをしていたことは高く評価してよいであろう。なお、文書館設立運動にも参画、その実現を達成したことは、本会にとって意義深いものであった。(10)

3　阿波学会への参加

また、阿波学会の総合学術調査に「地方史班」として参加している。阿波学会は、徳島県立図書館に事務局を置き、県内の各種研究団体が加盟している組織である（「地方史班」のほか、「植物相班」「鳥類班」「昆虫班」「民家班」「民俗班」「地理班」「方言班」など約二〇のグループが参加）。「徳島県に関する学術調査および研究を行うとともに、県内各学会相互の連絡調整を図り、文化の推進に寄与することを目的」として（会則第2条）、毎年一つの市町村を対象に総合学術調査を実施し、『阿波学会紀要』として成果を刊行しているほか、地元で調査成果報告会を実施している。

そもそもは、昭和二五年（一九五〇）に県立図書館が企画して「祖谷社会総合学術調査」、翌年に「出羽島総合学術調査」を実施したことを契機とする。これを前提にして、「徳島のような地方的風土の中では、中小企業者や在野的な県内研究家と、中央学会（県内学術団体の多くは中央学会の県支部として中央につながるものであるが）との媒介的役目が県立図書館の仕事の一部に要請として課せられつつある」（図書館長蒲池正夫氏）の発言につながり、阿波学会の正式発足となった。(11)

しかし、加盟研究団体のなかには、会員の高齢化等で脱退するところも少なくない。すなわち、会員の高齢化、若手会員の未加入は、地方史研究団体のみならず、植物研究をはじめとする自然系団体にも共通する問題でもある。また、加盟団体の会費及び県費・当該地方公共団体の予算を活用しているが、県費の歳出削減の影響、事務局（県立図書館内）も職員減で今後の対応を迫られている。

4　徳島県内の他学会との合同例会の開催

本会は、徳島地域文化研究会（民俗学）及び考古フォーラム蔵本（考古学）、徳島地理学会（地理学）との合同例会も実施している。県内の人文系研究団体との合同例会は、かねてからその必要性が話題になっていたものの、開催は地方史研究協議会高松大会の準備会が直接的な契機となった。これまで、次のようなテーマで合同例会を実施してきた。

第一回　二〇〇六年一一月一八日（土）「阿波の城・館・まち」
第二回　二〇〇七年　五月一九日（土）「四国、その内と外と～阿波からの視点～」
第三回　二〇〇八年一一月二三日（日）「暮らしのなかの祈り」

毎月の例会活動がややもすると惰性的で閉塞感もあるなかで、一つの打開策の意味も込めて、合同例会開催の協議が始まった。合同例会では、各研究会の会員のみならず、市民にも参加を呼びかけたことから、多数の参加者を得ることができたが、共通テーマを挙げながらも、各報告者の論点や手法の相違から、なかなか議論のかみ合わない部分もあったことは反省すべきところである。

5 四国地域史研究連絡協議会への参加

四国地域史研究連絡協議会は、二〇〇七年の地方史研究協議会高松大会を契機に発足した。[12] この高松大会では、その準備として二年間をかけて四国各県で報告会（二巡、合計八回の研究集会）を開催した。それとともに運営委員となった各県の関係者が高松市に集まって協議を行うなどの取り組みを重ねてきた。

その作業を前提とした高松大会を承けて、形成されつつある四国の一体感の気運を継続させるためにも四国各県の研究団体の連携を維持していく必要性が提起された。その結果、各県に一人ずつの世話人をおき、日常的な情報交換を行いながら、年に一回各県持ち回りで研究大会を開催することにした。会の名称も四国各県の研究団体が連携することを目的とすることから、「四国地域史研究連絡協議会」とした。

これまで開催してきた研究大会は、次の通りである。

①二〇〇八年　松山市で「四国遍路研究前進のために」をテーマに開催
②二〇〇九年　高松市で「四国の大名—近世大名の交流と文化—」をテーマに開催
③二〇一〇年　徳島市で「近代四国における戦争と地域社会」をテーマに開催
④二〇一一年　高知市で「四国の自由民権運動」をテーマに開催
⑤二〇一二年　松山市で「山岳信仰と四国遍路」をテーマに開催

このうち、第二～第四回までの成果は、岩田書院からブックレットとして刊行している。

三　徳島地方史研究会の現状と課題

前節で徳島地方史研究会の活動内容を報告してきたが、冒頭でもふれたように、全国的な動向と同じく、在野の地方史研究団体が抱える課題を、徳島地方史研究会も抱えている。

まず第一に、毎月の例会活動への参加者が少数固定化していることがあげられる。このことが会活動に閉塞感を生じさせている原因でもあろう。背景には会員個々の多忙感と専門分野の細分化が想定される。少ない会員が、さらに個々の専門分野に固執しており、阿波史全体を論議する環境にない。これは、全国レベルの研究者の間でも見られる傾向でもあると思うが、研究分野の細分化が、互いの研究に対する問題意識（関心）を希薄化させているものと考えられる。

そして何より、草創期には主体的に活動の中心として動いていた教員の参加が見られなくなったことが大きい。

教員の地方史研究離れは全国的な傾向であり、信濃史学会の山浦寿氏は、教員の業務の煩雑化・多忙化に加えて、「多数の研究者を育てた自治体史誌の編纂事業は大方終了」したことが、切磋琢磨した仲間の分散をもたらしたと指摘している[13]。これに加えて、徳島地方史研究会で筆者と共に活動している松下師一氏が「地域史料の保存機関の量的な充実が、かえって一部の専門職員に特化したコミュニティーを形成しているのではないだろうか」と述べ、教員の研究会離れの背景に、現在の研究団体が歴史系博物館・資料館などに研究職として勤務する専門家によって構成される閉鎖されたコミュニティに陥ってしまっていることがあるのではないかと危惧している[14]。まさにその通りで、これから新たに地域史を学び始めようとする教員にとっては敷居の高い組織になっているのも事実であろう。

筆者も高校教員でありながら、博物館学芸員として勤務した経験をもち、現在は教育委員会事務局で教育行政の一端を担っている。学校・博物館両者の職場環境を知り得ているが、率直なところ、学校現場は、さまざまな教育課題が山積するとともに、「教育改革」という名の嵐が吹き続けており、その対応に追われるなか、まともに教材研究に取り組む時間の確保さえ難しい時さえある。そのような中で、日進月歩で深化する歴史研究に向き合うということは並大抵のことではないことも実感している。

しかし、歴史教員は地域史に取り組むことで、教室で向き合う生徒たちに対して、歴史に対する興味・関心を喚起することができるのであるから、教員の地方史研究離れは、これこそ喫緊の課題であると考える。すなわち、教員を地域史研究に向かわせる手だてが模索されなければならない。

この点については、現在自治体史の編纂が絶えていることも大きな要因である。このことは、新たな資料の発掘の道が狭まっていると同時に、歴史研究の担い手を育てる場を失っていることをも意味しているのである。歴史系学部を擁していない徳島県では、『美郷村史』編纂を契機に本会が発足したように、自治体史編纂を通して新たな地域史研究の視角が育てられるところも少なくなかったが、今はその道がないことになる。また、歴史系学部を擁していない現状を鑑みたとき、鳴門教育大学大学院社会系コースの大学院生が新たな歴史研究の担い手の供給源となることが期待されるが、これも地方自治体の財政難もあって派遣教員（修士課程への長期研修）の数が減少している。しかも、教職大学院が設置されたことにより、教科教育コースへの派遣は激減している実態がある。

なお、本会は正会員と購読会員（機関誌『史窓』の購読のみで、毎月の例会案内は受け取らない）に分かれているが、後者が激減しているのも近年顕著な現象である。財政難による公共図書館の購入中止や個人会員の高齢化が背景にある。

このような課題に対して、今後の会活動をどのように模索していくべきであろうか。次節で整理していきたい。

四　今後の取り組みに向けて

1　教員の参加を促すために

教員の研究会離れが、地方史研究団体にとって大きな課題の一つであることは繰り返し記してきたところであるが、これまでにも、教員を再び地方史研究団体に呼び戻す手だてが提言されてきた。

その一つに会誌の充実が指摘されている。山内譲氏は、日頃の活動の中に、歴史教育に関するテーマを大胆に盛り込むことともに「研究誌の誌面などを通じて、教材化に適するような史料を精選して提供すること」を提案されている。そして、「掲載論文については硬軟のバランスをとること。研究水準を維持すると称して中央の学会誌をまねて硬い論文だけを掲載したのでは、多様な構成員の支持を長期間にわたって維持していくのはなかなかむずかしい」とも指摘し、地域の文化財を紹介するような誰もが気軽に投稿できるような欄を作ることが求められると述べられている。(15)

また、笹本正治氏も、長野県や山梨県の地方史研究団体の動向を述べながら、「純粋に学術的になればなるほど存続は難しくなる」と指摘し、「論文の内容がおもしろいものであり、地域を見ていくための示唆が与えられ、教育などに役立つ」ように、会誌の充実が図られなければならないとする。(16)

再び山内氏の指摘を引用しておこう。やや長文になるが、地方史研究に携わるものとして肝に銘じておくべき言葉であると思うので、ご寛容いただきたい。

いい授業を行おうとする歴史教育者は何らかの形で地域史研究にかかわることになるはずである。地域史を取り入れた歴史学習に対する理解が深まれば、歴史教育者が地方史研究に帰ってくる可能性は十分に残されているといえよう。そのような時に、地方史研究団体や地方史研究サークルの側に、歴史教育者の関心に応えられるような準備が整っているだろうか。地域に密着しすぎるあまり、かつてのお国自慢的傾向が強まってしまえば、それは、歴史教育のめざす方向とはおのずから齟齬をきたすことになろう。また、学術性の深化をめざすあまり、研究内容が高度に専門化してしまえば、その成果を歴史学習に活用する余地を狭めてしまうことになろう。地方史研究団体の側としては、このようなことに十分留意した上で、歴史教育者に対してたえず門戸を開けておくことが重要である(17)。

地方史研究団体が、教員をつなぎ止めておく手だてをどれだけ考えてきたのか、私自身も徳島地方史研究会の会員として二十五年ほどが経過してきたが、私自身が高校教員でありながら、教員仲間が次第に研究会から足が遠のいていくのを傍観しているだけであったように感じており、深く反省している。

2　連携の強化

会員の急速な増加が見込めない現状では、他の研究団体との連携が望まれる。前述した県内三団体（徳島地域文化研究会・考古フォーラム蔵本・徳島地理学会）は、いずれも本会よりも少ない会員で運営されているのが実態であり、本会のみならず連携が必要ではないかと考えられる。本会を中心に、県内四団体による連携した取り組みをより一層具体化していくことが求められる。ただし、その時に注意すべき点は、四団体が一堂に会することではなく、テーマ設定に応じた協業の推進である。テーマによっては、二つであったり三つであったりする場合があってもよいだろうと考える柔軟さも必要であろう。

さらに、阿波学会の取り組みの継続にも力を注いでいく必要がある。阿波学会での取り組みは、前述したように、新たな資料の発掘にもつながる活動であり、財政的にも転換期を迎えている阿波学会ではあるが、本会として活動の継続を求めていくことが必要である。

ところで、徳島県内には徳島県立文書館の「徳島の古文書を読む会」を始めとして、同様のサークル活動をしている団体が少なからずある。こうした古文書に慣れ親しんだ市民層を取り込むことも、地域史研究を活性化させていく上で有効な手段となろう。

3　「歴史資料保全ネットワーク・徳島」の活動

また、昨年九月十六日に立ち上げられた「歴史資料保全ネットワーク・徳島」（略称徳島史料ネット）との連携も求められる。「主に徳島県等における歴史資料を「守り」、「記録し」、「伝える」ことをはかり、地域の歴史を未来に伝えていく営みを、多くの組織・個人との共同によって支え、培っていくこと」を目的に設立されたものである（会則第2条）。実態としては徳島地方史研究会の中心的なメンバーが運営委員に網羅されている団体ではあるが、活動そのものは行政団体や歴史に関心のある市民との有機的な連携が必要であり、この会の活動を活性化させることで、震災時における史料救済のみならず、新たな資料の掘り起こしにもつながることが期待される。こうした活動の根幹には連携が重要な課題となるが、徳島県内の場合を考えると、幸いなことに歴史系博物館・資料館の学芸員や行政内の文化財担当者、そして日本史学の大学教員のほとんどが徳島地方史研究会の会員であり、すでに「個」の連携と情報の共有化の術を得ている。このことを資料保全の面にも活かしていくことが大切である。

4 新「徳島県史」編纂事業の呼びかけ

最後に、新「徳島県史」づくりの提案を再度継続的に行っていかなければならないことも強調しておきたい。現在の徳島県史は刊行からすでに半世紀が経過し、しかも戦前の歴史観を色濃く残した叙述がある。他県の自治体史に見習い、史料編の充実した県史を編むことが、次代につなげることのできる地域史像を提供できるものと考えられるのである。以前から本会では「新しい県史づくりに向けて」をスローガンに会活動を実践してきたが、近年はややもするとトーンダウンしていた嫌いがある。しかし、再び声を上げていく必要があるであろう。

おわりに―今後の取り組みに向けて―

徳島地方史研究会の現状と課題を縷々記してきたが、これらは他県の在野の地方史研究団体が抱えている現状と共通するものも多々あるであろう。

在野の地方史研究団体には、学術的な深化をはかるものから、地域に密着して臨地研修も盛り込んだ活動を主体的に行っているものなど、多様な性格をもった団体がある。笹本正治氏は、「純粋に学術的になればなるほど存続は難しくなる」と指摘されているが、[18]徳島県では、阿波郷土会などが活動を停止したように、後者の場合であっても高齢化を背景に存続が覚束ないのである。

厳しい現状が続くなか、会活動の活性化を図るためには、そして地方史研究の特質を考えていけば、やはり「連携」「ネットワーク」が一つのキーワードになるであろう。

なぜなら、史料の残存に偏りがある地方であればあるほど、より一層文献資料にこだわらず、考古学や民俗学、言語、そして時によっては自然科学の分野の成果も加味していくことが求められるからである。すなわち、「総合学」としての力量が地方史研究団体には必要となってくるのである。それ故、徳島地方史研究会として参加している阿波学会や四国地域史研究連絡協議会との「連携」がより重要となる。そして、徳島県内の徳島地域文化研究会や考古フォーラム蔵本、徳島地理学会との合同例会の意義も一層深まるのである。「連携」することの意義は大きい。

宮崎県でも在野の史談会が組織された宮崎県地方史研究連絡協議会があるという。[19] ネットワークを構築し、連携することで多様な課題を解決する糸口を見つけることが出来るのではないかと考えている。

また、徳島地方史研究会の活動を様々な形でアピール（広報）していくことで、市民も巻き込んだかたちで会の発展を図っていくことも可能となる。このことも常に意識しておくことが大切であろう。博物館などの専門職員や学校教員だけではなく、広く市民の会活動への参加を促していくためには、情報を発信し続けることが必要である。例えば、公開研究大会の開催にあたっては、地元紙の文化欄に寄稿し、開催の周知を図っているが、その結果、毎回多くの市民の参加が得られているのである。

徳島地方史研究会では、若手学芸員の新入会員が近年相次いでいるが、今後継続的な学芸員の採用が見込めないことを考えると、若手教員の取り込みに知恵を絞っていかなければならないであろう。今後より一層、会活動に工夫を重ねていきたい。

註

（1）徳島地方史研究会の取り組みの一端については、拙稿「徳島地方史研究会の取り組み」（『地方史研究』三三六号、地方史研究協議会、二〇〇七年）で報告している。

（2）山浦　寿「信濃史学会の現状と課題」『地方史研究』三五八号、地方史研究協議会、二〇一二年。

（3）深井甚三「富山県の地域史研究の現状」『地方史研究』三五〇号、地方史研究協議会、二〇一一年。

（4）山内　譲「地方史研究団体の活性化をめざして」『地方史研究』二〇二号、地方史研究協議会、一九八六年。

（5）長谷川賢二「戦前期徳島における博物館事情」『博物館史研究』一一号、博物館史研究会、二〇〇一年。

（6）飯田義資編『阿波郷土会創立三十年記念誌』阿波郷土会、一九六一年。

（7）三好昭一郎一九九六「現『徳島県史』の回顧と『新県史』の課題」『史窓』二六号、徳島地方史研究会、長谷川賢二「『県史』その後―時代別研究状況―①古代・中世」『史窓』二六号　徳島地方史研究会、一九九六年。

（8）阿波山岳武士論については、福家清司「「阿波山岳武士論」再考」（『阿波・歴史と民衆Ⅲ』徳島地方史研究会、二〇〇〇年）を参照のこと。

（9）公開研究大会の評価については、福家清司「「公開研究大会」の在り方をめぐって」（『史窓』三〇号、徳島地方史研究会、二〇〇〇年）を参照のこと。

（10）泉　康弘「文書館設立の提言」『徳島の文化』四号、徳島の文化を進める会、一九八四年、同「地方史研究と文書館」『史窓』一五号、徳島地方史研究会、一九八四年、同「文書館設立運動の経過・記録」『史窓』一七号、徳島地方史研究会、一九八六年、松本　博「地域の生活者と文書館」『史窓』一七号、徳島地方史研究会　一九八六年、大和武生「地方史研究と文書館」『史窓』一七号、徳島地方史研究会、一九八六年。

（11）阿波学会『阿波学会三十年史・記念論文集』　徳島県立図書館、一九八五年。

（12）胡　光「四国の地方史研究」『地方史研究』三五〇号、地方史研究協議会　二〇一一年、同「四国の地方史・地域史を考える―四国地域史研究連絡協議会の試み―」『地方史研究』三五八号、　地方史研究協議会　二〇一二年。

（13）前掲註（2）山浦論文

（14）松下師一「広域ネットワークによる地域史料の保存と地方史研究」『地方史研究』三五四号、　地方史研究協議会、二〇一一年。

(15) 前掲註（4）山内論文
(16) 笹本正治「地方史研究に寄せて」『地方史研究』二五四号、地方史研究協議会、一九九五年。
(17) 山内　譲「地方史研究団体の活動」地方史研究協議会編『地方史・地域史研究の展望』名著出版、二〇〇一年。
(18) 前掲註（16）笹本論文
(19) 籾木郁朗「研究活動のネットワーク化を進める戦略を～宮崎県地方史研究の現状と課題～」『地方史研究』三五〇号、地方史研究協議会、二〇一一年。

地域再生の歴史学—地方紙記者からの提言—

楠瀬　慶太

はじめに

筆者が大学に入学した二〇〇三年は、人文・社会・自然科学を横断した学際研究が行われるなど日本中世史における学際研究が大きく発展した時期であった(1)。一方で、競争的研究資金の拡充と評価の整備・強化、問題解決型学問・総合的研究の推進、大学法人化などで歴史学が置かれた学術環境は大きく変動し、既存のやり方で歴史学を再生産していくことが困難な状況に置かれるなど(2)、学問としての歴史学の在り方が議論され始めていた。筆者は、学部では考古学研究室に所属し、中世考古学を専攻。当時の学際研究の流れを受けて、文献史学や建築史、地理学などの方法論を取り入れつつ、福岡県福岡市の博多遺跡群を中心に歴史時代の土器研究を行った(3)。大学院では文献史学に転向し、荘園故地調査や民俗調査などで四国、九州の町や農山漁村を二年間、調査して歩いた。その中で中山間地域や都市内の商店街における過疎高齢化の現状を目にし、消滅に瀕する村や町の歴史・生活・民俗の記録の必要性を痛感した。聞き取り調査をもとに、地域の歴史や文化の記録作業(4)や限界集落化の歴史的プロセスに関する分を進めた。調査研究を通して「村落史研究の課題は、圃場整備や宅地開発で『変わりゆく村』ではなく、過疎高齢化で『消えゆく村』に如何に向き合うべきかに変わっている」と実感し、地域社会の実践の場で「今、歴史学に何ができるのか」を問うべきと考え、故郷の高知県の新聞社に記者として就職し[6]、現在に至っている。

本稿では、歴史研究者として地域を歩き、住民の一人として地域で暮らし、新聞記者として地域を取材する筆者が、過疎高齢化で急速に疲弊する高知県で、歴史学の知識を用いて住民らと協働して進めている地域おこしや集落維持の実践事例を紹介する。地域再生に歴史学という学問分野が貢献できる可能性を探り、地域社会で歴史学の研究者が果たせる役割やそのプロセスを提言してみたい。

一　地域社会と歴史学―高知県の事例から―

本稿が対象とする高知県の人口は約七四万六八〇〇人で、高齢化率は全国三位の二八・八％と急速に過疎高齢化が進行している。地理的・経済的な条件不利地域[7]いわゆる中山間地域では、その人口が過去五〇年（一九六〇～二〇一〇年）で二二万五五三七人（四二％）減少、将来的に消滅の恐れがある十世帯未満の集落が全体の十・四％を占めるなど集落の小規模化が進み、集落の自治、生活道路の管理、冠婚葬祭など共同体としての機能低下が進んでいる。一方で、五十世帯未満の集落では「集落に住み続けたい」と七〇・九％の人が回答しており[8]、地域に住む人材「人的資源」と、地域にある施設や機関、知識や技術などの「地域資源」を活用し、集落を維持していくことが不可欠となっており、住民や行政、民間団体などがさまざまな地域再生の取り組みを進めている。

過疎高齢化の中で、地域社会と歴史学の関わりも変化している。バブル崩壊以降の不景気や人口減少による税収減少など厳しい地方財政の中で、全国でも都道府県や市町村の文化部門予算は縮小傾向にあり[9]、博物館や資料館では指定管理者制度の導入により経営の効率化が進められ、学術施設の少ない地方で歴史活動を行う郷土史団体も会員の高齢化や補助金の減額などで存続の危機に立たされている。

高知県では、専門職員の人員や人材不足による地域の文化財の保全や管理に関する問題が相次いでいる。二〇〇八年には、香南市教育委員会で旧香美郡野市、香我美、夜須の三町教育委員会が一九九九～二〇〇六年度に実施した遺跡の発掘調査八件の報告書が、人員不足を原因に作成されず放置されていた問題が発覚。[10]市町村教育委員会における専門職員の人員不足が浮き彫りになった。その現状は、現在も大きく変わっておらず、二〇一二年度の県内市町村の埋蔵文化財専門職員数はわずか八人と、全国平均の八二．三人を大きく下回る全国最低の数字となっている。[11]

また、博物館の経営も指定管理者制度の導入で過渡期を迎えており、制度導入に伴う人材確保や施設設置者の自治体の文化行政への姿勢が課題として指摘されている。[12]二〇〇四年に開館した高知市立龍馬のうまれた町記念館は入館者数が低迷し、二〇〇八年度から指定管理者制度を導入。民間委託後はＮＨＫ大河ドラマによる龍馬ブームが重なり、来館者数を急増させた。特に、同館周辺の龍馬の生まれた町を歩くツアー「土佐っ歩」が好調で、高知市と市観光協会による一般住民ボランティアのツアーガイド育成が実を結んだ。予算や人員面で苦しい小規模施設では博物館活動への住民参加の必要性が叫ばれており、[13]同館において住民の力が人員不足を打開し、広範な博物館活動を後押しした点は大いに評価すべきである。

県庁所在地の高知市以外の市町村の博物館では、多くが専門の学芸員を雇用していない。そのため、地域の歴史資料の保存や保管、調査研究は、地方の郷土史団体や郷土史家の精力的活動によって担われてきた。しかし、近年では高齢化による人材不足が顕著となり、郷土史団体の衰退が進んでいる。各市町村の史談会の多くが活動停止状態になっており、一九一七年発足で県内最多の会員を抱える土佐史談会も会員数が年々減少。ピーク時の約八〇〇人から約四八〇人まで減少し、二〇一一年度には会費の値上げを余儀なくされている。また、過疎化によって地域の旧家などに伝わる歴史資料が散逸していく問題も顕在化。地域人材の高齢化や組織の弱体化が進む中で、展示・保管や研究を中心に行ってきた博物館や大学といった学術機関は、これまで以上に地域に入って資料の記録や保全活動を行う必要性に迫られている。

高知県立歴史民俗資料館と高知県立大学が県内市町村から委託を受けて行う民具調査や、山内家宝物資料館が旧村単位で古文書や伝承を調査して刊行する「地域資料集　土佐の村々」などは、危機に瀕した地域の歴史資料を後世につないでいこうとする動きと言える。このように博物館や資料館、大学が地域に入り行う実践活動は、地方史の分野で進みつつあり、地方史研究協議会の二〇一二年度大会を前にした問題提起でも複数の事例が紹介された所である。(14)歴史学の学問分野において、専門家や学術機関と地域社会との関わりは欠かせないものになりつつある。

地域社会と学問の関わりを深めていく上で興味深い事例がある。生物学を勉強した三十代の民間女性が中心となり、大阪市立自然史博物館で二〇〇三年に結成されたサークル「なにわホネホネ団」の取り組みである。(15)同サークルは会員約二百人、子供や女性など三〇～四〇人が集まる月一回の動物解剖実習が主な活動で、動物遺体の回収や標本資料の作成、イベントでの普及活動を行っている。注目すべきは、活動が専門の学芸員でなく民間の女性によって主導され、これまで博物館に縁が薄かった地域の子供や女性が頻繁に館を訪れるようになったことである。さらに、車などに敷かれた動物遺体を「廃棄するのではなく、地域の動物資料として標本で残そう」と、会員が回収して標本の作製を進め、資料やデータとして蓄積し学問分野に貢献している。「わたしたちの博物館はもっと楽しいところ」をコンセプトとして、生物学という学問や博物館の敷居を大きく下げ、学問の普及や社会貢献に寄与している。

地域社会と歴史学の関係を考える上で参考になるのは、この取り組みが「地域のためにという意識で取り組めば、研究者や学問の専門家でなくても学問に参加できる」「学問は難しいでなく、役に立つ、面白い」を実践している点である。専門的知識を持つ人材が不足する地域では、博物館や大学の研究者だけで歴史資料の記録や保存を進めるのは困難であり、住民の力を借りて協働で活動を行っていく必要がある。また、それが実際の地域社会の課題解決につながる方向で行われることで住民参加を増やし、住民自らが地域の歴史を残す活動につながっていく。前述したように住民の多くが集落の維持を望む高知県では、地域に長く伝わってきた歴史資料や文化を貴重な地域資源と捉え、地域で活用していくことが地域再生への有用な手段になると考える。

三　歴史学で地域を「記録する」「掘り起こす」「普及する」

前章では、専門的人材の不足と歴史資料の散逸や保存の問題を抱える地域社会において、歴史学の研究者が地域に出て、歴史資料の記録・保存の問題とともに過疎高齢化や集落維持といった地域問題に取り組む必要性を指摘した。本章では、そのプロセスとして高知県内を中心に筆者が住民とともに行っている実践活動を紹介する。実践活動は、地域の歴史や文化を「記録する」活動に始まり、住民にその価値を「地域資源」として認識してもらう「掘り起こす」活動、これらを住民に地域おこしに活用してもらう「普及する」活動の三段階で行うことが効果的と考える。以下、複数の事例を通して、住民とともに地域の歴史や文化を地域再生に活用していく方策を示す。

1．消えゆく村を「記録する」

列島各地で圃場整備が本格化した一九八〇年代以降、多くの村落研究者が荘園故地などの集落に足を運び、土地利用や水利慣行、地名、遺跡などを総合的に調査した。[16]これらは農村部と言われる平野部が中心で、山村や漁村と呼ばれる中山間地域や沿岸部の調査は少ないという傾向があった。過疎高齢化が急速に進行した一九九〇年代以降、山村や漁村では林業や漁業といった本来の生業が失われ、集落の維持さえ困難な状況に追い込まれている。このような中で、「村」と呼ばれた集落が長く継いできた歴史や生活、民俗いわゆる「民衆知」が消滅の危機に瀕している。筆者は、「民衆知」の記録を行うため、二〇〇七〜二〇〇八年にかけて愛媛県境に接する高知県香美市の山村、佐賀県境の福岡県糸島市、福岡市西区の農山漁村で、住民への聞き取り調査など精密な現地調査を行った(17)。集落単位での精密な学術調査が過去に行われていないこれらの地域において、山村や漁村の「民衆知」を「記録する」中で得られた重要な成果を紹介する。

①屋号の記録

高知県香美市では、旧物部村（現香美市物部町）の約百集落で高齢者に聞き取り調査を行い、約八百個の屋号を収集・現地比定した。この地域は、集落の限界集落化、消滅化が顕著で多くの家屋が廃屋化しており、収集した屋号を冠した家屋の中には現在人が居住せず、住居跡が消滅したものを多く含んでいた。収集した屋号は名称と位置を地図上に記載、由来等を記載して地名データベース（エクセル）化し、報告書の形で刊行(18)、一二〇人の調査協力者に配布した。ダム建設により沈んだ集落や居住者がいなくなって消滅した集落も多くあり、屋号の特定は消滅した近代の集落形態を記録し復元する材料となった。また、戦国期に土佐国を治めた長宗我部氏が作成した土地台帳『長宗我部地検帳』に記載された屋号の多くが今も高齢者の記憶の中に残存しており、近世初期の山村の集落形態を復元するための歴史資料を多く記録することができた。調査を通して、平野部ではその多くが消滅してしまったと考えられる屋号が山間部にはまだ多く残存していることが確認された。そして、文字には残らなかったものの住民の言葉で長く語り継がれた屋号が、前近代〜近代〜現代〜未来を繋ぐ集落の歴史資料として重要な意味を持つことが再認識された(19)。

②海・山の地名の記録

福岡県糸島市と福岡市西区の沿岸部では、九地区で高齢者に海の知識について聞き取りを行った[20]。魚が集まる海中の岩場「瀬」を海上で見つけるヤマアテの技術や、伝統的な漁業慣習や漁法、魚場の地名などである[21]。これらの知識や技術は、各漁村が長い年月の中で確立し、文字に残ることなく語り継いできた「民衆知」であるが、GPSや魚群探知機の導入による漁業の機械化によって次世代に伝承されず、漁業の衰退に伴い多くの漁村が住宅地となって機能を失ったことで、消滅の危機に瀕している。漁業活動に従事した高齢者から多くの地名を聞き取って地図上に落とし、さまざまな海の知識を記録して報告書の形で刊行、協力者約百人に配布することができた[22]。調査では、多くの高齢者が「海の地名や漁業集落の知識は、息子や孫にも伝えておらず、このままでは自分たちの代で消えてしまう。文字の形で記録して後世に伝えなければいけない」と聞き取りに協力してくれた。この「記録する」作業は、当たり前だとか、古くさいと思っている高齢者の知識が、地域の歴史や文化を知る重要な歴史資料であることを住民自身が認識するという「掘り起し」のきっかけ作りとして重要な役割を果たしたのではないかと考えている。

また、中山間地域でも材木などの山資源の利用が行われなくなり、山や谷の地名の多くが次世代に伝承されることなく、高齢者の記憶の中に眠っている。地名は記録するだけでなく、残存する古文書群の記載地名を聞き取りで現地比定することによって、集落の景観や歴史を復元できる歴史資料である。例えば、高知県香美市における調査では、「中山」「クラ」「ヌタ」「トウ」などの境界地名の現地比定による中世名の境界設定過程の復元[23]や、『長宗我部地検帳』記載の屋号や田畑の地名の現地比定による災害に対応した集落立地や土地開発過程の復元[24]などを行うことができた。古文書が少ない中山間地域の集落でも、中近世期の坪付や検地帳、江戸期の地誌類などに記載された地名を現地比定して活用することによって、地名が文字史料の価値を増し、集落の歴史の一端を復元することが可能となる。

③住民との協働関係で地域資源を「掘り起こす」

筆者は、二〇〇七・二〇〇八年の集落調査以降も、住民の要望を受けて高知県内の集落で聞き取り調査や古文書、石造物、建築物の調査を継続している。住民の要望は、集落に残る歴史や文化の中に地域おこしの材料や保存・伝承していく地域資源があるのかどうか、専門家に検証してもらいたいというものである。調査後は、集落ごとの地名や歴史、民俗をまとめた専門的な調査報告書の刊行を目指すが、加えて集落の個性となりえるような伝統的農作物や建造物、史跡など地域おこしの材料として活用できそうモノや場所を地図上に落とした地域資源マップの作成も目標にしている。集落の地図を開いて区長さんらに古い話を聞いていると、いつのまにか人が集まり、ワークショップ形式の集落調査となる場合が多い。また、聞き取りした話を古文書や地誌類と整合させていくと、「古いとは聞いていたけど」「うちの集落にもそんな歴史があったか」などと住民の歴史認識に一定の時間軸が得られるケースもある。さらに、調査を通じて住民が集落の変化や現状を認識し、歴史・民俗・生活の価値に気付く機会が生まれるのである。集落調査では、歴史研究者は地域の歴史や文化、民俗について普遍的な知識しか持ち得ないのに対し、住民は詳細で個別的な知識を持っている。両者が協働で調査を進めることで、詳細で個別的な知識が客観化され、集落の個性が見えてくればベストである。また、調査結果を両者が共有していくことも重要である。集落の地域資源を「記録する」から「掘り起こす」過程へと発展させるのには、住民の参加、研究者との協働関係が欠かせない。そのためには、研究者が住民との人脈や人間関係を構築し、地域事情や地域が抱える問題に精通している必要がある。これらは、研究室や博物館、学会などのような既存の研究環境では確立しえないものであるが、今後歴史学が地域社会と積極的に関わり、地域再生に寄与していくためには不可欠なものになってくるのではないかと考える。

2．地域資源を「掘り起こす」から「普及する」へ

次に、集落の歴史や文化が、研究者が関わることで住民によって地域資源として認識される「掘り起こす」から、地域おこしに活用される「普及する」過程へ至った実践事例を紹介する。この段階は、研究者による調査や研究活動の域を大きく越え、住民の主体的な活動となっている点に特長がある。

①中世城館で地域おこし

中世期、全国各地の集落には、江戸初期に一国一城令が出されるまで、土豪が治める小さな城（中世城館）が乱立していた。その多くは標高が低い山に築かれた山城で、土塁や堀切、曲輪などの遺構が残存する。近年、山頂からの景色を活用しようと住民や自治体が整備を進め、地域おこしや観光に活用する動きが全国で拡大している。滋賀県の山城を烽火リレーでつなぐ「近江城跡琵琶湖一周のろし駅伝」や山城の活用法を議論する「全国山城サミット」も開催されている。高知県でも約六五〇カ所ある中世城館を活用しようと二〇一〇年ごろから、各地で活動が始まっている。南国市の久礼田城では、二〇一〇年に地元の史談会が中心となって保存会を結成し、登山道整備や山頂の森林伐採、看板設置などを進め、ガイドツアーの実施も計画。高知市の金山城跡や香美市の山田城跡などでも同様の動きが広がっており、高知県立歴史民俗資料館が助言を行っている。

同館は、安芸氏や本山氏、津野氏など戦国期の土佐七守護ゆかりの地など県内八カ所を訪れる日帰りバスツアー「長宗我部元親と土佐の戦国史跡巡り」を二〇一一年から開催。計八回で各回四〇人のツアーだが、受付初日で三二〇人の定員が埋まるなど大人気で、特に五〇～七〇代の女性が多いのが特徴。山城見学や学芸員による遺構の解説、各地の女性グループによる郷土料理が好評だという。また、ツアーには歴史ファン拡大だけでなく、地元の史跡を地域資源として活用する機運を高めてほしいという狙いがあった。本山町では、二〇一一年に住民や町職員がボラ

ンティア団体「天空本山城物語」を立ち上げ、本山城など本山氏ゆかりの史跡を巡る同館のツアーに参加。住民らは城の史跡としての価値を再認識し、自ら周辺の史跡調査やガイド養成、団体による独自ツアーなどを企画するなど活動を広げている。博物館の研究者が史跡ツアーという形で地域に入り、「記録する」活動の中で得られた地域の歴史や文化の重要性を伝えたことで、住民らが中世城館の地域資源としての価値に気付き（「掘り起こす」）、地域おこしの材料として活用（「普及する」）を始めている。地域の開発に関わった土豪が統治の拠点とした中世城館は、地域のルーツとも言える住民たちの〝おらが城〟である。これを再び地域おこしの根城にしようとする住民たちの活動は、伝統に根ざした地域資源の活用という点で注目される。

②伝統料理で地域おこし

ここでは地域に伝わる伝統料理を掘り起こし、地域おこしにつなげる活動を進めている高知県四万十市の中組集落（二五戸、八〇人）を紹介する。集落は、住民の高齢化で地区の公民館活動を脱退するなど地域活動が停滞し、二〇一〇年から四万十市が地域集落再生事業を導入。高知大学と県内のＮＰＯ法人と連携し、大学の授業やインターンシップで大学生が地域に入り、住民交流や特産品開発を行う事業を展開した。大学生は聞き取りを進める中で、石臼でひいた大豆を鉄鍋で煮て、豆腐になる前に食べる「ふわふわ」と呼ばれる伝統料理に注目。住民とともに大学の学園祭や食のイベントなど地区外で販売することで、住民に伝統料理の価値を再認識してもらい、特産品として売り出す活動を進めた[25]。大学生に引っ張られる形だった住民も、翌年には住民組織「中組絆の会」を立ち上げ、若い世代に調理法を伝承する月一回の交流会開催や大豆の生産再開、県内外での外販活動などを主体的に行うようになった。「ふわふわ」は県内での知名度が高まり、食のイベントでは人気の商品となったほか、そのほかの住民活動も活発化するなど集落が活性化している。

ここでは、一定の専門性や知識を有した大学生という若い力が、住民に「ふわふわ」の伝統料理としての価値を伝えたことで、地域資源としての価値が掘り起こされ、「普及する」過程へと発展した。外販活動などは当初、大学生や市職員の主導で行われたものの、刺激を受けた住民らは住民組織を結成し、自主的な活動を行うようになった。伝統料理を使った地域おこしの活動が集落の活性化につながり、住民の自立した活動へと発展した例として注目される。

③青年団が地域祭礼を応援

一九八〇年代まで全国の集落には、地域祭礼の中心を担う十八～三五歳の男女が所属する「青年団」という若者組織があった。しかし、若者の都市部への流出が進み、青年団は統合または消滅。現在では、年配者が祭礼の中心となり、担い手不足から存続が困難な地域が急増している。ここでは、二〇一二年秋、地域祭礼の復興を目指す高知県四万十市の中村連合青年団(26)が地元の神社・不破八幡宮(27)の秋季大祭を支援した「祭礼応援プロジェクト」を紹介する。

プロジェクトは、同青年団の団員でもある筆者が企画。子どもたちに祭りに関心を持ってもらい、保護者や地域の大人にも大祭をＰＲしようと、地元の学校や保育所、幼稚園に協力を呼び掛け、ポスターを制作した。ポスターは、園児や小学生に描いてもらった神社や祭りを題材にした絵を使ってデザイン。宮司と宮総代、青年団員によるワークショップで制作した。また、団員は大祭の準備の手伝いや映像による記録なども行い、祭りに関わる中で歴史や神事を学んだ。準備の過程では、宮総代らが青年団に刺激を受け、のぼりのくい打ちに奮闘する場面もあり、いつになく盛り上がりを見せた。大祭本番も宵祭りの子ども相撲や神様の結婚式などの神事に多くの人が訪れ大盛況、過去一〇年間で最高の人出を記録した。

成功の要因は、青年団が単独で祭礼を支援するのでなく、神社や住民、小学校、保育所などと連携して地域を巻き込む活動を展開したことにある。学校や保育所は地域学習の一環で協力し、青年団ＯＢである住民が賛同してくれたため、活動が順調に進んだ。若い団員が地域祭礼の現状や課題を学び、祭りを存続していく必要性を認識したことは、今後プロジェクトを住民主体で行っていく上で重要な機会になったと考える。住民でもある団員が自ら記録し、祭りの価値を再認識して地域資源として掘り起こし、人集めや子どもたちへの祭礼の継承などさまざま観点で地域おこしに活用、祭礼復興にもつながった好例と言えよう。大祭終了後には、地域活動を紹介するシンポジウムでプロジェクトの概要報告を行い、成果や課題をまとめ、今後の活動へ生かす作業も行っている。(28)

④地域の戦争を語り継ぐ

筆者は、新聞社で戦場の兵士が本土の家族らに送った手紙や本土防衛に備えて建設された戦争遺跡、戦意発揚の装置となった忠霊塔や軍人墓地など、第二次成果大戦関連の取材を行ってきた。年々語り部が減り、資料が散逸していく中、戦争の記憶を語り継ぎ、戦争遺跡や手紙など地域の資料を歴史教育で活用する必要性を痛感していた。二〇一二年、高知県四万十市で住民らと地域の戦争を題材とした企画展を開催し、戦争の記憶や資料を次世代に伝える活動を行った。

四万十市西土佐地域(29)では第二次世界大戦中、四合屯《しごうとん》、飲馬河《いんばほう》、江川崎大清溝の三開拓団六四六人が農業開拓移民として旧満州（中国東北部）に入植した。中でも高知県内初の国策「分村」を受け入れた旧江川崎村からは、村世帯の約三割に当たる一一八世帯四三三人が吉林省・大清溝に移住。終戦の混乱下、一九四六年六月の帰郷までの九カ月間、苦難の逃避行と難民収容所生活を送る中で約二七〇人が命を落とした。生き残った元団員は帰国後に遺族会を結成し、地域での慰霊祭や開拓団故地への定期的な訪中慰霊を続けてきたが、高齢化などで生存者は約30人まで減少。組織の存続や慰霊の継続が難しくなってきている。二〇一二年五月、第八回目の訪中慰霊に参加した五〇～六〇代の団員の子ども世代が中心となり、満州分村という地域の歴史を次世代に引き継ぐきっかけにしようと、戦時中の開拓や戦後の訪中慰霊の様子を写した写真約二〇〇点を展示する企画展「西土佐の満州分村を語り継ぐ写真展」の開催を発案した[30]。筆者も写真展実行委員会の事務局長として、事業企画や展示に関わった。同年八月に開催した写真展は、満州開拓団を題材とした住民主体の取り組みとして県内の注目を集め、約1カ月間で五百人以上が来場。教員や開拓団員、専門家を招いて行ったシンポジウム「西土佐の満州分村を語り継ぐ」には約一二〇人が参加した。その後、開拓団の子どもたちは「西土佐の満州分村を語り継ぐ会」を結成。遺族会の活動を引き継ぎ、子どもや県民に満州開拓の歴史を伝える活動を始めている[31]。

また、同年九月には写真展の好評を受け、四万十市の中心部にあたる中村地域の市立中央公民館での展示が決定した。筆者が、地域で戦争体験や資料の掘り起こしを行う元教員を中心とした女性団体「ミモザの会幡多支部」などに呼び掛け実行委員会を組織。市生涯学習課の文化財担当の専門職員と協力し、県西部6市町村の戦争資料を展示する企画展「資料展・幡多と戦争─戦地から土佐への手紙、開拓団、特攻」を開催した。戦地から兵士が送った手紙や特攻隊員の記録や写真、満州開拓の写真など地域の戦争資料五〇点を展示した企画展は、県西部の戦争を題材にした初めての企画展として注目を集め、十日間で一千人以上が来場するなど好評を得た。また、展示に関わったミモザの会幡多支部は企画展終了後、戦地からの手紙の収集・保存、教育機関での教材利用を進めるなど活動を活発化させている。「資料展・幡多と戦争」は、ミモザの会の尽力で展示替えをしながら県西部6市町村で巡回展として継続実施することが決まり、二〇一三年八、九月に黒潮町と宿毛市で開催された展示は、地域の小学校の平和学習にも利用された。

一連の取り組みでは、筆者や文化財担当の専門職員が企画や展示にアドバイザーとして関わったが、あくまで活動の主体は地域住民にあった。歴史研究者が関わり住民ともに戦争体験や関連資料を「記録する」中で、住民らが次代に伝える地域資源としての価値を再認識し（「掘り起こす」）、企画展という形で「普及する」過程へと発展した。戦争体験や戦争の資料は、戦後六八年という年月と体験者の高齢化の中で後世に語り継ぐことが困難となっており、戦争を体験していない戦後世代がその価値を再認識し、「普及する」活動を始めた取り組みは全国的にも珍しい事例である。これは、おそらく研究者だけでも、住民だけでもできなかった企画で、両者が協働して「地域の戦争を語り継ぐ」という目標のもと活動を行ったことが、大きな成果を得られた要因だったと考える。

四、「地域再生の歴史学」の提唱

月刊『地域開発』編集長として全国各地の地域おこしの活動を見てきた法政大学の岡崎昌之氏は、地域づくりの基本として、地域のことは地域で決める「自立」と、住民がお互いに協働していく「自律」を地域づくりのポイントとして指摘している。(32) 集落の地域再生は、行政やＮＰＯ、学者にやってもらうのでなく、住民自身で取り組まなければ長続きはしない。また、地域の歴史や文化といった地域資源は、住民自身がその価値を認識し、守り伝えていくことが必要不可欠である。これまで紹介してきた「記録する」「掘り起こす」「普及する」のプロセスによる地域の実践事例は、歴史研究者が直接、間接的に関わることで、住民に刺激を与え、活動のきっかけづくりや住民自身の地域おこし活動への発展に貢献したものであった。研究者が住民とともに地域を「記録する」「掘り起こす」活動を積み重ねることで、住民が自分たちの歴史の価値を再認識し、行動を起こす「普及する」活動すなわち地域再生への大きな原動力となった。活動自体は集落単位の小さなもので、地域を再生させるような大きな成果を得たわけではないが、住民が身近な歴史や文化を通して地域を活性化させ、地域おこしにつなげたことは、歴史学という研究分野が地域社会の課題解決に寄与できる可能性を示したと言えるのではないか。特に、地方史は住民や地域に身近なものであり、他の学問よりずっと敷居の低い分野である。地方史の研究者が学問の目線を下げてもっと地域に近付くことで、その専門的知識が住民たちの活動を後押しする助力となるはずである。すなわち、学問としての歴史学が地域社会の課題解決という社会貢献に役割を果たすために、歴史研究者が地域に入り、住民と協働して地域の歴史や文化を「記録する」「普及する」「普及する」活動を行う「地域再生の歴史学」という新領域の必要性を提唱する。(33)

しかし、現実には地域の過去を研究対象とする歴史研究者が現代の地域社会に直接関わる機会は非常に少なかったように思う。一方で、現代の社会を研究対象とする社会学の研究者は、日本の集落の過疎化が始まった一九五〇年代から地域社会に入り、地域の課題解決に取り組んできた。(34) 筆者も、集落の地域おこしなどを取材すると、活動に関わる地方大学の社会学の研究者と顔を合わす機会が多い。特に近年、地域と大学が連携して地域おこしを行う事例が増えている。このような背景には、二〇〇〇年代の教育基本法や学校教育法の改正によって専門的な学問分野の社会貢献が明文化されたことで、大学が研究の発展だけでなく地域おこしへの参加や地域を支える専門人材の育成、知的資源の地域社会への還元など新しい役割を求められるようになった点があげられる。近年、地方の国立大学では、地域学部地域学研究科（鳥取大学）や地域連携推進センター（金沢大学）など地域の課題解決に取り組む学部・学科や研究所が相次いで創設され、高知県でも高知大学で二〇一五年度の地域協働学部新設が決まっている。このような流れの中で、全国の大学で社会科学系の学部や学科、ポストは次々創設されるが、歴史学など人文科学の居場所は少なくなるという事態が起きている。(35) 高学歴ワーキングプアと呼ばれる若手研究者問題が社会問題となる中、(36) 歴史学を担う次世代の再生産が困難となる状況(37)はますます加速することが予測される。

地域のさまざまな実践活動に歴史学の研究者として関わってきた筆者は、地方新聞の記者という立場から、現代の地域社会の現状や歴史学が置かれた状況を加味し、今後歴史学が向かうべき方向性として以下の二点を提言したい。

一点目は、危機に立つ現代の地域社会に向き合える学問への舵切りである。既存の基礎的な史料講読や詳細な基礎研究はもちろんのこと、目線を現代の地域に向けて研究を進めることが求められる。筆者が住民とともに実践している「地域再生の歴史学」もその方向性の一つだと考える。既存の歴史学から舵を切り、地域社会にその知識を還元できる学問へと再構築していくことが、歴史学の再生産のために求められている。二点目は、歴史学の知識を地域で活かせる人材の育成である。近年、地域との連携を行う学部や学科が大学に創設されたことにより、社会科学系の分野を中心に学生時代から地域社会に出て、地域おこしや地域の課題解決に取り組む大学生が増えている。彼らの中には、社会人になってからも地域に入って地域貢献の活動を続ける者もいる。地元企業やＮＰＯに就職して地域を支援する活動を続ける者や新しい団体を立ち上げて事業を行う者、仕事とは別にボランティアで地域おこしに参加する者など、地域で活躍できる若い人材が次々と現れている。これまで記述してきたように歴史学は地域貢献に寄与できる学問分野であり、地域再生に関わる行政の職員や社会科学の研究者からも「地域おこしの第一歩は集落の歴史や文化、暮らしを把握する地域理解から始まる。歴史学の知識が役立つ場面は大いにある」という声をよく聞く。大学においては、まずは歴史学を専攻する学生が、研究室にこもって歴史だけを学ぶのでなく、地域社会に出てその現状や課題を知る機会を持つことが大切である。また、地域社会に関わる他分野の学生と交流し、地域おこしの取り組みに参加する中で、自分の立ち位置や地域との関わり方を見いだしてほしい。学生を指導する歴史学の教員も、学生が地域に関われる授業などで、歴史学の知識を地域で活かせる人材を育成していく必要がある。博物館などの研究機関も同様で、地域と関わる企画を行う中で、地域の歴史や文化に関わる住民の人材育成を進めていかなければいけない。

歴史研究者は、過疎高齢化により地域の歴史や文化、地方史のフィールドが消えていくのを、研究室にこもって指をくわえて見ていてはいけない。地域社会の現状にもっと目を向けなければならない。それが過去から未来への示唆を与えるという歴史学の本質の実践につながっていくのではないかと筆者は考える。

註

（1）前川要編『中世総合資料学の提唱』（新人物往来社、二〇〇三年）

（2）小谷汪之「日本学術会議の歴史と現状」（『歴史学研究』第八〇七号、二〇〇五年）一八五〜一八六頁

（3）楠瀬慶太「土師器食膳具から見た中世博多の土器様相」（『九州考古学』第八二号、二〇〇七年）、「戦国期島津氏における酒食饗応儀礼―式三献とかわらけ」（『比較社会文化研究』第二二号、二〇〇七年）、「日用雑器類から見た中世博多の土器様相」（『中近世土器の基礎研究』二二、二〇一〇年）など

（4）国立歴史民俗博物館共同研究「中近世における生業と技術・呪術信仰」（二〇〇五〜二〇〇七年度）、笹川科学研究助成「中近世農村景観の復元研究―土佐国韮生・槙山地域を中心として」（二〇〇八年度）、九州大学ＶＢＬアカデミック・チャレンジ研究助成「糸島地域における農村景観の復原研究」（二〇〇八年度）による調査および、九州大学さようなら六本松誌編集委員会編『青春群像さようなら六本松：一九二一福高―九大二〇〇九』（花書院、二〇〇九年）

（5）楠瀬慶太「『限界集落』化の歴史的プロセスに見る山村の未来」（『季刊　政策・経営研究』二〇〇九－一、二〇〇九年）

（6）楠瀬慶太「論文「『限界集落』化の歴史的プロセスに見る山村の未来」の受賞を受けて」『Crossover』二五、二〇〇九年）

（7）特定農山村法や過疎法など「地域振興五法」の指定を受けた地域を地理的・経済的な「条件不利地域」と規定する。県内二七市町村全域と、七市町村の一部が該当する。総面積六六二五㎢は県全体の約九三％を占めるが、人口三一万一七九〇人は約四一％にとどまる。

（8）高知県では二〇一一年度に国勢調査の数値分析と集落代表者への聞き取り、アンケートを行い、県内集落の実態を調査している。高知県『平成二三年度高知県集落調査報告書』（二〇一二年）。

（9）文化庁『我が国の文化施策』（二〇一二年）によると、地方公共団体における文化関係経費は一九九三年の約九五〇〇億円（市町村と都道府県の合計）をピークに減少傾向にあり、二〇一〇年は約三五〇〇億円。要因として文

化施設建設費の減少をあげている。一方、芸術文化費については一九九三年以降も横ばい状態だが、都道府県や市町村の文化財に関わる経費や文化施設経費は年々減少しており、文化施設建設費の減少をのぞいても予算は縮小傾向にある。

(10)『高知新聞』二〇〇八年八月十五日朝刊

(11)文化庁文化財部記念物課『埋蔵文化財統計資料』(二〇一三年)

(12)三菱総合研究所『図書館・博物館等への指定管理者制度導入に関する調査報告書』(二〇一〇年)五一～五五頁

(13)佐々木亨「自治体博物館の運営—運営環境の変化と指定管理者制度の導入」(『都市問題』一〇二巻十一号、二〇一一年)五六～五八頁

(14)『地方史研究』三五八号

(15)西澤真樹子「みんなで楽しく骨取りしよう」(『小さな骨の動物園』ＩＮＡＸ出版、二〇〇五年)

(16)和歌山中世荘園調査会編『中世再現一二四〇年の荘園景観—南部荘に生きた人々』(二〇〇三年)、服部英雄『二千人が七百の村で聞き取った二万の地名、しこ名』(二〇〇一年)など

(17)前掲註(4)の調査、著書を参照

(18)楠瀬慶太『新・韮生槇山風土記—高知県香美市域120人に聞いた村の歴史・生活・民俗』(花書院、二〇〇八年)

(19)楠瀬慶太「土佐の山村屋号—高知県旧物部村の事例から」二〇一二年度土佐民俗学会大会報告

(20)九地区とは、福岡市西区の今津、宮浦、西浦、玄海島、糸島市の野北、姫島、船越、(以上旧志摩町)、福吉、鹿家(旧二丈町)の各大字地域。

(21)特に、瀬や岩場、浜、岸壁などの海の地名は平野部の地名と異なり、小字図などの行政文書に記録されないため、文字で残されることがほとんどないものであり、貴重な記録となった。

(22)楠瀬慶太編『怡土・志摩の村を歩く—筑前国怡土庄故地現地調査報告書Ⅱ』(花書院、二〇〇九年)、服部英雄・楠瀬慶太「海と民衆知・個人知」(『国立歴史民俗博物館研究報告』一五七、二〇一〇年)

(23)楠瀬慶太「高知県旧物部村の地名に見る山の生活誌」(『四国中世史研究』十二、二〇一三年)一〇六～一一〇頁

(24) 楠瀬慶太「高知県の地名に見る災害と開発の記憶」(『土佐民俗』九六、二〇一三年)四五～四九頁
(25) 筆者も、道具の調査や材料の栽培法、料理の性格などを高齢者に聞き取りし、伝統料理の歴史を記録する活動に関わった。
(26) 中村連合青年団は、二〇一二年四月、過疎高齢化で疲弊する地域の活性化を若者の手で図ろうと二〇～三〇代の若者が中心となり二〇年ぶりに復活。地域のイベントでのボランティア活動や講演会、婚活イベントの開催などを行ってきたが、青年団にしかできない活動を行おうと、過去の青年団が担った地域祭礼に関わるプロジェクトを始めた(『日本青年団新聞』九七一一〇、二〇一二年)。
(27) 十五世紀に一条氏が京都から勧請し、幡多郡の総鎮守として県西部の信仰を集めたが、近年は参拝客が激減。祭りを担う宮総代の高齢化も進んでいる。男みこしと女みこしをぶつける「神様の結婚式」の神事で知られる。
(28) 村上晋平・楠瀬慶太「地域祭礼の復興と青年団活動の現代的意義—不破八幡宮大祭の事例から」シンポジウム「はたのおと二〇一三」報告。
(29) 四万十川中下流域の中山間地域で、愛媛県と県境を接する。一九五八年、江川崎村と津大村が合併して西土佐村が誕生、二〇〇五年に中村市と合併して四万十市となった。現在の人口は約三三〇〇人。
(30) 東京都の公益財団法人「かめのり財団」の二〇一二年度国際交流助成を受けて事業を行った。
(31) 二〇一三年度は、西土佐地域の廃校舎を利用した施設「せせらぎ交流館」の一室にある企画展示室「満州分村資料館」の整備や二〇一三年四月に長野県阿智村に開館した「満蒙開拓平和記念館」との交流事業を行っている。
(32) 松野弘・岡崎昌之・亀地宏『地域の自立と共生—新時代のまちづくりネットワーク』(ぎょうせい、一九九一年)
(33)「地域再生の歴史学」提唱の趣旨は、歴史研究者が地域に入って住民たちとの交流し、歴史学が地域社会で果たせる役割を見いだしてほしいという点にあり、どのような立場でも地域と向き合う姿勢があれば活動は始められると考えている。
(34) 蓮見音彦編『講座社会学3　村落と地域』(東京大学出版会、二〇〇七年)、森岡清志編『地域の社会学』(有斐閣、二〇〇八年)九三～一一四頁
(35) 歴史学研究会のメンバーが歴史学の将来を議論した討議の中では、現代社会の問題への大学生の関心が高まり、人文

科学の中で歴史学の相対的地位が低下したことが指摘されている。また、「市民に対して、歴史学という学問が知的刺激をどの程度与え、自分自身を取り巻く環境を探るツールとなるのか、いいかえれば歴史学の社会への発信のための制度をいかに再構築できるか」といった議論の必要性も指摘されている（『歴史学のアクチュアリティ』東京大学出版会、二〇一三年、二三〇頁）。

(36) 崎山直樹「崩壊する大学と「若手研究者問題」」（『歴史学研究』八七六、二〇一一年）

(37) 浅田進史「歴史学のアクチュアリティと向き合う」（『歴史学のアクチュアリティ』（東京大学出版会、二〇一三年）

総合学としての地方史研究にむけて―地域学歴史文化研究センターの実践から―

青木　歳幸

はじめに

第六三回東京大会（二〇一二年）は地方史の取り組みや方法の再構築を目的として開催され、本稿は大会報告をもとに再構成した。大会では個別の実践報告が主で、総合学としての地方史というテーマに直結する報告は少なく、テーマに沿った成果は十分ではなかったように感じた。一方で、もっと地域学歴史文化研究センター（以下センター）の共同研究の成果と試みと課題を具体的に紹介してほしいとの要望もあった。そのため概括的報告ではあるが、あえて表題のテーマで問題提起的に報告することにした。

総合学としての地方史展開への呼び掛けは、第四七回大会（一九九六年）で、「共通論題　地方史の再生―多様性からの出発」と題して、地方史研究が「総合学」であることが要請されていること、地域の独自性や固有性を重視した地域史の解明のためには、隣接諸科学との連携が必要であることなどが主張されており、その成果公開が『地方史・研究と方法の最前線』[1]であった。じつは現在の地方史研究の抱える課題も研究の方向性の提案も、本書の各研究報告からすでに読み取ることができ、地方史研究の方法論と実践について多くの示唆がある。

史料保存については、二〇一一年三月一一日の東日本大震災をうけ、災害時の史料レスキュー体制及び日常的な史料保全ネットワークの構築が急務であることが強く認識され、史料保存・活用についての実践・研究が急速に進んでおり、二〇一二年五月二六・二七日の歴史学研究会大会でも特設部会で活発な討議が行われ、六月九日には地方史研究協議会学術体制小委員会のよびかけにより、シンポジウム「災害と歴史資料の保存―何のため、誰のために遺すのか」が開催され、その活発な実践報告や問題提起が『地方史研究』三五九号に特集されるなど、地方史研究における取り組むべき主要なテーマであることは言を俟たない。災害をめぐる研究書も安田政彦(2)、渡辺尚志氏ら(3)により、災害における日本人の「復興力」について紹介されている。

が、本論では、大会運営者の問題提起及び、本大会での議論を踏まえて、協業の地方史が総合学としての地方史とどう結びつき、どう展開できるのか、また、地域大学と自治体・住民との関わりがどうあるべきかを、佐賀大学地域学歴史文化研究センターでの試行錯誤的実践を紹介して、地方史研究方法論への志向性を持った問題提起としたい。なお、本論においては、総合学としての地方史研究は、地域の歴史研究という意味で、地方史と地域史をほぼ同義語として使用する。

一　文献史料によらない地域史研究

かつて一九七〇年代に、信濃史学会という一地方史研究学会が、文献史料によらない地域史研究、総合実地踏査を基底とした地方史研究の在り方等をテーマに、六回にもわたる全国大会を開催したことがある。一志茂樹(4)会長は第五回地方史研究全国大会において、地域史研究は在地（それぞれの土地に即して事象を考うべきこと）・在時（それぞれの年代に則して事象を考うべきだということ）・在人（それぞれの土地、それぞれの年代の人に則した事象を考うべきだということ）の歴史学であることなどを主張しており、現代の地域史研究にも十分当てはまる基本的な指摘である。

当時、二〇代だった私が特に印象に残っている大会発表に、小穴喜一氏(5)の検土杖による安曇野開発史の研究があった。まさに文献の残っていない水田開発史を描くために、一本の検土杖を田んぼに突き刺すことを繰り返して、耕土の深さを分析・集計し、微地形、集落や神社の位置などの村落景観研究も加味しつつ、安曇野の水田開発史を正確に描き出した。

地域住民の生活の歴史を明らかにすることが地域史研究の主目的とすれば、文献史料が時代を遡るとともに激減することと、文献史料が残存していない地域にも歴史があるのだから、その時代や地域の歴史解明の方法が文献史料以外の方法も工夫されなくてはならない。

現在は、考古学、民俗学、地質学、地理学等のいわゆる隣接諸科学研究も進展し、レーダー探査機器やジオスライサーなどの調査機器も格段に発達し、シンクロトロン放射光などを駆使した物質分析も進展している。水田開発史に関していえば、圃場整備事業以後の困難さはあるものの、歴史学手法を軸にした隣接諸科学と連携した理化学手法を総合した実地調査によって、総合学としての地方史モデルが提起できるのではないかと考えている。

二　地方史研究と地域史研究

大会呼びかけ文では、地方史研究の新しい「核」として博物館・資料館・文書館が位置づけられ、地域住民と協力して、地域の歴史資料の掘り起こしや文化財保護活動、大学などが地場産業や伝統産業に光りをあて、また観光資源として活かす取り組みなど新しい取り組みも生まれているとしつつも、しかしそれらは各現場の個人の努力に支えられているのが現状であると指摘している。

地方史・地域史研究に、地域再生という現代的課題と新たな役割が求められていることを実感している。地域と歴史を結びつける役割が個人の努力に依拠してきたところが大きいこともまた事実である。だからこそ、現場の独自性と努力を尊重しつつ、それらを共有化・ネットワーク化したいという大会呼びかけ文に大いに賛意を表する。

個別の研究や課題をネットワーク化することは、一九五〇年に発足した地方史研究協議会が設立目的として、「第三条　この会は各地の地方史研究者及び研究団体相互間の連絡を密にし、日本史研究の基礎である地方史研究を推進することを目的とする」とあげている本会の原点につながり、その方向性はより強化されるべきである。

戦後の混乱と民主主義的学問風潮の高まりから、新しい学問創造の意欲をもって地方史研究が盛んになった。戦後まもなくの長野県の松川村に入り込んだ近世村落研究会編『近世村落自治史料第一輯　松本藩松川組大庄屋清水家文書』(6)（一九五四年）は、初期の共同研究の成果の一つである。また、戦後における学際的郷土研究の先進的取り組みの一つが阿波学会の設立であった。昭和二九年（一八五四年）に設立された阿波学会で、設立者の一人蒲池正夫氏が「いわば好事家的な趣味的立場からなされつつあった郷土研究そのものと以上のような科学的研究とが結合され，地方における特殊な事象が普遍的な本質にもとづいて解明され，正しい歴史への学問的態度がいわゆる郷土研究の面でも確立されつつあるのはまことによろこばしいことである」(7)と述べ、すでに、科学的研究と郷土史研究との融合と、郷土史研究の方向性としての地域の特殊事象（固有性）と普遍的な本質（普遍性）の解明についての指摘がある。以後の阿波学会と地方史研究については、新孝一氏論考と本大会石尾和仁氏報告(8)に依られたい。

しかし、この時期の地方史研究は、科学的研究を標榜するあまり、法則性、全体性との関わりを求めすぎていたきらいがあったため、一志茂樹氏は、テーマ研究で地域に入り、史料を抽出的に寄せ集めて論を立てる研究者を嫌い、一九五二年に、地方史研究の「最も大事なねらひは、その地域のもつ歴史的な性格と個性とであり、実態であるということができる」[9]として、一貫して在地・在時・在人の地方史研究を主張しつづけた[10]。

この視点は、前述の信濃史学会による地方史研究全国大会に参加した木村礎氏によって、「郷土史・地方史・地域史研究の本質は、地域に即し、地域そのものの豊かな歴史性の中から問題を立てることである」という主張となり[11]、同氏は人間生活の諸相を描くという地域生活史研究を提唱し、その史観は『村落景観の史的研究[12]』での、古代からの日本村落史における連続と変化を、村落景観の歴史研究によって明らかにする構想へと結実した。

一九六〇年代以後の高度経済成長にともない、自治体史編さんが盛行になり、地域史研究もあいまって盛んになった。一方で、高度経済成長による公害などの環境破壊や、過疎・過疎問題の進行により、地域は大きく変貌した。過密化する都市と過疎化する農村、またその中間地帯を地域コミュニティとして、空間的、重層的に捉え直す地域社会論的研究が福武直氏らにより生まれてきた。地域史研究者からも、渡辺尚志氏編『近世地域社会論』が、近世村落の基礎構造解明を軸として、社会権力論や社会構造分析により、天草の大庄屋制とその社会構造を解明した[13]。

近年の地域史研究における総合的な論考集として管見の三点をあげる。第一に、『近世地域史フォーラム①、②、③[14]』が、列島の近世から地域史の視点、地域社会とリーダーたちのテーマで個別研究を報告している。第二に、渡辺尚志氏らの松代藩地域の総合的共同調査研究がある[15]。渡辺尚志ら編『信濃国松代藩地域の研究Ⅰ～Ⅲ』において、訴訟にみる藩地域の変容、政策主体の思想、近世後期から明治にかけての領政機構の解明などに成果を上げている。第三に、岸野俊彦編『尾張藩社会の総合的研究一～五[16]』は、尾張藩社会を政治・社会・経済・文化・宗教・情報の各分野から藩領社会をトータルに捉える視点からの総合的研究である。対象地域を藩領域として地平的に広げて、なおかつ総合的に把握しようとする手堅い地域史研究手法による優れた研究成果といえる。ただ、これらのすぐれた地域史論集は、一方で近世に限定したことと、民俗学や考古学等の隣接諸科学によるモノ資料からの分析と研究がないため、住民の生活史研究は十分でない。

地域史の視点と方法については、吉田伸之氏が『地域史の現在』[17]で、中央と地元、地域の絶対的な個性と全体史、歴史学研究と地域の各項目で、地域史をめぐる重要な論点を提供した。なかでも、桜井由躬雄氏がベトナム調査で、「同一の小村落に多分野の社会諸科学による共同の調査研究を創造的に、組織し、その村の地域特性について、多様な論点を豊かに摘出し続けている」[18]ことを、地域史研究の一指針として紹介していることに着目したい。

村落を総合的に把握する方法的研究は、木村礎氏の景観研究に加えて、たとえば松山利夫氏による文化地理学的研究にその提示があり[19]、近年は白水智氏[20]の提示する生活文化体系としての山村研究と方法論があり、総合学としての地域史研究推進への手がかりと学ぶことが極めて多い。渡辺尚志氏ら[21]は、出羽国村山郡の村を対象に、郡中議定を生み出した百姓・村・地域社会を多角的に分析し、近世村社会の特質を描きだしている。さらに文化地理学的側面からのアプローチや白水智氏らの山村研究実践にある林学、地形学、生態学等との学際的研究をすすめることで総合的な地域史研究モデルが構築できるのではないか。

研究対象としての地域については、板垣雄三氏は、「地域は同心円的に、また足し算・引き算的に、伸縮する」ばかりでなく「その最小は個人ないし個人の立ち位置、最大はさしあたり地球および宇宙空間の一部、その間に無尽蔵の地域が詰まっている」[22]という、世界史を縦横無尽に見抜くn地域論を展開した。これに対し、吉田伸之氏は、普通の市民の生活圏としての小学校区を単位地域として措定し、その系譜等をさぐることを提案[23]し、近年は、テリトリオ、地帯構造論の検討を提唱している[24]。

単位地域の地域研究がどこまで遡れるか、木村礎氏の景観研究の古代景観から連続性と変化をさぐる方法、あるいは森浩一氏のいう中央がなくても地域が存在したとの見解との接点をもつことが[25]、総合学としての地方史・地域史研究につながると考える。例えば、一村ないし一地域を単位として古代から現代までの学際的な総合調査の方法と実践により、総合学としての地方史・地域史研究、私はそれを地域学研究と捉えているが、その創出が可能になるのではないかと考えている。

三　地域学研究の現在

地域学については、二〇〇〇年の板垣雄三委員長による日本学術会議地域学研究専門委員会報告[26]で、地域学は、「現地研究（フィールド科学）に根ざして人文科学・社会科学・自然科学を統合的、俯瞰的に再編成しようとする学問的営為」として、我が国は「学理・学説としてのディシプリンだけを欧米から輸入してきた」、「従来のディシプリンの枠を超え、新しい視点をそなえた、より高い統合的なレベルでの俯瞰的研究の必要」があり、アジア・アフリカ等の諸地域を全体的にとらえることを目指し、地域間の総合的比較研究により、新たな学問体系の構築が可能になると、地域学研究推進の必要性を提言した。以後、我が国地域学研究が、国立民族学博物館地域研究企画交流センター（JCAS）や各大学センター等をネットワーク拠点として、イスラム学、アフリカ学など世界諸地域の地域学研究を推進してきた。

板垣氏の提言は、我が国における世界諸地域の地域学研究の進展を促すための作戦的意味合いもあって、明治以降の西洋科学の学理・学説の輸入から出発し、それ以前の近世には、地域学にあたる総合的学問は未発達としているが、じつは我が国近世には本草学や物産学・地誌研究という博物学につながる総合的学問が醸成されていたことにより、西洋近代学問のすばやい導入・展開ができたのであると理解している。

国内諸地域に関する地域学研究も実に多様に、かつ独自に展開してきた。地域学研究の意義について、東北学を先導・主唱してきた赤坂憲雄氏は、『方法としての東北』[27]や『季刊東北学』において、いくつもの日本を抱いている東北の民俗・文化・地理・歴史・経済等の学際的な総合研究により、あらゆる地域学へ知の回路が開かれるとしている。総合研究により、地域の多様な水脈を深く見極め、地域間比較研究を行い、地域の特性と普遍性をさぐることが地域学研究の意義といえよう。

地理学・地域経済学の視点からは、日本地域学会が、機関誌『地域学研究』を一九七一年に創刊号を出し、二〇一一年には四一巻を刊行している。大学を拠点とする地域学研究のうち、北海道教育大学函館校などのキャンパスコンソーシアム函館では、合同公開講座を函館学ブックレットとして刊行し、歴史・文化・観光などの多角的視点から、また大学教授から牧師、会社経営者など多様な人材が参加して函館学を探求している[28]。岡山理科大学を拠点にする岡山学研究は、自然科学・人文科学・情報科学の融合を目指し、一つのテーマについて様々な学際的立場からのアプローチにより岡山を科学するとして、最近は、『シリーズ岡山学9　岡山の災害を科学する』[29]を刊行した。国学院大学渋谷学研究会は、『渋谷学ブックレット2　地元を「科学する」ということ』（国学院研究開発推進センター、二〇一一）などで都市民俗学の方法も用いて現代から渋谷という地域を遡る地域学研究をすすめている。鳥取大学地域学部は、地域学で現代の地域の課題にどう向き合うかを教育の場に活用をはかっている[30]。

現在、大学や行政、住民団体などによる当該地域の冠をつけた○○学が多様に無数に展開している。大学における地域貢献と、地域にとっては地域再生や地域の諸問題を学際的、総合的に調査研究する地域学への期待からであるう。しかし、行政的〇〇学はイベント的要素もあり、担当が代わると消滅するものも多い。大学やコンソーシアムなどを拠点とする、地域学の地域連携ネットワークづくりと継続的な地域共同研究が望まれていた。

四　地域学歴史文化研究センターの設立と実践

地域学研究への期待という学会状況をふまえ、佐賀大学は、法人化にあたり、その理念・中期計画に「社会が要請する研究分野を担当する文理融合型の研究センター設置を目指す」、「地域住民・市民と大学との地域連携研究を推進し、新たに『地域学』を創出する」と掲げ、それを実現するものとして、文理融合研究を実践する地域学歴史文化研究センター（以下、センター）を二〇〇六年に設立した。

準備段階から設立の中心にあった宮島敬一初代センター長は、「我々が立脚している「社会」は近代西洋文明である」「近代西洋文明は一九世紀後半に日本に入ってきた。佐賀はその受容の起点・拠点であり、自然科学から人文科学まで幅広く受け入れ、近代日本の形成に重要な位置を占めた」「佐賀地域の歴史文化の研究は、細分化・個別化された研究状況を再統合・総合化して、学問の原点である人間と社会の在り方を論ずることとなろう[31]」と、佐賀になぜ設立するのか、地域学研究の意義と研究の方向を明確に述べている。

センターは、設立趣旨にそって、次の事業を行うこととし、二〇一三年現在、以下のような成果をあげた。

1　地域歴史文化資料の調査研究

①伊万里市山本家文書（近世～近代農家・農業関係文書、約一八〇〇〇点）、②佐賀市武藤家武家文書（近世、約

三〇〇点）、③佐賀大学附属図書館所蔵市場直次郎書画コレクション（近世～近代、約二二〇〇点）、④佐賀市深江家武家文書（近世、約一〇〇点）、⑤鹿島市中野家医学資料（近世～近代、約二五〇点）⑥佐賀市北川家武家文書（近世～近代、約二〇〇〇〇点、県立図書館と共同調査）、⑦馬郡家医学資料（近世～近代、五九七点）、⑧小城鍋島文庫資料（近世～近代）、⑨旧制佐高関係資料（近代）、⑩好生館医学資料（近世～近代）、⑪鹿島市福源寺資料（近世～近代）、⑫世界遺産関連史跡（幕末から明治、レーダー探査）⑬戦争関連史跡調査（近現代、伊万里川南造船所跡記録保存調査）などの調査を実施し、目録化や映像化をすすめた。

伊万里市山本家文書は近世から近代にかけての農家文書で、とくに地方名望家研究には有益な文書群である。ワークショップやアルバイト等を活用して整理をすすめ、近世部分はセンターの古文書データベースで公開することができた。世界遺産史跡調査では、我が国最初の築造である佐賀藩築地反射炉跡、続いての佐賀藩多布施反射炉、佐賀藩三重津海軍所跡の地中レーダー探査を実施し、築地反射炉の鋳壺遺構の確認をし、反射炉そのものは現佐賀市日新小学校校舎敷地地下にあるのではないかという推定を得た。三重津海軍所跡地中レーダー探査によりドック跡を特定し、考古学的発掘と古文書調査により、この乾式ドックは、木組みなどに在来工法を活用した我が国最初の西洋式ドックであることが判明した[32]。これらの学術情報の提供や地元研究者、自治体の連携活動により、三重津海軍所跡地は、二〇一三年三月に国史跡の指定をうけることができた。

戦争関連史跡として、伊万里市に、戦時中の建築である川南工業浦之崎造船所跡（川南造船所跡）建造物が残っていた。造船所をおこした川南豊作が、三無事件というクーデター未遂事件で破防法違反で逮捕されたこともあり、その建物が放置されたまま廃墟化していた。ここは、特殊潜航艇海龍を製造していた造船所で戦争関連遺跡としての保存活動もあったが、廃墟解体の強い地元要望をうけ、伊万里市が解体を決定したため、建物そのものの保存はできなかったが、解体前の記録保存と映像保存を行い、かつ関係者の聞き取り調査をすすめた[33]。

古書店などへ出品された地域から流出した古文書史料については研究用資料として収集を行っている。近年、古書店にでた『解体新書』などの医学資料を六〇点ほどを収集できた。これらは、医学史研究や医学教育、展示等に活用している。

2　共同研究プロジェクトの運営

医文理融合型研究をすすめるために、共同研究プロジェクトを企画推進している。佐賀大学学長経費を獲得し「佐賀学創成に向けた地域文化・歴史の総合的研究」（略称：佐賀学創成プロジェクト、二〇〇八〜一〇年）を企画し、五学部二三人の共同研究により、佐賀地域の調査研究をすすめた。定期的に公開研究会を開き、毎年成果報告書を刊行し、特に最終年度は研究論集『佐賀学—佐賀の歴史・文化・環境[34]』を一般販売書として刊行した。二〇一一年度からは、ひきつづき学長経費「医文理融合型による地域学創出プロジェクト」（地域学創出プロジェクト、二〇一一〜一三年）を、五学部二四人の研究者の共同研究で総合調査を進めている。毎年、地域学シンポジウムを開催し、研究報告書も刊行し、二四年度には佐賀学ブックレット①『佐賀鍋島藩の本分家[35]』を刊行した。佐賀学ブックレットは、佐賀地域についての専門的研究を一般市民にわかりやすく提供するもので、最新の研究成果をわかりやすく、佐賀の地域特性と普遍性の解明につながるように、できるだけ学際的な研究方法も取り入れて書くことなどを執筆方針とした。今後ブックレットをシリーズで刊行することで、佐賀地域の医文理融合的研究が体系づけられることを意図し、大学の刊行物は販売するルートがなかったが、発売元に地域史研究で実績を上げている岩田書院から一般書店で販売することができたことも開拓的作業であった。最終年度の二五年度には、研究叢書『佐賀学Ⅱ』やブックレット二冊を刊行予定である。『佐賀学Ⅱ』における執筆方針は、佐賀地域の歴史文化研究を基軸にして、地域特性と普遍性を明らかにすること、共同研究の成果を踏まえた医文理融合型の視点や方法を提示することなどである。

3　諸データベースの作成

データベースの作成をすすめ、山本家文書の近世分と近世俳諧書コレクション大内文庫のデータベース化を行い、公開中であり、さらに画像データベースを構築中である。モデルとしたのは、九州大学総合博物館のデータベースである。

4　研究紀要・資料集・目録・図録の刊行による研究成果の公開

研究成果を公開するために、研究紀要を二〇〇七年から毎年刊行し、関係機関、研究者に配布し、二〇一一年からは大学情報リポジトリから世界へ発信している。

古文書は歴史研究の基本資料であるが、そのままでは利用の幅が狭く、一般書としては刊行しにくい。そのため、センターは、小城鍋島文庫中の藩日記などから資料集を刊行している。『小城藩日記にみる医学・洋学資料　前編・後編』(二〇〇九、一〇)、『忘れられた名医　徳永雨卿』(二〇一一)、『市場直次郎コレクション目録』(二〇〇七)、『肥前鹿島福源寺蔵書目録』(二〇一二)などを刊行できた。

5　自治体との交流協定に基づく展示

佐賀大学は近世佐賀藩支藩小城藩史料・典籍を小城鍋島文庫として数千点所蔵している。その縁があり佐賀大学と小城市は文化交流協定を結び、センター教員と小城市学芸員らで、小城鍋島文庫調査を中心に、各テーマ毎の地域共同研究を行い、毎年、企画展を開催してきた。いわば、大学の所蔵する宝物の調査研究を通じて、歴史文化による地域貢献事業として結びつけ、本展示企画をセンターの主要事業の一つに位置づけてきた。

この事業では展示図録の刊行が重要である。センター設立の二年前から『小城鍋島藩と島原の乱』（二〇〇四）、『小城鍋島家の近代』（〇五）を文系基礎学研究プロジェクトで刊行し、センター設立以後は、『成立期小城藩と藩主たち』（〇六）、『海外交流と小城の洋学』（〇七）、『黄檗集と鍋島家の人々』（〇八）、『中世小城の歴史文化と肥前千葉氏』（〇九）、『小城の教育と地域社会』（一〇）、『小城の医学と地域医療』（一一）、『幕末維新期の小城』（一二）を刊行し、図版、論考のほか、史料集としての位置づけもたせ、重要史料を掲載している。結果、多くの新事実を発掘でき、小城市立歴史資料館を核としての地域研究会活動も活発化している。

6　公開講座、シンポジウム、学会開催

センター関連教員だけでなく、学内外の人材による公開講座に積極的に取り組み、二〇一一年度は、佐賀大学公開講座「佐賀学のススメ」、佐賀大学・佐賀市連携講座「幕末の歴史から見える佐賀の底力」、佐賀大学・みやき町公民館提携講座「佐賀の歴史」、佐賀大学・有田町教育委員会公開講座「佐賀学」、佐賀大学・佐賀県立図書館連携古文書講座など六つの公開講座を開催し、どの講座も大好評で多くの参加を得ている。そのため、専任教員だけでは増加する公開講座の要望に応じきれないので、各学部の教員や博物館学芸員らにも協力を依頼して取り組みを展開している。

地域学研究を推進するため、地域学シンポジウムも連続して開催してきた。第一回シンポ（二〇〇八年度）には、「地域学と地域史研究」をテーマに開催し、宮島敬一「地域史・伝承と地域社会の形成」、吉田伸之「単位地域の調査・研究・叙述」、奥村弘「地域歴史文化における大学の役割」などの報告を得て、報告書を刊行した。(36)

第二回地域学シンポジウム（二〇〇九年度）は、公文書管理法の制定という時代的要請をうけ、「地域史研究とアーカイブズ」をテーマに、高橋実「アーカイブズシステムと公文書管理法」、小松芳郎「地方文書館の設立と問題点」、平田豊広「情報公開から天草アーカイブズへ」の報告を得た(37)。このシンポ開催のために、県内全市町文書管理担当者に案内を出し、参加を呼びかけたところ、多くの文書担当者が参加した。横尾俊彦多久市長までもが飛び入り参加する有意義なシンポとなり、熱心な議論が交わされた。その結果、一時中断していた地域住民による佐賀県公文書館設立運動を盛り上げることとなり、佐賀県文書館をつくる会が結成され、このシンポに参加した地域研究者の献身的な努力と県への要望により、二〇一二年四月から佐賀県公文書館が開設されるようになるなどの成果につながった。この経緯については、後述する片倉日龍雄氏の「佐賀県公文書館への歩み(38)」に詳しい。

第三回地域学シンポジウム（二〇一〇年度）は、地域学研究と地域貢献を意図して、佐賀県・佐賀市の九州・山口世界遺産運動と連携して、「地域学と歴史文化遺産」をテーマに、村上隆「地域と歴史文化遺産―世界遺産石見銀山遺跡から考える」を、佐賀市などと共催して開催し、世界遺産活動への学術情報の提供を行った(39)。

第四回地域学シンポジウム（二〇一一年度）では、「地域学への提言」をテーマに、Ⅰ部では、地域学研究の推進的役割を果たしてきた板垣雄三氏の「《地域学》推進への提言」、渋谷学を展開する上山和雄氏の「地域学研究のおもしろさと難しさ」の基調講演二つのほか、青木歳幸が佐賀学、田口洋美氏が東北学、柳原邦光氏が鳥取大学での地域学の実践等を報告した。Ⅱ部では、「世界遺産と地域学」をテーマに、安達裕之「三重津海軍所跡と造船史」、長野暹「在来知と地域学」などの講演や実践報告により、世界遺産活動の進展をめざした。このシンポジウム報告書は、二〇一二年度地域学創出プロジェクト報告書『〈地域学〉への提言(40)』として刊行した。板垣雄三氏は、同書において「n地域」及び「アイデンティティ複合」という二つの理論を、相互に支え合う作業仮説として提唱し、グローバル化する世界におけるシンクロニシティ（共時性）のもつ現実的意味、明治維新・民権運動のとらえ方の巨視的な再構成と地域の組み換え等、地域学研究への提言をしている。東北学、渋谷学など各地の地域学の実践報告からも、地域学研究の意義の再確認と、国内地域学研究の連携強化の進展がのぞまれている。

第五回地域学シンポジウムは、第三回地域史惣寄合との合同で行った。小谷汪之氏は、インド村落史研究が土地制度史研究から社会史的研究へと変遷したことを述べ、奥村弘氏は、地域歴史資料保全と大学の関わり、大規模災害への取り組み、ネットワークへの提言をした。宮島敬一氏は、地方大学で新たに歴史系の研究センターを創ることの困難さと工夫と意義を述べ、片倉日龍雄氏は、細川章氏という一人の地域史研究者の願いが多久の古文書村から佐賀県古文書館へと結実したあゆみを報告し、平田豊弘氏は天草アーカイブズの設立の取り組みを、大園隆二郎氏は佐賀県立図書館が地域文化の形成に大きく果たしてきたことを紹介した。白水智氏は、長野県の山村栄村での研究に人文地理学・民俗学・歴史学などの文系分野だけでなく地形学・林学・生態学といった理系分野も含めた学際的な研究を進めたことを報告し、求められている歴史学は、「歴史学（文献史学）という垣根を越えた人文学という視点の必要性があるのではないか」と考えさせられたと述べている[41]。その研究方法と成果はまさに、総合学の地域史の方法的モデルとなろう。塚田孝氏は、地域史研究において、地域特性と固有性の把握をすべきだと主張し、吉田伸之氏は、民衆が生きた（生きる）最も基礎的な生活世界を「単位地域」と呼び、その社会＝空間構造の分節的把握は、重要不可欠な方法と提起した。これらの報告は『地域史の固有性と普遍性[42]』として成果刊行した。本書には地域史研究・地域学研究への提言や方法的ヒントが詰まっている。

地域学研究推進には、比較史研究の視点と方法が不可欠であるため、国際交流シンポジウムも積極的に開催した。二〇〇七年には、「医療の近代化と歴史学―日英米の比較史の視点から―」のテーマで、日英米の医学史研究者による国際シンポを開催した。二〇〇八年には、仁川・長崎開港場ワークショップを開催した。昨年からは、中国清華大学・中国社会科学院とセンターの共催で、二〇一一年一〇月五日〜八日、第一回在来知歴史学国際シンポジウムを中国清華大学で開催し、在来知研究を深めた。二〇一二年一〇月二五日〜二八日には、第二回在来知歴史学国際シンポジウムを、「在来知と現代」のテーマで、清華大学や中国社会科学院などの中国側研究者八人を招き、佐賀大学で開催し、日中両国の科学技術・経済発展における在来知の役割を研究した。[43]なお、在来知とは、社会、経済、科学技術等の発展の原動力、地域文化の創造力となる在来技術・経験知等と捉え、文字化されていない民衆知、生業知も包含する概念であり、地域学研究に有用な概念と考えている。

学会との連携も、民衆思想史研究会（二〇〇七）、第一一〇回日本医史学会（二〇〇九）、明治維新史学会（二〇一〇）などを、地域自治体の後援や地域歴史研究者・愛好者のボランティア的協力を得て、開催してきた。二〇一三年九月一四日には、日本洋学史学会地方大会を開催する。

7　佐賀学教育のプログラム化、人材育成

センターは全学共同研究機関であるが、佐賀学（佐賀での地域学）とする教育プログラム化を推進している。教養教育機構において佐賀学関連授業を担当するほか、佐賀大学全学教育機構の二五年度開設にあたり、インターフェース領域に佐賀学の講座を開設し、文化教育学部大学院において、史料論や科学技術史論の講座開設を実現した。

このようにセンターは、プロジェクト型共同研究を柱として、総合学としての地域史研究につながる、佐賀学・地域学研究を進めてきた。

理系からの研究成果の数例を紹介する。半田駿「地下の可視化から読み取る佐賀学」[44]では、地中レーダー探査と

地質分析により、縄文・弥生時代の海岸線を明らかにし、歴史遺跡へのレーダー探査の応用例を紹介した。岡島俊哉「水が織りなす佐賀平野の自然と文化[45]」では、水質分析などから周辺生物の生態系・環境への影響を報告した。大串浩一郎・日野剛徳「地盤工学・水工学的アプローチによる城原川流域の伝統的治水に関する研究[46]」ではジオスライサー等での地盤採取と水理解析により城原川の一次元流れを特定した。これは氾濫史研究に発展応用できる。田端正明ら「幕末・明治初期の三重津海軍所跡からの発掘遺物のシンクロトロン蛍光X線分析[47]」では、造船所では主に真鍮を用い、蒸気船の石炭は佐賀の炭鉱から供給されていた可能性が高いことを明らかにした。脇田久伸ら「XRD,XPSとICP-MSによる歴史試料中の希土類元素の定量[48]」から、反射炉跡出土の鉄試料分析と各地の大砲成分分析から、佐賀藩製といわれている鉄製大砲は佐賀藩で鋳造されていない可能性があることがわかった。川久保善智「神代家の人びと―骨からみた素顔[49]」では、戦国期からの土豪神代家墓地から発掘された江戸時代人骨を三次元計測器（MicroScribeG2X）で分析し、顔を復元しその貴族的特徴を解明した。

新しい歴史像構成のため、歴史試料の科学的研究の蓄積も進展している。最近では、国立歴史民俗博物館では斎藤努「歴史資料に対する自然科学的調査法の開発と適用に関する研究」プロジェクト（二〇〇七〜〇九）が、歴史資料の画像解析、鉄・刀に対しての蛍光X線分析などの自然科学的調査研究を報告した[50]。また東京大学史料編纂所でも電子くずし字字典のデータベース化や絵図の色料の科学的分析を進めている[51]。Spring−8ではシンクロトロン放射光を利用して文化財の樹種を識別することもできる[52]。

文理融合型研究の推進の困難点も多い。その一つは、歴史学の側に、隣接諸科学を補助学としてみる見方があることである。理科系学問を敬遠することなく、文献史料とともに地域の歴史研究の解明に活用できるものは、すべて歴史学の主要な方法として叙述に活かすことが必要である。問題の二つは、諸科学が分化・専門化することにより、自然科学が歴史学から離れていくことである。例えば、シンクロトロン放射光による物質分析は、超微量試料での非破壊検査ができ、その製作物の産地同定や製作技術の程度まで測ることができる。しかし最先端であるがゆえに、設備も大規模となり、歴史学研究への応用を考えるシンクロトロン放射光研究者は少ない。金属試料以外の応用研究普及が望まれる。問題の三つ目は、異分野、諸学の研究者が寄り集まったら、それで総合学としての地方史ができるわけではない。何をどのように明らかにするか、それぞれの概念を共通のものにする必要がある。センターでは定期的な公開研究会を開催し、メンバーによる質問により目標と概念の共通化を図った。四つめは、総合調査は費用と時間もかかり、個人の努力だけではできないということである。センターでは幸いに学長経費を得て、五学部の教員らによるプロジェクトを組織でき、成果をあげてきている。これらの困難点を工夫して克服し、文献史料とモノ資料と歴史的環境を、総合的・学際的に調査研究する総合学としての地方史研究の構築をすすめる必要があろう。

五　おわりに―センターの課題と総合学としての地方史

センター自体には、次のいくつかの課題がある。組織的には五年毎の時限センターのため、長期的構想が描きにくい。地域学研究の共同研究拠点としての恒久的な研究施設としての存続発展をはかる必要がある。学術的には、地域学の学術的検討と深化、地域学研究の有用性の研究など、共同研究による「地域学」の理論化が必要である。

地域学教育の推進では、全学教育機構での佐賀学・地域学教育の推進と地域連携による人材育成の必要があり、公開講座や古文書講座常連者等と連携し、地域文化財を地域の人が保存活用する体制づくりをはかる必要がある。

地域の研究団体や博物館・教員など個人が連携して、史料保存や地域研究の課題を研究しあうネットワークの拠点として、県域を全県的にカバーできる地域大学の役割は大きいと感じている。地域連携支援・歴史ネットワーク拠点形成として地域学歴史文化研究センターの役割を考えていきたい。

総合学としての地方史研究の推進のためには、一地域を限った医文理融合型共同調査研究が研究モデル構築に有効と考える。阿波学会と連携している徳島の活動や、白水智氏らの栄村の共同調査に学ぶことが大きい。いわゆる隣接諸科学（考古学、民俗学、地理学、歴史情報学、植物学・動物学・生態学・地質学・土木工学・文化財保存科学等）を歴史学の大系に位置づける共同研究が必要である。地方自治体史も歴史編・自然編との分類以外に総合的な地域史編を編纂することも有効であろう。県立博物館と地域博物館の連携した共同研究のほか、地域の大学と連携した共同研究が望まれよう。神戸大学地域連携センターの住民と連携した地域研究の方向性が、大学の地域史研究との関わりの在り方としてモデルとなりうる。

最後に、総合学としての地方史研究推進のために、地方史研究協議会には、共同研究の中核的な存在を担ってほしいと願っている。研究協議会の学術体制小委委員会などが主導して、数年先までの地方大会開催にむけて、当該地域の地方史研究会員を組織し、異分野の共同研究者を巻き込んで、テーマ設定に沿った形で、科研費などを申請し、総合調査を継続実施し、その成果を柱にして、地方大会を開催していくことで、諸地域の地方史研究も活発化し、地域間の比較史研究も推進でき、地域の固有性と普遍性が追求できるのではないだろうか。

以上で、地域学歴史文化研究センターの試行錯誤的な実践報告と、総合学としての地方史研究推進のための所感的な問題提起報告を終える。

註

(1) 地方史研究協議会編『地方史・研究と方法の最前線』、雄山閣出版、一九九七年。
(2) 安田政彦『災害復興の歴史』、吉川弘文館、二〇一三年。
(3) 渡辺尚志『日本人は災害からどう復興したか』、農山漁村文化協会、二〇一三年。
(4) 一志茂樹「新しい歴史学の構成」、『信濃』三一―三、一九七九年。
(5) 小穴喜一『土と水から歴史をさぐる』、信毎書籍出版センター、一九八七年。
(6) 近世村落研究会編『近世村落自治史料第一輯近世松本藩松川組大庄屋清水家文書』、日本学術振興会、一九五四年。
(7) 新孝一「阿波学会設立前後に関するメモ」、『阿波学会紀要』第五四号、二〇〇八年所収。原文は、徳島県立図書館『徳島県郷土研究論文集』第二集、一九五五年。
(8) 石尾和仁『「連携」に探る地方史研究団体の新しいかたち―徳島地方史研究会の取り組みを中心に―』、二〇一二年度（第六三回）大会報告、二〇一二年。
(9) 一志茂樹「地方史研究において反省を要すべき三つの問題」、『地方史研究』六、一九五二年。
(10) 一志氏の主張は、同著『歴史のこころ―日本史学界に対する苦言』、信濃史学会、一九七四年及び同著『地方史の道―日本史考究の更新に関連して―』、信濃史学会、一九七六年に所収されている
(11) 木村礎「郷土史・地方史・地域史研究の歴史と課題」、『岩波講座日本歴史別巻二』、岩波書店、一九九四年。
(12) 『村落景観の史的研究』、八木書店、一九八八年。
(13) 渡辺尚志『近世地域社会論』、岩田書院、一九九九年。
(14) 『近世地域史フォーラム①、②、③』（吉川弘文館、二〇〇六）
(15) 渡辺尚志編『信濃国松代藩地域の研究Ⅰ　藩地域の構造と変容』、岩田書院、二〇〇五年、渡辺尚志・小関悠一郎編『信濃国松代藩地域の研究Ⅱ　藩地域の政策主体と藩政』、岩田書院、二〇〇八年、荒武賢一郎・渡辺尚志編『近世後期大名家の領政機構』、岩田書院、二〇一一年。
(16) 岸野俊彦『尾張藩社会の文化・情報・学問』、清文堂、二〇〇二年。岸野俊彦編『尾張藩社会の総合的研究二・三・四・

五』、同、二〇〇四・二〇〇七・二〇〇九・二〇一二年。
(17) 吉田伸之「地域史をめぐる二・三の論点」、『地域史の現在』、飯田市歴史研究所、二〇一〇年。
(18) 一七前掲書
(19) 松山利夫『山村の文化地理学的研究』、古今書院、一九八六年。
(20) 白水智『知られざる日本—山村の語る歴史世界』、日本放送出版会、二〇〇五年。
(21) 渡辺尚志編『東北の村の近世—出羽国村山郡の総合的地域研究』、東京堂出版、二〇一一年。
(22) 板垣雄三「〈地域学〉推進への提言」、『〈地域学〉への提言』、佐賀大学地域学歴史文化研究センター、二〇一三年、二二頁。この前提的論考は板垣雄三「地域研究の課題」、『歴史の現在と地域学』、岩波書店、一九九二年である。
(23) 吉田伸之『地域史研究と地域学』講演、佐賀大学地域学歴史文化研究センター、二〇一〇年。および同「地域史をめぐる二・三の論点」、『地域史の現在』、飯田市歴史研究所、二〇一〇年。
(24) 吉田伸之「地域史の枠組みを再考する」、『地域史の固有性と普遍性』、地域学歴史文化研究センター、二〇一三年。
(25) 森浩一『地域学のすすめ』、岩波新書、二〇〇二年。
(26) 太平洋学術研究連絡委員会　地域学研究専門委員会報告「地域学の推進の必要性についての提言」、http://www.scj.go.jp/ja/info/kohyo/17htm/17_43.html および『第四回地域学シンポジウム予稿集』、佐賀大学地域学歴史文化研究センター、二〇一二年、同22前掲書所収。
(27) 赤坂憲雄『方法としての東北』、柏書房、二〇〇七年。
(28) 二〇一二年は、山崎瞳『聖ニコライ来函一五〇周年』、大橋美幸『消費者市民社会・函館』、浜出雄一・和田雅昭『イカ釣りの歴史と展望』、小林真二『函館時代の久生十蘭』、佐々木茂『箱館の音』、五嶋聖治『道南の自然史』などが出された。
(29) 岡山理科大学『岡山学』研究会編『シリーズ岡山学9　岡山の災害を科学する』、岡山学研究会、二〇一二年。
(30) 柳原邦光・光多長温・家中茂・仲野誠『地域学入門』、ミネルヴァ書房、二〇一一年。
(31) 宮島敬一「佐賀大学地域学歴史文化研究センターの設立」、『地域学歴史文化研究センター研究紀要』一号、地域学歴史文化研究センター、二〇〇七年。

（32）前田達男「幕末佐賀藩三重津海軍所における修船施設」、『Proceedings of the 2nd International Symposium on History of Indigenous Knowledge』、地域学歴史文化研究センター、二〇一三年。
（33）三島伸雄・秋葉大輔「川南造船所部品工場跡建物調査報告書」、『地域学創出のための医文理融合型研究』、地域学創出プロジェクト、二〇一二年。
（34）『佐賀学』、花乱社、二〇一一年。
（35）野口朋隆『佐賀鍋島藩の本分家』、地域学歴史文化研究センター、二〇一三年。発売元岩田書院。
（36）『「佐賀学」創成にむけた地域歴史文化の総合的研究』、佐賀大学地域学歴史文化研究センター、二〇〇八年。
（37）『二〇〇九年度報告書「史料保存とアーカイブズ」』、佐賀大学地域学歴史文化研究センター・佐賀学創成プロジェクト、二〇一〇年。
（38）『地域史研究の固有性と普遍性』、佐賀大学地域学歴史文化研究センター、二〇一三年、三〇～三七頁。
（39）『地域学と歴史文化遺産』、佐賀大学地域学歴史文化研究センター、二〇一一年。
（40）『〈地域学〉への提言』、佐賀大学地域学歴史文化研究センター、二〇一三年。
（41）白水智「フィールドワークで甦る歴史学」、地域史物寄合呼び掛け人編『地域史の固有性と普遍性』、佐賀大学地域学歴史文化研究センター、二〇一三年。なお白水氏の栄村等での実践報告は湯本貴和ら編『日本列島の三万五千年―人と自然の環境史』シリーズ全六冊、文一綜合出版、二〇一一年および白水智編『新・秋山記行』、高志書院、二〇一二年参照。
（42）『地域史の固有性と普遍性』、地域学歴史文化研究センター・地域学創出プロジェクト、二〇一三年。
（43）予稿集が『ISHIK 2012 Proceedinds of the 2nd International Symposium on History of Indigenous Knowlege』、佐賀大学地域学歴史文化研究センター、二〇一二年である。
（44）『佐賀学』、花乱社、二〇一一年、五～一三頁。
（45）同前書、二七五～三〇九頁。
（46）注43書、一二一～一二八頁。

(47) 注43書、一五二～一五六頁。
(48) 注43書、一五七～一六三頁。
(49) 二〇一一年七月二二日、佐賀学創成プロジェクト公開研究会報告。
(50) 斎藤努ら編『国立歴史民俗博物館研究報告一七七集　歴史資料に対する自然科学的調査法の開発と適用に関する研究』、国立歴史民俗博物館、二〇一三年。宮田公佳「波長選択的像形成による歴史資料の画像解析に関する基礎検討」、高塚秀治・永嶋正春・坂本稔・斎藤努「高濃度のヒ素を含む古代の鉄関連資料の事例」、斎藤努・坂本稔・高塚秀治「刀匠が継承する伝統技術の自然科学的調査」、同「大鍛冶の炉内反応に関する検証と実験的再現」などの論考がある。
(51) 杉本史子・早川泰弘・吉田直人「山口県文書館所蔵絵図に使用された色料の科学的調査」、東京大学史料編纂所研究紀要二一、二〇一一年。
(52) 「Spring–8 News」No.68 公益財団法人輝度光科学研究センター 二〇一三年五月号。

Ⅱ　地方史活動の広がり

新しい学びのかたちを求めて—八尾市立歴史民俗資料館の活動—

小谷　利明

はじめに

八尾市は、大阪府の東部中央部に位置し、人口二十七万人余の都市で、大阪市中心部に電車で二十分程度の距離にある。昭和三十年～四十年代に急速に人口が増え、市内の様子も相当変わった。

市内文化財の状況は、市域の約三分の二が埋蔵文化財包蔵地で、更に地層も何層にも渡っているため、相当な調査量が要求される。埋蔵文化財担当は、市職員が四人、公益財団法人職員は五人が従事し、当館も考古担当学芸員が一人いる。

古文書は、江戸時代の村が六十六ヶ村あり、相給地であるため、庄屋の家はこれ以上にのぼる。館蔵の文書で整理できたものは約二万点、市内寺院文書が約二万点、市内個人所蔵文書が約二万点の合計約六万点を整理した。しかし、毎年のように寄贈の申し出があり、館内にはまだ膨大な文書が手付かずの状態であるし、市内の個人所蔵も、これからという状態である。また、美術担当学芸員がいないため、市内の美術品の所在調査も筆者の担当であり、現在、文書担当は筆者だけだが、昨年から市史がはじまったため、今後改善することを望みたい。この他、民俗資料、河内木綿資料などが当館の中心的なコレクションで学芸員が各一人ずつ担当している。

資料館は、昭和六十二年（一九八七）十一月に開館し、二十五年を経過した。開館当初から財団法人八尾市文化財調査研究会が管理委託を受け、常勤館長一名、学芸員二名、事務職員一名で運営してきた。開館から二十五年が経過し、さまざまな施設・機器の修繕が問題になりはじめた。修繕には膨大な予算が必要であり、この施設を次の世代に引き継ぐ準備がいま急がれている。関係当局と折衝しながら、どのように修繕し、館の将来像をどう描くかが問題になりつつある。指定管理者という限界はあるが、積極的に発言していかねばなるまいと思っている。

もうひとつ問題となるのが、人的資源の継続問題である。これにはふたつの意味があり、ひとつは、資料館運営の次世代への引き継ぎ問題がある。これは指定管理者制度では安定した継続が望めないことは明らかである。もうひとつは、資料館を活用し、支える市民の次世代への引き継ぎである。

一　資料館を支える人的基盤

まず資料館を支える人的基盤について触れておきたい。市内の歴史研究は、大正期から連綿と続くが、現在の人的基盤の形成についてみると、昭和三十三年～三十五年に刊行された『八尾市史』の執筆者たちの活動が挙げられる。『八尾市史』史料編は現在でも大阪府下の史料編としては相当なレベルの史料編であり、これらを執筆したのは、大阪府立八尾高校の教員らが中心であった。彼らを中心に昭和三十四年六月、「八尾郷土文化研究会」が組織され、講演会や史跡めぐりなどが実施され、多くの市民が参加した。昭和五十年には「やお文化協会」が発足し、「新しいコミュニティーの創造のために」と題した郷土雑誌『河内どんこう』が創刊される。この雑誌の執筆者となったのが、初期は市史の執筆者だったが、後には、彼らから学んだ多くの市民（印象だが多くは、市外から新しく入ってきた市民）が投稿者となっている。この雑誌で、まず提言されたのが、資料館建設であった。

また、昭和五十一年には「八尾市郷土文化研究会」の講演を聞いた市民たちが「高安城を探る会」を立ちあげ、八尾市東部山麓部の高安山にあったとされる古代山城の高安城の発見のために活動をはじめた。彼らは、史跡の探索や文献研究などを実施し、昭和五十三年には倉庫跡の礎石群を発見し、一躍有名になった。ここから育った人たちも直接的な資料館の人的基盤となっている。

このほか、昭和五十九年には東大阪市、八尾市、柏原市の中河内地区の郷土団体が大阪商業大学を拠点に「河内の郷土文化サークルセンター」を設立し、平成二十一年には『河内文化のおもちゃ箱』を出版するなど、まだまだ意気盛んである。

さて、筆者は公益財団法人八尾市文化財調査研究会の職員だが、この財団が発足したのは、昭和五十八年である。主な仕事は、八尾市内発掘調査であった。資料館は、昭和六十二年十一月に開館し、筆者は同年四月に採用された。資料館が開館する頃には、八尾市史をつくった郷土史家の多くは鬼籍に入り、彼らの活動に参加した市民たちが八尾の文化を守っていた。これら多くの先輩が資料館友の会に入り、資料館を支援してきたのである。何れも同じことだが、これらの層は多くが高齢となった。戦後歴史学を支えていた層が高齢化したといえよう。

資料館が出来て、古文書講座や綿や木綿に関する講座など、学芸員の専門分野と関わる講座を長年続けており、多くの古文書を読む市民が生まれた。また、多くの市民が綿の栽培に関わるなど、資料館も助けられながら、地域の文化装置のひとつに組み入れられてきた。

二　指定管理者制度後の立て直し

ここでは、指定管理者制度に移行した平成十八年四月以降の状況を説明したい。平成一八年度から指定管理者制度に移行し、当初三年間は非公募で、平成二十一年度から五年間は、公募で当財団が指定された。

平成十八年度は、資料館内部の事業分担の整理が必要な時期であった。平成一八年三月末で常勤館長と市職員の事務職が引き上げ、当初は非常勤館長一名、係長兼学芸員一名、学芸員三名（うち嘱託一名）によって運営された。学芸員三名は、学芸員としてのキャリアは浅く、これから育てていく必要があったが、各分野の学芸員が揃い、より専門的に運営できる基盤が出来始めた。しかし、事務がいなくなったため、事務仕事のうち、一部は財団本部が受け持ったが、日々の事務処理などは係長以下学芸員がほとんどの事務作業を行わねばならなかった。さらに従来、館内で決裁していたことも、財団本部まで行き、決裁を受けて市に届ける必要が生じ、物理的にも負担が増えた。また、事務仕事自体がまず不慣れなことに加え、新しい制度の理解が教育委員会でも、資料館側でも十分でなく、しばしば書類の作り方、報告の範囲など考え方の変更があり、その都度遡って書類の書き換えなどを行うため事務量が膨大となった（現在、嘱託だが事務担当が設置されたので事務仕事は大いに軽減されている）。

このため、友の会の自立をお願いした。これまで、ほぼすべての事務を資料館側で行っていたが、事務所を会長宅とし、事務会計一切を友の会がすることになった。

次に館の普及活動の手伝いにボランティアを募集した。ボランティアは、ボランティア養成講座を受講した市民に限定し、募集人数は十名とした。毎年、ボランティア養成講座（月二回、四ヶ月間）を実施し、ボランティアの任期は三年に限定した。翌年から古文書ボランティアを友の会古文書部会の会員と、古文書講座受講生を対象に募集し、同じく講習を受けた人に参加していただいている。その翌年には古文書目録ボランティアもできて活動を続けている。ボランティアは、資料館業務の前進に大いに役立っている。しかし、これに関する事務量も増えているのも事実である。目的は、資料館の業務を市民に知ってもらい、資料館が果たしている役割を理解してもらうことである。ボランティアは、歴史愛好者もいるが、人の役に立ちたいと考える市民が集まる。通常のハードユーザーとは、また別の人たちであるのが新鮮である。

以上、平成十八年度から二十年度は、館内の事業分担の整理、及び館内の体制を大きく変え、軌道に載せる期間だった。

また、来館者への対策として、開館以来続いていた常設展「八尾の歴史と文化財」から「大和川流域と高安山―その歴史と文化―」に変更した。常設展「八尾の歴史と文化財」は、平成十二年に老朽化した電飾パネルなどを撤去し、八トラックで信号を送っていたアナウンスをデジタル化するなどの変更を行ったが、内容は大きく変えなかった。平成十八年七月から新常設展に変更し、多くは企画展などで制作したパネルを活用しながら、いくつか新規のパネルを制作し、それまで蓄積した調査研究成果を加えた展示に変更した。内容は、前回よりも平易なものとするよう努め、わかりやすくなったとの評価を得た。

また、学校へは河内木綿体験キット（綿繰り機・糸車など）の貸出を行ってきたが、出前授業も行うことにし、社会科教育との連携や副読本の作成協力、教師向け研修（不定期）などを行った。

平成二十一年度からの二度目の指定管理は、館外での市民との連携を探る活動を新しく加えた。ひとつは、「河内木綿まつり」の実施である。八尾は河内木綿の産地として江戸時代に有名となった。このことから、河内木綿の機織りをする団体や染めをする団体、作業所などで木綿グッズをつくる多くの社会福祉法人など、いろいろな団体が河内木綿と関わっていた。これらの団体に呼び掛け、一堂に顔を合わせて活動する「河内木綿まつり」を実施し、現在も続けている。

また、ボランティアや友の会と社会科教員など資料館を直接的に支える人たちから意見をもらう「市民ご意見番」を立ち上げ、それぞれの活動状況や要望、意見、展示の仕方、来館者の反応について話し合う機会を年二回つくった。特に、社会科教員が参加したことは小学校の現状も知り、資料館の展示に対するアドバイスも適切にいただき、大変に有意義な機会となっている。

もうひとつが、ここで紹介する市民研究会の八尾古絵図研究会である。

三　八尾古絵図研究会のねらい

八尾古絵図研究会のねらいは、第一に市内に多くの江戸時代の絵図が残されていたことである。絵図は、平成一二年度特別展「絵図が語る八尾のかたち」や平成十六年度特別展「大和川つけかえと八尾―大和川水系ミュージアムネットワーク事業―」で集めていた。また、館蔵の絵図や旧市史の影写本もあり、研究環境は整いつつあった。但し、平成十二年度特別展ではトレース図と復元図を作成しておらず、現地へのアプローチが希薄だった。絵図から地域の情報を引き出し、反対に現在の景観から歴史情報を発見することが可能になると考えた。

第二は、前節で触れた市民連携である。市民とともに学ぶ研究会をつくる。市民連携をただの一過性のものにするのではなく、あたらしい資料館を支える人的基盤（ハードユーザー）の発掘に用いたい。このため、地域に関心を持つ人々に呼び掛け、資料館が持つ資料と結び付ける活動をしようと考えた。

市民参加型の研究会を作り、市民の知識を活かし、更に興味を引く活動を考えるに当って、ひとつの成功体験があった。八尾市広報課が市制発足以来撮り続けていた写真約七百点を借用し、データーベースにしたときのことである。これらの写真は、全く整理されておらず、いつ、どこで、なにを撮影したのかが分からないものも相当にあった。これを市民に見てもらい、そこで話した内容を写真情報に添付する活動を行った。名前は、八尾古写真研究会とし、市広報課OBの元市長、元校長や地元の農家といった市のことをよく知る人や、外から来て比較的市内のことは知らないが、写真やその場の会話を楽しむために来た人など、さまざまな市民が参加した。写真の内容について、自ら聞き取り調査に出る市民もいて、大変充実した研究会となった。この成果は、平成十七年度企画展「八尾・今と昔―写真でみる八尾の歴史―」と題して平成十八年二月三日から三月一五日まで開催した。研究会は写真が検討し終わった段階で解散した。これについては継続してほしいとの希望もあったが、別の形で復活させたいと考えていた。

第三は、気軽さと健康である。兎に角、市内のあちこちを歩きながら、いろいろな情報を発見していくことは、それほど難しいことではない。入口としては入りやすい活動である。また、歩くことは健康ブームもあって歓迎されているし、なにより私自身が歩きたい。古い農家のたたずまいや、自然、小鳥などの小動物、今後失われていくであろうものを見ておきたいのである。最後に最も重要なことは、筆者よりも市民のほうが現実の町を知っていることである。

四　研究会の開始

研究会は、平成二十一年四月五日に研究会の設立会を開いた。これは正徳元年（一七一一）作成の「安中新田分間絵図」の公開が当館で四月五日と六日に行われ、世間が注目している時期だったためである。この資料は、八尾市の新しい文化財施設「安中新田会所跡旧植田家住宅」から出た資料で、旧植田家住宅の開館が五月六日に予定されていた。この旧植田家住宅資料は、平成十七年から筆者と大阪周辺の近世史専攻の大学院生によって調査が行われ、絵図もこの時に熟覧して植田家の場所が新田会所であることを発見した。この調査で、旧植田家住宅を整備する根拠を明確にしたのである。これについて記者発表を行い、新聞各紙で扱ってもらった。また、平成二十年度末に絵図の修復が完成し、当館ではトレース図の作成と絵図の内容についても一通りの評価を行った。これを基に教育委員会は、市指定文化財に指定し、再び新聞各紙に載ったタイミングであった。研究会開催に当っては、市広報誌での募集も行い、十九名が会員となった。

設立会では以下のことを確認した。

研究会の定義

1、この研究会は、市民が中心となって、資料館と連携しながら学ぶ会です。

研究会の活動

2、研究会では、絵図を読んだり、関係する資料を集めたり、現地調査をしたりしながら、資料を作りたいと思います。また、活動の一端を披露するため、一般市民向けの現地見学会のお手伝いもお願いします。

3、活動は、資料館と研究会の双方で協力して行いたいと思います。活動は、毎月1～2回程度を考えています。このほか、自主的な活動については、参加者の意思にお任せします。

研究会の費用

4、研究会の必要経費（コピー代、交通費、他館の入館料などなど）については実費負担をお願いします。

研究会の会員
5、会員は、住所、氏名、電話番号を登録していただきます。現地見学をするため、保険に入りますので、これらの個人情報が必要となります。個人情報は、会員への連絡以外には活用しません。
6、会員登録は、原則4月いっぱいとします。
今後の予定
7、今年度は、安中新田分間絵図、久宝寺村絵図、八尾村絵図、萱振村絵図を活用したいと思います。
次年度以降については、研究会で相談したいと思います。但し、活用できる資料があるところからしか、実施できません。
8、今日の予定
会のご案内
会員登録
代表の選出
安中新田分間絵図の情報確認
以上が当日のレジュメを写したものである。ここで代表は、当館初代のボランティアだった田村直行氏にお願いした。

五　調査内容

調査内容は、結果的に毎年違うものとなった。変わりないのは、絵図のトレース図やトレースの内容を現在の地図に落とす復元図は、資料館が分担したことである。一年目は、前記した「安中新田分間絵図」を主に活用した。この絵図の特徴は、縦約一五〇cm×横約六四五cmを測る巨大な絵図で、縮尺が約三〇〇分一という極めて細密な絵図であったことである。絵図には各箇所の大きさが注記されていたため、現状の距離・面積の比較が容易であった。このため、絵図の主要部分を実測して絵図と比較する作業を行った。道の有無と道幅、耕地の長さ、川幅、橋の位置、石地蔵の位置、墓の位置や規模、古田の位置などである。会員が巻き尺で測り、それを記録していった。写真も市民にお願いし、データーは後日、検討会で共有することにした。

これによって、絵図が極めて正確な部分と、意図的に大きさを変えている部分が明確となり、絵図の隠れた制作目的が分かってきた。例えば、新田会所前の道は絵図と現在の道幅が同一であったが、新田の面積は、絵図のほうが極めて小さく描いていることが判明した。つまり、脱税するために作った絵図であることがわかったのである。また、新田は、一七世紀に開発された古田と宝永元年（一七〇四）につくられた新田とに分かれるが、現在、新田と古田が入り混じる土地は、複雑な道が通り、若干、高低差があることがわかった。実際に歩かないとわからない程度の感覚だが、歩くとわかる。

また、会員には石地蔵の世話人や所在の聞き取り、橋の名前などの調査を独自にお願いした。また、絵図と現状が合わない部分は、周辺の絵図情報の提供などさまざまな協力を得た。

平成二十二年度は、前年に購入した高安郡大庄屋文書のなかから絵図が発見されたので、これを活用することにした。特に注目したのが淀藩に提出した控えである寛保三年（一七四三）に作成された「高安郡図」である。これは、前年の「安中新田分間絵図」とは違い、細密な絵図ではない。これは集落と道、川の関係を主に描いたもので、注目したのが、山道だった。八尾市は生駒山地の西麓にあり、東の大和に向かう道がたくさんある。この絵図のとおりに山道を歩こうと提案した。すると、山道に詳しい会員が何人もいることがわかった。

この活動で、印象に残ったコースがふたつあった。ひとつは、最初に向かった恩智越えで、絵図を見た会員が現在のハイキングコースと全く違う道であると指摘し、本番前に有志でその道を見つけて来た。もうほとんど、使われていない道だったが地形図などを見ると、昭和はじめまでは活用されていた道のようだった。しかし、現在、深い水路を越えて行かねばならず、通行できる状態にはなかった。脚立で橋をつくり、水路を越えると、一直線に山頂に向かうかなり急傾斜な道を登った。近代に入ると、山行車で柴を積み、降りて来くるため、なだらかな道が作られたが、江戸時代の道は背負子で柴を背負い、一直線に山を下るほうが合理的だったのだろう。山道は大きく変化しており、古い道を活用していくことが、道を残す方法であることがわかった。

もうひとつは、信貴道である。この道は、鎌倉時代、西大寺叡尊がここを通り、聖徳太子ゆかりの寺であった教興寺を復興させたとする道である。信貴道には、宝永四年（一七〇七）の町石が残されており、従来、この道が信貴道であると考えられてきた。しかし、この絵図は、従来の信貴道よりも南を通り、教興寺の寺域がさらに広いことを窺わせる内容だった。絵図が通る信貴道は、一部地滑りで大きく改変された部分もあるが、ある程度古道のコースを確認できた。二年目は、ほとんど会員任せで調査を進め、いろいろな成果を得るとともに、会員の個性などを知る機会となった。

三年目・四年目は、村絵図を活用して、各集落の空間構造を考えた。八尾市内は、浄土真宗の村と融通念仏宗の村、各宗派が混ざっている村など多様だが、真宗の村とその他で空間構造が違っており、それらを確認しながら、灌漑、村の入り口などを観察した。この調査で、会員から紹介していただいた「大阪府河内国高安郡南高安村大字恩智全図」から戦国末期につくられた恩智城の構造がある程度理解できたことも収穫だった。

六　成果

平成二十四年四月二十六日～六月四日まで、企画展市民共催展示「八尾の古絵図―市民と歩いた八尾の歴史―」を開催した。この展覧会では、研究会で活用した絵図を展示し、トレース図などとともに、調査時の写真、会員の解説、感想なども展示した。併せて野鳥・昆虫や植物、古道の景観などの写真を提供いただき、パネル展示を実施した。会員の投稿は、展示中続いたので、毎日のようにパネルを補充した。私自身、楽しい作業であり、来館者にもそれは伝わったようである。会員は、平成二十四年度には、五十一人に増えた。

四年間を通して少しずつ誰がどのようなことに興味があり、何をライフワークにしているのか分かってきた。古文書の得意な会員には、いろいろな史料から現地解説もしてもらえる。これは、二十五年間古文書講座をしてきた財産である。ほかにも、石造物に強い会員、村相撲を調査している会員、ひたすら山歩きをしている会員、日本野鳥の会の会員など、こちらにない情報を持つ会員がいて、その都度いろいろ教えを受けることができる。

また、研究会から友の会や各種講座に参加する人も出て来た。会員の年齢は聞いていないのだが、六十代が中心で現役世代もいる。新しいハードユーザーになってほしいと願っている。

また、会員のなかには、この研究会の成果を活用する人もいる。市民が組織する「環境アニメイティッドやお」の「八尾ふるさと歴史楽校」で毎月行っている町歩きや、八尾市観光ボランティアガイドの会の学習に役立てている人たちである。これら団体もお客さんを資料館に連れて来てくれる役割も果たしていて、大変ありがたい。但し、直接的な効用を求めるよりも、地域史の担い手を発掘するほうが重要で、これらの人たちのなかから次世代のエースとそれを支える層が出てきたらと願う。

以上、指定管理者制度への移行以後に試行錯誤している活動の一端を紹介した。町の景観の変化、旧村の過疎化、古い家屋の解体など、資料館が出来た二十五年前よりも資料の散逸廃棄の危機は、更に深くなっている。しかし、収蔵庫は満杯であり、調査体制も貧弱となり、学芸員も年を取った。市民の地域の文化財への関心は、今後続いていくのか、やはり不安がある。地道な活動が評価されず、一過性のイベントが増えていく今日この頃だが、学芸員も市民も共に育つ環境をつくっていかなければ、資料館自体続いていかないのではないだろうか。

地域博物館の活動から捉えた地方史の展開と課題

加藤　隆志

はじめに

相模原市は神奈川県の北部に位置し、首都圏近郊の住宅都市である。二〇〇七年には神奈川県唯一の市町村合併により旧津久井郡四町（城山町・津久井町・相模湖町・藤野町）を編入し、二〇一〇年には政令指定都市に移行した。その中で、相模原市立博物館は一九九五年十一月に開館した博物館法上の登録博物館である。自然と人文分野に加え、県内最大級の直径二三メートルドームを有するプラネタリウムなど天文分野をも置く総合博物館として活動を展開しており、特に隣接地に宇宙航空研究開発機構（ＪＡＸＡ）宇宙科学研究所相模原キャンパスがあることから、両者の連携に基づく活動が積極的に行われている。また地域博物館として、「市民参加」[1]・「市民協働」[2]の活動に力を入れ、ほとんどの分野で市民の会が結成されて、活動内容は分野ごとに異なるものの、資料の収集整理や調査、展示・講座等の教育普及の活動を学芸員とともに行っており、筆者も同様にいくつかの会を組織している。

今回の大会の狙いは、それぞれの現場の実践を積み重ね、課題を出し合って今後の方向性を考えることにあった。本稿では、相模原市立博物館で筆者が企画した民俗講座や現在も実施している市民の会の具体的な活動を紹介しながら、いくつかの点について考えてみたい[3]。

一　初めてのフィールドワークの民俗講座 ―「フィールドワーク・村を歩く」―

筆者はこれまでも毎年民俗講座を開催してきたが、開館後三年目の一九九七年までは、常設展示に多数展示している農具や企画展とリンクさせた川漁・食生活など、毎年テーマを決めてそれに関わる内容についての講義形式の講座を行ってきたものを四年目から大きく変え、野外に出て地域のフィールドワークを主体とする形式とした。博物館の教育普及活動の内容は多様であり、座学の講座はごく一般的に行われている。しかし、博物館の利点を生かした講座とは、特に地域にあって活動を展開する博物館の特徴が発揮される内容とは何かを考え、変更したのであった。筆者は、普段何気なく見ているものでも背後には地域の歴史や文化が顔を覗かせており、それを発見する楽しさとこれらを見つける過程が地域の博物館での民俗分野の大きな魅力と捉えており、その方法として実際に参加者自らが地域を歩きながらさまざまなものを見聞し、場合によっては調べていくフィールドワークを伴う内容としたのである。

本格的にフィールドワークを中心とした民俗講座を開始したのが一九九九年の「フィールドワーク・村を歩く」である。この講座は、合併前の相模原市域で近世期に集落だった所を、主に神社や寺院・小祠小堂・石仏等を辿りながら順に歩いて行ったもので、市域はかつて「相模野」などと称された広大な入会秣場がひろがり、近世から近代・現代を通じて開墾や開発が重要な歴史的視点となる地域であるが、その分、近世段階で集落が形成されていた地区は少ないといった特徴がある。それでも市域全体で近世一八か村をすべて歩くには、月一回の講座で雨天中止の回も含めて約二年半が必要であった。最初のフィールドワークとしてこのような内容の講座としたのは、筆者自身としても今回の機会を有意義なものにしたいという点にあり、刻々と移り変わっている市域の様相を比較的短期間のうちに通して見ておくことは、今後のさまざまな活動に役立つと考えたのである。コースの設定や資料作りなどは筆者が行い、その意味では従来の講座と変わるものではなかったものの、フィールドワークを伴う内容の運営方法について貴重な経験をしたばかりでなく、その後の諸活動の展開につながるような講座となった(4)。

二　参加者が調査する講座—「道祖神を調べる会」—

「村を歩く」講座の終了後にも比較的短期で終了するフィールドワークを実施したが(5)、民俗講座として次のステップに至ったのが二〇〇二年から三年半に渡って実施した「道祖神を調べる会」である。中部から関東地方にかけては道祖神信仰が盛んな地域で相模原市域もその一角に含まれており、今回の講座は、地域的特色を踏まえつつ周辺を含めた市域の道祖神石碑や祭祀・行事の状況を捉え、学ぶことを目的として企画したものであった。

この講座の名称を「調べる会」としたのは、それまでの民俗講座では担当者である筆者と参加者が一緒に野外に出て（場合によってはそのほかの講師が加わったこともある）、歩きながら主に筆者が民俗学的な観点から説明を加えていたため、参加者は受動的な側面が強いままであるのは代わりがない。そこでフィールドワークを取り入れた講座を開始して数年が過ぎ、地域のさまざまな民俗を参加者自らが調べていくようなものも取り入れたいと考え、その点を明示して募集したのであり、実際の講座の進行に当たっては、基本的に月一回、市域及び県内各地での道祖神石碑や行事の見学と、それを受けての館内での筆者による講義を交互に組み合わせて実施した。「道祖神」という文化的な事象を学びながら地域の民俗について調べていく内容であったため、野外での見学と併せて見所や問題点を整理する学習会を並行したもので、こうした形式の講座にあっては有効であった。

具体的に講座において調査したのは、現在でも正月十四日を中心として市域各地区で行われている、各家の正月の飾り物を道祖神の前などに集めて燃やし、その火で団子を焼いて食べる「団子焼き」行事の現状と変化である。調査としては、本格的な聞き書きを伴うものとなると特に民俗調査のトレーニングを受けているわけでない参加者にとって負担が大きくなることから、実際に行事を実施している場の状況を観察する団子焼きの現状を中心に据えることにした。調査に当たっては筆者がＡ４判の調査票を作成して配布し、観察した内容やその場で聞いたことを書き込んで写真とともに提出する方式を採った(6)。

調査結果で注目されるのは、団子焼き当日に道祖神碑を覆うように藁製の小屋を作って二時間ほど後にはすぐ燃やしてしまう地区など、大人数で回らなければ把握することが難しい事例が発見されるとともに、古くからの集落ばかりではなく第二次世界大戦以後に住宅地化した場所であっても行事が行われており、市域全体では決して過去のものではなく現在でも見られる地域の年中行事の一つと捉えることができる。そして、各地区で同時に行われる行事は学芸員だけでは一度に把握できる事例は限られざるを得ないため、通常は地域の中で古くからの様相を比較的留めているとされる所や特徴的な事例をもって代表させるのが一般的であるが、今回の調査によって分かったのは、実際の行事は共通する要素も見られる一方で、現状では場所ごとに異なる様相を示していることもしばしばあるということである。今回の講座に拠ってこの行事の市内の数年間の様相を知ることができ、地域のさまざまな資料や情報を集積する役割を持ち、さらに急激な開発を経た相模原の博物館にとって大変貴重なデータが得られたことになる。まさに地域で活動する博物館ならではの、市民と共に行う調査の特徴が生かされた成果を得ることができた(7)。

なお、本館の開館十周年記念特別展の民俗分野の展示の一部をこの講座の参加者の有志が担ったことも挙げておきたい。講座開催中の二〇〇五年十一月に行われた秋季特別展「博物館一〇年の歩み」において、本館にとって初めての試みとして市民とともに展示や普及活動などを各分野で行ったが、民俗分野では講座参加者のうち一七名の有志が「サヘノカミの会」を結成し、「相模原市内の道祖神石塔とドンド焼き」をテーマとして、今まで蓄積されたデータを整理しながら展示内容の検討から準備・製作・飾り付けまでの展示作業一切を行い、無事に成功させた。講座の活動をベースに調査活動だけではなく、市民が主体となって展示を行うという貴重な経験ができたのであり、この点からも「道祖神を調べる会」は博物館の活動について改めて考えるきっかけを与えられた講座となった。

三　継続的な市民参加へ―「民俗調査会」の活動―

「道祖神を調べる会」の終了後に行った民俗講座が「民俗に親しむ会」（二〇〇六～二〇〇九年）である。毎月一回、野外のフィールドワークとそれを基にした館内の学習会を交互に繰り返して行ったもので、地域の歴史や文化についてテーマを限定せず広く民俗学的な視点で捉えていくことを内容とした。その際、「民俗に親しむ会」を進めながら一方で結成したのが「民俗調査会」であった。

民俗調査会は学芸員である筆者が準備から実施まで設える講座とは異なり、参加する市民が諸作業を分担しながらさまざまな活動を進めていくもので、フィールドワークを楽しみながらも学芸員と市民がともに市域の民俗について調べ、データを蓄積し、折りに触れて成果を発信していくことを目的としている。結成に当たってまず「民俗に親しむ会」の参加者に呼びかけをしたが、平日でないと活動できないという方と土日の都合が良いという参加者がいたため、基本的に毎月第二水曜日に集まる調査会Aと、第四土曜日を定例日とする調査会Bの二つを結成した（実際には両方とも参加されている方が相当数いる）。具体的には、Aが二〇〇八年に実施した津久井郡四町との合併によって企画された津久井地域を紹介する特別展「みてみて津久井ただいま調査中！第二期〜津久井の歴史と文化〜」において「甲州道中を歩く」のコーナーを担当した。これは、市域に含まれることになった甲州道中四か宿（関野・吉野・与瀬・小原）を中心に、山梨県の上野原駅から東京都八王子の小仏峠を含む高尾駅までを実際に歩き、その間の社寺や石仏などについてデータをまとめて展示したもので、自ら作成した地図や航空写真などを交えて甲州道中の旧道を紹介した。さらに関連事業として別に一般の市民を広報紙で募り、調査会に参加する会員が調べた成果を基に甲州道中の一部について市民を案内する探訪会を実施することができた。

これに対して調査会Bの活動は、二〇〇九年の「横浜開港一五〇周年記念」に関わる企画展の準備であり、活動名を「横浜への道」として、市域（相模湖駅）から日米和親条約が締結された地である関内地区の横浜開港資料館を目指して月に一回ずつ歩いていき、やはりその途中の景観や社寺、小祀小堂、石仏や道標などについてデータを収集して、実際に歩いたコースとともにそれらを企画展で他の展示資料とは別に展示した。毎回の進め方は、参加者が三二名と多かったこともあって四つの班に分け、各回ごとに当番班のメンバーがコースの検討から資料作成・下見・当日の進行・展示にあたっての記録までの一切の責任を持つようにした（各班での進め方や班内での分担は自由）。実際の歩いた回数は雨天で午後打ち切りが一回あるため全十二回半で、歩いた距離の概算は約一三〇㎞に及んだ。その成果は企画展「市民と歩いた横浜への道」として展示を行い、毎回の歩いたコースを示したパネルの作成や飾り付け、関連事業などの作業を班ごとに分かれて実施した(8)。

民俗調査会はＡＢともに展示の終了後にも継続しており、調査会Ｂでは別のテーマを設定してやはり班ごとに資料作成の諸準備から当日の進行・案内まで責任を負うスタイルで続けている。また、調査会Ａでは二〇一一年度の活動として「相模原散策マップ」を作成した。市内の新磯地区のフィールドワークを行って民俗的な観点から散策マップを作り、マップは手軽に持ち運びできるＡ４サイズで表面に地図と裏面には説明を載せたものとし、北部ルートと南部ルートの二コースを設定することにした。神社や寺院・石仏など、地域に残るさまざまなものをすべて取り上げることは当然無理で、その中から何を選び出し、どのような説明を付けるか相当に悩むとともに、地図化に当たっては例えばトイレの位置なども確認しなければならない。このようなことを頭に入れながら会員が数回のフィールドワークを行い、いろいろな苦労や工夫を加えてようやく完成した(9)。さらに、この散策マップでは、南部ルートを使って実際に二〇一二年三月に「民俗探訪会」を行った。民俗探訪会でも会員以外の市民からの参加者を募集し、南部ルートのマップを参加者に配布してそのコースを歩いていき、ポイントごとに筆者のみならず作成の中心となった調査会Ａの会員が説明をしたほか、そのほかの会員も歩行の誘導や交通安全への配慮など、事故なくスムーズに進行できるように気を配り、歩いている途中には参加者に気軽に声を掛けるなど、和やかな雰囲気の中で実施できるように務めた。このような市民が別の市民を案内する試みは、津久井地域を紹介する特別展の関連事業でも行ったが、今回は自らがこだわって作成したマップの言わばお披露目としての意味を持つことになり、大変意義ある機会となった。民俗調査会Ａによる民俗探訪会は既存のさまざまなマップを活用しつつ今後も行うこととしており、二〇一三年五月現在で第三回まで実施している。

四　市民が活用する市史を目指して―「市史民俗編を読む」講座―

筆者は、フィールドワークを伴う講座を軸として完全な座学のものを意図的に実施していなかったが二〇一〇年からは座学を復活しており、その最初の講座が『相模原市史民俗編』の刊行を受けた「市史民俗編を読む～入門編～」

〈全四回〉及び「同～展開編～」〈全一二回〉である。『相模原市史民俗編』は、二〇〇四年から開始された新たな相模原市史のうちの四冊目の刊行物として二〇一〇年三月に刊行され、体裁はＡ４判で五五〇頁を数え、四〇〇字詰め原稿用紙換算で約二三〇〇枚を超える大部なものであり、旧市域の民俗の全貌が一冊である程度分かるようになった。これらの講座は、市民が市史民俗編の内容を正確に理解し、またいかに活用していくかといった点を念頭に置いて企画したもので、市民による活用といったことは市町村史の編さんに当たって刊行の理念として必ず挙げられることではあるが、学問的にもある程度の知識を持たないと理解ばかりか読むことすら難しい場合も多く、単なるスローガンだけでは絵に描いた餅となりかねない。せっかく出された成果をいかに多くの市民が活用できるか、それなりの仕掛けが必要であり、市民が実際に民俗編を手に取り、ともに読んでいくことを目的に実施したのが「入門編」であった。

その内容としては、まず第一回目に民俗及び民俗学の概略を説明した上で市史としての民俗編全体の特徴を踏まえ、二回目以降は毎回テーマを絞って具体的な事例を特定の章を中心に取り上げるという方向で構成した。例えば第二回目では、畑作が卓越する相模原の土地利用を切り口として、相模原が「へそのないまち」と言われる理由を近世期の集落の分布や相模野の存在から捉え、さらに新田及び新開の開発・軍都計画・高度経済成長下の急激な開発と人口増加といった内容に展開した。このように毎回テーマを設定したのは、限られた講座の回数では民俗編全体を扱うことは困難であり、入門編で初めて民俗編を手に取る参加者もいる中で、ただ読んでいくだけでは平板的な印象に留まってしまう危惧があったためである。まずは一部でも良いから民俗編の記載に触れて、そこから民俗学の視点とはどのようなものか、あるいは市域のさまざまな民俗から見えてくる地域的特徴とは何かといった点に留意して進めていった。

そして、入門編の終了後すぐに「市史民俗編を読む～展開編～」を開催した。入門編の後に引き続いて各章ごとに内容を掘り下げていく展開編を行うことは当初からの計画であり、入門編の参加者にその旨を伝えて参加を呼びかけ、展開編への登録の希望を採った。その結果、ほとんどの方から申し込みがあり、展開編を予定したことは効果的であった（新しく展開編から加わるのも可）。講師は主に筆者が担当したが、数回に一回は実際に民俗編の調査や記述に当たった調査執筆員からより専門的な視点に基づいた講義を受けることとし、この回は一般の市民も聴講可能の公開講座とした。

筆者が担当した分の講座の進め方としては、基本的には最初から一章ずつ、各章の中で特に重要と思われる点や今後、参加者が個別に民俗編を読むに当たって参考となると思われるような事項を選び、実際の記述に即して読み進めていった。例えば、衣食住をテーマとする第三章では、人々の日常の生活の組み立てに関わる伝承とその変化について女性の働きといった点に焦点を当て、さらに、特に本文中に記載がある第二次世界大戦直後の開拓団の入植の状況や生活改善の動きにも注目した。また、民俗編では本文中に豊富な写真が掲載されているとはいえ、どうしても文字情報が中心とならざるを得ない。そこで少しでも記述の理解を助けるため、途中から講座当日の午前中の一時間程度、午後からの内容に関連するような文化財記録映画の上映や、筆者がこれまでの調査で取り貯めてきたスライドの投影を行うこととした。午前から午後まで参加すると一日掛かりとなり、時間の関係で出席できない参加者もあって午後からの講座に比べると人数は少なかったが、視覚的にも理解ができるという点からは大変好評であった。講座終了後のアンケートでは、フィールドワークだけでなくこうした座学の内容を求める層が広くあることが示されたほか、民俗編を読むことを糸口としてさまざまな民俗に一層の興味関心を持ったとの意見が多く出され、その後の講座の展開を検討するうえでも大変に意義あるものであった[10]。

民俗講座を基にしたものではないが、最近開始したのが「水曜会」及び「福の会」である。博物館では展示室以外に多くの資料が収蔵され、資料の性質に応じた整理作業が行われていることが一般にはあまり理解されていない。このような状況において、実際に市民が資料整理に携わる中からその必要性や重要性を捉えることを目的としている。

五　収蔵資料整理への展開—「水曜会」と「福の会」の活動—

毎月奇数週の水曜日午後に活動していることにちなむ水曜会は、津久井郷土資料室（合併前は「津久井郡郷土資料館」）が保管する資料の整理を行っている。当室は、城山ダム（津久井湖）の建設に伴う地域の民具類の収集と保存を行うことをきっかけとして一九七一年に当時の津久井町中野に開館した。相模湖町在住の鈴木重光(11)らが収集した膨大な資料を保管しており、水没した地区を中心に収集された農具や漁具・生活用具などの民俗資料をはじめ、江戸時代からの古文書、明治以降の記録類や教科書、津久井地域を中心とした絵はがき、雑誌及び書籍、新聞のスクラップ、チラシ・パンフレット、新聞、包装紙、手紙などというように実に多岐に渡り、年代や場所も地元のものだけに限らず広い範囲に及んでいる。これらの資料は津久井地域で刊行された町史類の執筆に利用され、古文書や一部の絵はがき、雑誌・図書、教科書などについては整理が行われてきたものの、例えばパンフレットやチラシなど大量なこともあり、その全体像を把握するには至っていない。そこで、これらの資料の整理作業を二〇一一年から始めたのが水曜会である。本館には各分野の講座等から派生した市民の会とは別に、元々は館の全般的な教育普及活動の補助等（最近では常設展示室のクイズラリーなど、主体的に企画から関わるものもある）を行うことから始まった市民学芸員の組織があり、当初はこの市民学芸員に登録されている方に声を掛けて開始したものである。作業的にはダンボールに納められている資料を箱ごとに取り出し、内容を確認しながら目録を作るといったオーソドックスなもので、作業はまだ始まったばかりで今後も長い期間続けていくことになる[12]。

また、資料の整理作業だけでなく、二〇一一年十月から二〇一二年二月にかけて、収蔵品展「津久井郷土資料室所蔵資料紹介―市民の力で博物館資料へ―」を実施した。津久井地域をはじめとした歴史や生活が窺える重要な資料が合併した地区の施設に残されており、こうした資料の整理を市民が主体となって実施していることを一般来館者にも示すことと並んで、資料整理は博物館の根本をなす大事な作業ではあるが一見すると地味であり、市民が継続的に行っていくには何らかの動機付けにつながる仕掛けが必要ではないかと考えたものである。博物館での整理作業はそれに留まるのではなく、展示等へもつながるといったことを具体的に表すのを狙いとして副題のように「市民の力で博物館資料へ」を強調したのであり、実際、展示を見た方から水曜会に参加の希望があったり、他館から企画展への資料出展の依頼があったことは、今後とも資料整理を長く続けていくことへの意識を高めることとなった。水曜会の展示については、資料整理と並行して毎年実施することにしており、第二回目の展示（二〇一二年九～十月）では、前回は初めての試みであった関係で展示の企画や資料の選択・解説パネル等の作成は筆者が担当して水曜会のメンバーは列品・撤収作業を中心に行ったが、今回は企画から撤収までの一連の作業の多くを水曜会が担うことで進めていった。展示が近くなると準備に時間を取られて肝心の資料整理に手が回らなくなる問題があったものの、展示資料を選定する過程で資料整理の方向性について改めて検討して共通の基準を作成するなど、今後の作業に対する見直しも行われた。

もう一つの資料整理を行う会が「福の会」である。市内南区下溝地区に在住の福田家は小田原北条氏の家臣とされる旧家で、福田家からはすでに近世～大正期の古文書五八〇点が寄託されており、さらに追加の資料寄託のお申し出があった。そして、歴史資料だけではなく蔵に収納されていた民俗・生活資料についてもこちらは寄贈のお話しがあり、それをきっかけに「福の会」（名称は福田家に拠る）が結成された。水曜会の津久井郷土資料室が保管するものは紙資料が中心であるのに対し、民俗担当として、有形の民俗・生活資料の収集や整理保管等の作業を市民とともに行っていくことを検討していたところに今回の申し出があり、これを契機としたものである。参加者は、別に市教育委員会が募集するボランティア組織である文化財普及員のうち下溝地区及びその近隣に在住の方々を中心に、民俗調査会Aの会員にも呼びかけた。二〇一二年十月に蔵内部のモノの配置調査及び受け入れ資料の選定を行い、十一月に福田家から館へ資料を搬入し、十二月から資料洗浄、計測等の作業に着手している（水曜会翌日の毎月奇数週の木曜日が活動日）。また、水曜会と同様に資料や作業を紹介する展示も実施することとなっており、その作業も並行して進めていくことになる。これからも水曜会・福の会ともに、参加者と協議しながら資料整理や展示を積み重ねていき、課題を検討していきたいと考えている(13)。

おわりに

筆者はいわゆる地域博物館の重要な存在意義として、市民自らが博物館と係わる中で、自分たちの生活する場所がどのような地域であるのか、地域の多様な歴史や文化を認識するとともに、地域の将来のあり方について考える資料を作り出していく活動を展開する拠点としての役割にあると捉えており、本稿で述べてきたのはそうした視点から組み立て実施してきたささやかな活動の一端である。このような市民とともに行う活動を展開していくに当たって留意しているのは、市民の要望やニーズが多様化・多層化している中で、活動自体が筆者自らも含めて楽しいものであり

（フィールドワークなど）、それを市民とともに行って共有したいということを訴え（講座参加者等への呼びかけ）、また、作業に当たっての意識や環境を整えながらさまざまな意味でモチベーションを高めるような動機付けを継続的に行う（資料整理での展示）などであり、さらに一歩進めて活動が自己満足に終わらず、博物館を利用している別の市民から「館の私物化」との疑念を持たれないように、絶えず自分たちの活動の意義を学芸員のみならず参加者も含めて確認しつつ、実践した成果を公開し蓄積して次の活動に繋げていくことが重要と捉えている。

最後に、今後の課題について、非常に多岐に渡る中で特に筆者の現在での関心に基づいていくつか簡単にまとめると、現在、各地の博物館ではさまざまな取り組みが行われ、そのことは大変な努力であるがもはや活動をやれば良いといった段階は過ぎ去り、その内容や質そのものを問われる段階になっている。現実にはかなり困難な点があることを承知しながら言うと、成果を蓄積した中からどのような新たな価値や魅力を生み出せたか、地域博物館の理念や今回の発表の文脈からすれば、市民がどのように地域を理解して「地域力」や「市民力」を高めることに貢献し、地域像を主体的に形成する存在へと至ったかが問題であり、こうした具体的な社会活動を通じたパブリックな面へのコミットの方向性と、実際に行われた活動への評価をどう行っていくかが議論される必要がある。また、この点と関連して、例えば本市においては公民館活動が盛んで公民館に拠点を置くサークルによって人文・自然を問わずすぐれた活動が行われている。本文中で紹介した文化財普及員等も含め、こうした人々といかにネットワークを形成して人材をつないでいき、どのようなサポート体制を構築するかなども課題となるところである。(14) また、多くの博物館での多様で活発な活動が今一つ認知されていないように感じられ、これは博物館側の情報発信力の問題も大きいのだが、せっかくの活動やそれに伴う意義が正確に伝えられていないとしたらいかにももったいないことであり、情報のネットワークと共有化が求められる。さらにその活動は、ともすれば単発的な内容に陥り勝ちで効果が削がれているよう

にも見え、やはり活動のネットワーク化と対社会的なアピールが必要なのである。(15)

こうした活動の事例において目立つのはどうしてもアウトプットのものであり、多様な活動が単に「消費」されて疲弊に終わらないかとの危惧さえ出されている中で、博物館としての基礎的な足腰である資料の収集整理・保管といった部分が揺らぎ始めている現状にある。もちろん地域の人々の生き様を後世に残し、それらを証明する手立てとしてさまざまな資料は無くてはならないものであり、将来の子孫のためのものでもある。その意味では、資料の収集保管や整理は基本的には博物館などの行政が責任を負うものではあるものの、果たして今後とも行政がすべてを担えるのかがかなり疑問とされる。本館の資料整理を行う会の活動などは、行政とともに市民に資料保管の重要性の意識を醸成することも目的の一つであることは間違いないが、今後の方向として地域全体で資料を守っていくことを目指すとして、市民がいかに係わっていくのかについては真剣な議論が必要であり、博物館の評価のあり方や活動のネットワーク化・対社会的なアピール等とともに、地方史研究協議会のような学会が果たす役割についても問われているのではなかろうか。

以上、大仰なテーマに対して本稿では筆者のささやかな活動を紹介することに終始し、まだまだの観が強い。筆者が今回の大会を通じてもっとも心に残ったのは、博物館等の活動が自分たちの生活を豊かにし、自らの生活の中にあって良かったと思えるか否か（もちろんその思っていただけるように務めていかなければならないのであるが）、博物館を護り育てるのは市民の権利なのだという点である。こうした壮大な課題を前にして地域博物館の学芸員としてできることは何か、今後も遅々としてではあるが模索しながら活動を進めていかなければならないと考えている。

註

（1）神奈川県内で早くから「地域博物館」を標榜し、調査研究を主軸とした具体的な諸活動を市民とともに展開してきた平塚市博物館（一九七六年開館）において、一九九六年に開館二〇周年を記念して行われたシンポジウム「すべてのまちに博物館を―高まる地域博物館への期待―」では、平塚市博の行ってきた活動の核は地域研究の方法論の実践であり、地域のさまざまな資料を集めることを市民とともに行って成果を博物館に蓄積し、市民全体のものとして公開していくことにあるとしている。

（2）加藤幸治は、市民が博物館活動に参加する段階の「住民参加」と、経営面や設置理念にまで踏み込んだ関係構築を伴う「市民参画」とは別のものとする。確かに市民参加・市民協働・市民参画等の関係は明確ではないが、本稿ではこの点には踏み込まない。なお、同様に加藤は、現状において地域博物館に対する批判・検証的議論が不在であり、改めて博物館の存在意義について再考する必要が迫られていると指摘している（いずれも加藤幸治「市民の中の民俗博物館」岩本通弥他編『民俗学の可能性を拓く』青弓社、二〇一二年）。筆者もそうした「あるべき博物館像」ではなく、社会の中で実際に活動し一定の役割を果たす博物館として議論することが重要であり、何より現実の博物館の活動が地域博物館の理念を体現できているのか、実際の活動がそうした方向に沿って形成されてきたかについては充分な検討を要すると考えるが、このような実質的な議論を行っていくためにもそれぞれの館での実践の積み上げが必要であり、ようやくその段階にまで至ったとも言えるのではないかと捉えている。

（3）筆者は、二〇一二年六月二十三日に行われた神奈川地域史研究会の総会シンポジウム「地域史と博物館」（会場：横浜市歴史博物館）において、「「市民参加」・「市民協働」と博物館～これからの博物館は何を目指すのか～」と題して発表を行った。本稿は地方史大会で行った発表とその後の討論を基にしており、内容的には六月の発表では触れていないところもあるが、それでもかなり重なる点も多いことをお断りしておく。なお、神奈川地域史研究会での発表は、会誌『神奈川地域史研究』三〇（二〇一三年）に記した。

（4）この講座の企画から実施の経過、結果と課題については、拙稿「本館における教育普及活動の展開と課題―民俗講座「フィールドワーク・村を歩く」を例として―」（『相模原市立博物館研究報告』一一、二〇〇二年）にまとめた。

（5）例えば、直後に行った「大山道を歩く」は、横浜線橋本駅から厚木を経て伊勢原市の大山阿夫利神社下社まで歩き（講座はガイダンスとまとめを含めて全七回）、定員三〇名に対して応募者が約五倍というように、こうした内容の講座に対して多くの市民の期待があることを目の当りにしたものとなった。大山までのフィールドワークを実施したきっかけは、「村を歩く」講座の中で市内の大山道を歩いたことで、実際に市域から大山につながることを参加者とともに筆者自らが〝実感〟したいと思ったからであり、毎回のフィールドワークを企画する際にはこうした感覚を大事にしている。

（6）「道祖神を調べる会」で実施した二〇〇四～六年の三年間の調査成果は、『研究報告』第一四～一六号において報告し、報告の全体の趣旨については一四号の「市民が調べた相模原市内の「団子焼き」［№一］」に掲載したほか、三年間における調査全体のまとめと分析は一六号の同［№三］において行った。なお、講座終了後の二〇〇七年以降についても、筆者と市民有志で継続的に津久井地域を含む団子焼き行事の調査を行ってその結果を毎年の『研究報告』に掲載しており、現在、「市民が調べた相模原市内の「団子焼き」［№八］」まで至っている。

（7）一方で調査に参加したある方が調査結果を基に、今度は当事者の一員として地元の行事を始める（変える）ということがあった。こうしたことは、現代社会の中で博物館が果たす役割や機能を考える点からもいくつかの論点を引き出せるが、地域の歴史は住民自身が作るものという点からは、市民自らが生活する地域を認識する場としての博物館としては必ずしも否定的のみに捉えるものでもなく、むしろそうした事例に対しては過程を含めて記録し、後に検証できるようにしておくことが重要であろう。「道祖神を調べる会」と調査の実際については、拙稿「地域博物館における市民による調査の実際―民俗講座「道祖神を調べる会」の活動から―」（八人の学芸員著『博物館の仕事』岩田書院刊、二〇〇七年）にまとめており、博物館を舞台とする市民が関わる調査の意義や課題などにも触れた。

（8）この展示ではもう一つの市民有志による「市民が歩いた横浜水道」のコーナーがあり、これは調査会の参加者有志が自主的に別のルートを横浜まで歩いていったもので、筆者はその活動が別に行われていることを途中から知り、是非にということで展示を依頼した。こうしたことも参加者の自主的な活動に対しての動機付けとなると捉えたのである。民俗調査会の結成や調査会Bが実施した企画展の開催経過と結果については、拙稿「歩く・聞く・見る・展示する～秋季企画展「市民と歩いた横浜への道～」開催記録と民俗調査会の活動～」（『相模原市立博物館研究報告』一九、二〇一〇年）に記した。

（9）北部ルート・南部ルートとも館のＨＰに公開している。

（10）この講座の開催経過と内容等については、拙稿「「市史民俗編を読む」講座の開催―市民が活用する市史を目指して―」（相模原市立博物館編『相模原市史ノート』九、相模原市刊、二〇一二年）にまとめた。なお、現在は民俗講座を座学形式とし、フィールドワークは民俗調査会の活動として行っている。

（11）鈴木重光（一八八七～一九六七年）は当時の内郷村（旧相模湖町若柳及び寸沢嵐地区）の奥畑出身。一九一八年の夏に柳田國男らによって内郷村で行われた、わが国における地域の共同調査のさきがけとされる調査に際して地元で対応した者の一人で、一九二四年には『相州内郷村話』を刊行するなど、その後も主に津久井地域の民俗の調査研究を進め、神奈川県の民俗学や郷土史に大きな足跡を残した。

（12）二〇一二年四月からは参加者からの要望を受け、第一水曜日の午前中に今回の資料整理に関連するさまざまな事項について学習する会を筆者が講師となって行っている。

（13）地方史大会発表時にはまだ福の会が結成されておらず言及することができなかったが、本稿執筆の際には活動が始まっているためここで触れておく。福田家の概要及び福の会については、小澤葉菜・加藤隆志「相模原市南区下溝の福田家の来歴とその蔵などについて　付　下溝地区・福田家の蔵収蔵資料の整理について～市民協働による資料整理の試み～」（『相模原市立博物館研究報告』二一、二〇一三年）を参照。なお、福の会の提示は「蔵の中の世界・福田家資料紹介～市民の力で博物館登録へ～」として二〇一三年五～六月に実施した。

（14）市内のある公民館で筆者が歴史講座の講師を引き受けた際に、今回の講座の内容とは別に、高度経済成長以後の多くの聴講者がこの土地に引っ越してきてから以後の、例えば地域の中でのコミュニティの形成の経過などはここに住んでいる者でないと分からない。地域の歴史を調べ将来に渡って書き残せるのはそうした人しかいないとの趣旨の話をしたところ、講座開催の中心であった方々が地域の直近の歴史を調べ、公民館祭りで発表を行ったとのことである。これなどはサポート体制の構築とも言えない卑近の例ではあるが、今後の重要なポイントの一つと捉えている。

(15) この場合のネットワークとはいろいろな段階があり、例えば本館の中での民俗分野の諸活動の関連はもとより、本館の他分野との関係なども挙げられるほか、各博物館相互のネットワークという視点も求められる。本館では十一月二十日の開館記念日近くの土・日曜日に「学びの収穫祭」を行っている。これは本館で活動する市民の会及び学芸員が支援等に関わっている中学・高校の文化系サークルの生徒などが、それぞれの団体の一年間の活動内容について口頭あるいはポスター等で発表するものである。民俗分野では調査会Bの一つの班が毎年交代で発表を担当している。また、二〇一一年の学びの収穫祭では、平塚市博物館・横浜市歴史博物館・パルテノン多摩の民俗関係の市民の会のメンバーが参加し、本館の民俗調査会の会員を含む四館の市民が交流会を行って、各館の活動内容や課題を述べる機会を設けた。さらに、横浜市歴史博物館の「民俗に親しむ会」と本館の民俗調査会Aでは別に交流会を行い、二〇一二年五月には横浜市民が相模原を訪れて民俗調査会の会員が案内し、十月には逆に相模原市民が横浜に向かって「民俗に親しむ会」の会員に御案内いただいた。こうした活動を継続しながら今後の展望を検討することが重要であろう。この二回の交流会については、両館の研究報告(紀要)で参加者のレポートを含めてそれぞれ報告しており、相模原で行ったものについては、加藤隆志・刈田　均・羽毛田智幸・相模原市立博物館民俗調査会A・横浜市歴史博物館民俗に親しむ会「相模原市立博物館「民俗調査会」と横浜市歴史博物館「民俗に親しむ会」の交流会記録①」(『相模原市立博物館研究報告』二一、二〇一三年)を参照。

地域住民による「地方史活動」と地域博物館

―平塚市博物館歴史系サークルの活動を通して―

早田　旅人

はじめに

博物館の教育普及事業には、不特定多数の来館者に向けた講座・講演会・観察会・体験学習といった一回性の事業の一方で、館内に組織され、地域住民が会員となり、博物館とともに特定のテーマについて日常的継続的に学習・調査活動などをおこなう会員制事業がある。本稿ではこうした会員制事業を博物館サークルと呼ぶ。博物館サークルは、一回性の教育普及事業とは異なり、その活動に地域住民が主体的に継続的に関わることで、さまざまな価値を生み出すところに特徴がある。また、地域に関する事柄をテーマにしたサークル活動は、地域に密着し、住民と密接に関わる地域博物館にとって、最もふさわしい活動の一つといえ、「市民参加」「市民協働」の観点からも注目されている。さらに、博物館サークルは、その活動が博物館という誰にでも開かれた公共機関を拠点に営まれる点で、本来的に地域住民がアクセスしやすい場といえる。すなわち、博物館の歴史系サークルは、本来、地域住民が最も参加しやすい地方史研究・地域資料保存活動＝「地方史活動」の場の一つであるといえよう。

そこで、本稿では、筆者が勤務する平塚市博物館の歴史系サークルの「地方史活動」の事例紹介を通して、それらがもつ可能性や問題を考えることを課題とする。

一　平塚市博物館の概要と理念

平塚市博物館（神奈川県平塚市浅間町一二―四一）は、一九七六年五月に開館した自然分野・人文分野あわせた総合博物館である。館内には学芸担当・管理担当・市史編さん担当の三担当があり、二〇一二年度現在、館長（天文）のもと、学芸担当に学芸員七名（天文二名、生物・地質・歴史・考古・民俗各一名）、管理担当に事務職員三名、市史編さん担当に事務職員三名がいる。「相模川流域の自然と文化」をテーマに活動しており、学芸員は各分野の専門性を基礎として「総合された平塚の姿」をめざしている。特別展を年三回開催し、二〇一一年度の入館者数は六九五五一人（平塚市人口約二六万人）である。

平塚市博物館の活動の特徴として、多くの博物館サークルの存在があげられる。二〇一二年度現在、一四のサークルが存在し、そのうち、人文部門のサークル数は、考古系二、民俗系三、歴史系四である。そして、平塚市博物館で展開される事業には、これらサークル活動から出発し、調査研究・資料収集整理・展示・出版へと有機的に発展していくものが多い。すなわち、サークル活動は、博物館がもつ機能全般に関わって展開し、サークル会員は、サークル活動を通して博物館のさまざまな機能の一翼を担う存在となっていく。このような博物館がもつ各機能の有機的な結びつきと、それぞれの機能における市民参加が、サークル活動を通した平塚市博物館の活動の特徴となっている(1)。

ところで、平塚市博物館では、二〇一一年に開館から三五年を迎えた。そこで、これからの三〇年を考えるため、博物館の今後の理念を討議・検証する館内会合を一年間かけておこなった(2)。その結果、財政難という全般的な状況のなかで、地方公共団体が設置する博物館には、その活動に公費を投入する意義を検証しながら事業を展開する必要があると認識し、その際のキーワードは「まちづくり」への寄与になると考えた。ここでいう「まちづくり」とは、道路や上下水道などのインフラ設備や、景観の整備ではない。これら「まちなみづくり」は「まちづくり」の一環ではあるが、そこに暮らす「ひと」がなければ生きた「まち」とはいえない。ここでいう「ひと」とは、自らが住む地域に関心・興味・愛着・問題意識をもち、自らがその地域を形成する主体であるとの意識を持つ人々のことである。平たくいえば自分が住むまちを自分たちの手でより良くしたいと思う人々である。(3) すなわち、住民に地域を構成する主体としての自覚を促し、よりよい「まちづくり」を支える人材育成、このような「ひとづくり」こそ、地域博物館が取り組むべき「まちづくり」であると位置づけたのである。こうした問題意識の背景には、職住分離や、さまざまな要因で進行する社会的連帯の後退などによる地域意識の希薄化への危機感がある。地域意識の希薄化、「まち」への関心の低下は、地域博物館の存在意義を低下させるだけでなく、地域・「まち」全体の衰退に拍車をかけることになる。住民が自分の住む地域を学び、地域を知ることによって、地域への関心や帰属意識、または問題意識を高め、そのことが積極的な地域への貢献意欲を引き出し、よりよい地域を創出する原動力となる。こうしたサイクルを作っていくことが、博物館の「まちづくり」の内容であり、そこに公立地域博物館の存在意義の一つがあると考えた。

ただ、「まちづくり」を博物館の課題とする問題意識は、平塚市博物館固有のものではなく、近年の博物館をとりまく厳しい状況を背景とした公立博物館の意義の問い直しのなかで、広く共有されている。そして、博物館と「まちづくり」の関係を論点とした実践事例紹介や論考も多い。(4) これらで主張されていることは、「まちづくり」に向けた住民の自主的な活動を育成することで、本稿でいま述べた考え方と合致する。ただ、そこで紹介される事例の多くは、ある特定の展示・イベントや、それに向けた住民との共同作業、外部団体との連携などが中心であり、館内で年間を通して日常的に継続されているサークル活動をとりあげ、そこから「まちづくり」の可能性を考察したものは少ないように思われる。博物館で日常的長期的に営まれているサークル活動が、「まちづくり」にいかなる意味を持つかの検証は、イベント重視ではない普段の博物館活動を評価するうえで重要と思われる。

本稿では、平塚市博物館の歴史系サークルの活動を地域住民の「地方史活動」と位置づけ、いま述べた観点から歴史系サークルにアンケートを実施した。そして、その結果やサークル会員の感想文などとあわせて、サークル活動の実態を紹介することで、博物館サークルによる「地方史活動」が「まちづくり」に寄与する可能性、および地方史研究・活動全体の活性化に寄与する可能性を探っていきたい。

二　博物館歴史系サークルにおける「地方史活動」

1　古文書講読会

（1）沿革

古文書講読会は、一九七六年の開館当初から活動する平塚市博物館で最も古い歴史系サークルである。会設立の目的は、第一に博物館の「古文書資料を用いた展示をより深く理解してもらうため」、第二には「近世地方文書の読解を通して、地域の歴史を身近なものにできる素地をつくる」ことにあった。[5]さらに、一般市民が「明らかにされた歴史事実を知識として単に享受する関係を乗り越える可能性」[6]も見込まれていた。

当初の活動は、古文書に接した経験のない市民を対象に、年度ごとに参加者を募集し、月二回、土曜日の午後二時から四時までの二時間、学芸員の指導で古文書を講読するというものであった。テキストは館蔵または寄託史料から用意し、平易なものから難解なものへと、学習進度に応じた史料を使用した。もともと初心者を対象とした会であるが、年度終了後も参加継続を希望する会員が現れた。しかし、そのことで会員の増加にともない困難になっていく学芸員による新規会員への指導に、継続会員によるサポートが得られるようになった。

さらに、一九七九年には、古文書講読会ＯＢや会員有志を中心に「平塚歴史年表編纂の会」が発足した。そして、同会で市内の古文書を講読する過程で、各人がテーマをもち研究を進め、その成果を発表していくことが企図された。そこで翌年、平塚歴史年表編纂の会を「平塚地域史研究会」と改め、月一回の研究報告、館蔵資料の目録作成、博物館が計画する史料所在確認調査への参加といった活動とともに、研究誌『地域史研究』を発行するようになった。(7)

こうした活動に転機が訪れたのは一九九七年である。担当学芸員の業務多忙により、古文書講読会の廃止が検討された。しかし、廃止を惜しむ会員が地域史研究会と相談し、古文書講読会と地域史研究会が合同して会員同士教えあいながら自主的に活動を進める方針が決められた。そこで、一九九八年度から開催日を毎週金曜日、午前一〇時〜三時に拡大し、講読テーマの設定から講読史料の選定にいたるまで会員の自主的な運営で活動されるようになった。(8)

（2）現在の活動

筆者が着任した二〇〇三年当時、すでに古文書講読会は自主的に運営され、平塚地域史研究会とともに活動していた。しかし、平塚地域史研究会は、独立した活動や『地域史研究』の刊行をしておらず、有名無実となっていた。一方、一九九九年度から、博物館の各分野サークルの活動成果を展示・発表する「第一回博物館まつり（二〇一一年度から「博物館文化祭」と改称）」が開かれ、古文書講読会もこれに参加していた。第一回博物館まつりでは、近世平塚を総論的に紹介する展示をおこなったが、翌年度の第二回博物館まつりでは「相模を襲った天災」とテーマを掲げ、会の研究成果を展示・発表した。

筆者は、自主的な研究活動を盛んにおこなっていた平塚地域史研究会の停滞を残念に思うとともに、古文書講読会が講読のみに終始せず、研究と発表をしていたことに感銘を受けた。そこで、博物館まつりの場でしか還元されていなかった会の研究成果を活字として残すため、また、かつての『地域史研究』のような市民の研究成果の発表媒体を復活させ、会の研究活動を活性化するため、研究誌の刊行を推め、二〇〇五年、『古文書講読会会報』第一号が刊行された。以後、二年に一度のペースを目途に刊行を続け、二〇一二年現在、第四号まで刊行されている。『古文書講読会会報』には、会で講読した史料の翻刻と考察を中心に、会員の個人的な調査やエッセイ等も掲載されている。一冊一五〇頁ほどの分量で、市役所印刷室で印刷・製本し、市内図書館に配架されている。

二〇一二年度現在、古文書講読会会員は三三名（男性二二名・女性一一名）で、ほとんどが六〇～七〇歳代である。会員は四班にわかれて活動し、各班には班長を一名置き、さらに、会全体をとりまとめ、学芸員と連絡をとる会長が一名置かれている。毎年、退会者の人数に応じて五～一〇名ほどの新規会員を募っている。新規会員は、年度の初めに古文書解読の基本的な知識や心得について学芸員のガイダンスを受けるが、実際の講読指導は会活動のなかで先輩会員から受ける。毎週マンツーマンに近い形で懇切な指導を受けるため、新規会員の上達は早い。

古文書講読会の通常の活動は、館蔵の近世古文書や各自で持ち寄った古文書のコピー類のグループ講読である。講読は博物館文化祭と『古文書講読会会報』での発表を目標に研究テーマを掲げておこなわれ、講読史料もテーマに応じて選択される。たとえば二〇〇九年～二〇一一年度は「『御用留』にみる幕末の諸相」をテーマに、相模国大住郡須賀村（平塚市）の『御用留』を講読した。そのほか、活動の一環として一般市民からの古文書解読依頼の対応もしている。自主活動が基本だが、学芸員は必要な時に助言をおこなう。また、月一回、学芸員が興味深いと思った史料や論文、最近の研究動向などを紹介し、あわせて会員と意見交換をする「よもやま話」をおこない、会員とのコミュ

表1　古文書購読会（会員43名　回答21名）2012年8月調査

当会に入会しようと思った理由やきっかけは何ですか

祖父がやりとりした軍事郵便などを読めるようになりたいと思ったから／昔の文書を読んでみたいという思い／古文書の文字を読みたい／小学校時代、年一度の二本松の城の話を毎年聞いていた事。子どものころ父とお寺に出かけ和尚さんより寺で宗門帳を拝見した時から／出生村の歴史の勉強のため／①歴史家はどういった方法で研究しているのか少し覗きたい。②碑文等をもっともらしく読んでみたい。／古文を読解して古人の心を知りたい／古文書を読めるようになりたいと思い、お願いしました。／古文書が読めるようになりたいので／歴史好きで博物館に展示してある古文書が読み解ければとの希望があった／歴史が好きで五街道歩きなどを廻った時歌碑や句碑に接してそれが読めるようになりたいと思ったので。／古文書に興味があったから／古文書講読に興味があった／近世社会に興味あり。／興味があったので／趣味の一環として入会／サラリーマンを卒業して老後は暇を持て余すことになりはしないかと懸念して暇つぶしとして／家に伝来する古文書を読みたくて、古文書解読の勉強を／市広報／市広報で募集を知り、面白そうだったので。

当会の活動をこれまで継続できた理由は何ですか（健康面以外の理由で）

古文書を読むのが好きだから。好きが継続したため／興味があるため／興味があったので／おもしろいから／面白かったので／楽しみ／興味津々、市内にある、無料、庶民の歴史を地元の資料で勉強でき、驚きの連続でした。／古文書を読み、その歴史背景を考えたり、頭の老化防止に役立ち、又一週間一度同好の士との談話が楽しみ。／古いしきたり、文字の変化に取りつかれた／江戸史に対する興味／より当時を知りたくなったため／古文書を読めるようになりたいとの思い／少しづつながらの上達により目的が達せられつつある／入会したては夢中でやってきたが、3年目に入り段々きつくなってきた。予習が大変である／古文書講読に一種クイズを解くような楽しみがあること。指導して下さる会員のおかげ。／古文書の一つ一つが活字とは異なり、くずし字が様々で毎度新たな挑戦である（ワンパターンならここまで続いたか）／先輩方の話が面白いから。／会員全体が和やかに過ごせること／グループごとの自習形式で自分のペースにあわせて学習できる。かつ仲間も親切で人間関係がすばらしい。

当会の活動はあなたの生活にとってどのような存在ですか

外出する理由でメインとなりつつある。／私の生活の30～40％の存在／古文書の予習復習が生活のリズムとなっていて生活態度が乱れにくい／決まった日に出かけることはリズムができるので良い／リタイア後の自己の精進の証し、一日（一週間）の時間の使い方の柱になっている（予習に欠ける時間も）。／老後のこととて他にやることもなく、古文書の予習復習が生活のポイントとなっている。学生時代より長い時間を学習にかけている。／制限しても週二日は完全に古文書に時間を割いている。生活の楽しみの割合が極めて高い。／地域社会との唯一といってもいい接点であり、彩りとなっている。／会社を辞めて世の中の人とのつきあいがなくなってきて、この会に入っていると昔の学級の頃を思い出してなかなかよろしい／刺激‼／日常生活の一部／生活の一部です。／生活の一部／日常当り前のこと／自分自身の張り合い／年を忘れさせる／趣味としてなかなかよい会に入ったかなと感じている／週一回は予復習が大変。

当会の活動を通して自分が住む地域や地域の歴史・史料に対する認識や思いに変化はありましたか。あれば、どのような変化か教えてください。

かなりの変化があった。平塚周辺の江戸時代の状況を知り、愛着を感ずるようになった。／地域の史跡により興味を持つようになった。／地域史に興味を持った／転入者で平塚を全く知らなかったので、愛着を持つようになりました。自分の住んでいる村の歴史を積極的に知りたいと思うようになりました（神社仏閣など）。／関心を持つ分野が拡大した。／文書・地域史を読み、地域の歴史が少しずつわかってきた／地域史（郷土史）に関心が向いている／街歩き、散歩を良くするが神社仏閣が身近に感じられる。／神奈川県内の重要な史跡を再度チェックしたい。／時代の中に生きる人間の姿について認識が変わってきた。

当会の活動や活動の経験を地域や家庭、その他の場所において何らかの形で活かしていますか。

A 活かしていない　14　（①機会があれば活かしたい 9　　②活かそうとは思わない 1）

B 活かしている

自治会のお寺の由緒などを相談されて少しは役だった／老人会・近隣の会合で地域史を話すようになる
同期の集いで古文書入門の如き解説をした。「御林」の現状調査が大変好評だった。／先祖の生活様式の解説。

当会の活動や活動の経験を地域や家庭その他の場所において活かすならば、どのように活かせると思いますか。

小さいことだが機会があれば少しずつまとめて記録するようにしたい／歴史好きの人と研究会ができれば面白いのですが。／博物館まつりをもっと市民へPRして、市民の地域史への関心を高める。／低学年（歴史嫌いになる前）の子どもに、学校教育の補助的支援（地元の先人が残した資料で身近に語る）。

会や会の活動の問題や課題があれば指摘してください。

現在開催は金曜日ですが、広く若い人も参加するためには、土日の開催を考えてもよいのでは。／半年に一回くらいは史跡を訪ねたり、休暇を訪れたりのアウトドアもよいのでは。／読みが少しできるようになったら、各自がテーマを探して調べるとさらに深く勉強ができると思います。／月4回だとちょっと大変だという感想です（月2or 3回位でいいように思います）。

その他、会や会の活動に対する思いがあれば、自由にお書き下さい。

現状の活動でよい。／老化で意欲が停滞していますが、元気の内は永続したい／毎月1回の「よもやま話」の如きものをもっと多く充実してほしい。／定年退職後、本会で有意義な時間を過ごさせてもらって大変感謝しています。ABCD 4班ありますが、班相互の交流がないのが少しさみしく思います。

ニケーションをはかっている。

（3）会員の意識

古文書講読会会員はいかなる意識をもって活動しているのか。あるいは活動を通していかなる意識をもつのであろうか。次は、設立当初から古文書講読会に参加している会員の言葉である。

（前略）初めは読むだけで夢中だったが、平塚地域の庶民生活資料だと分かってくると興味が湧き、のめり込んでしまった。昭和五二年より古文書確認調査に参加してあまりにも無学なことを痛感し勉強を始めた。「地域の歴史が住民により執筆、語られること」を提唱する学芸員の理念から、昭和五四年自主グループ「平塚市歴史年表編さん会」が生まれ、翌年七月これを発展させて「平塚地域史研究会」となった。歴史の基本的理解、学問的テーマをもつ、史実を趣味を越えたものとして自分の言葉で発表する場とする、など方針を取決め、対象は真田村となる。方法もわからずただ徹底して筆写するうち、無題の冊子が残存しないといわれた検地帳（写）だと気付き、考えつく限りの解析をして、慶長期百姓の階層や耕地などの村の様子を知ることが出来た。以後、万田村文禄・慶安検地帳から耕地開拓の姿、金目川筋替えを見つけ多くの堤防修築の事歴から大住郡の命の川と知る、西海池村耕地の分析から用水系と相模国内大名領地との関係等々、全く予想外のことを知ることが出来た。いつも小さな疑問から始まり七転八倒するが、薄皮を剥ぐ様に分かってくる時や仮定を証明できた時の嬉しさは忘れられない。（中略）学ぶこと、知ることの楽しさを味わい、世界が広がり、博物館は生涯学習の拠点となっている。（中略）実績を今後に生かすため、収蔵室、作業室、修理しながらのプラネタリウム等の裏方に、何とかもっと光が当たって欲しいと願う。お陰様で長期にわたり充実した自分の時間を持つことが出来、感謝に堪えません(9)（後略）。

ここからは、古文書講読を通して、地域史に対する理解や自ら歴史を明らかにする楽しさを深めていくとともに、博物館を生涯学習の拠点として意識し、収蔵室などの裏方についても目が向けられていく様子がうかがえる。また、表1から、会員の多くは古文書や歴史への素朴な興味から入会しているが、会活動を通して地域への関心・愛着を深めていっていることがうかがえる。さらに、会の活動で得た知識などを自治会や老人会などの場で地域に還元する会員もおり、機会があれば知識を活かしたいと考えている会員がいることも注目できる。

2　平塚の空襲と戦災を記録する会

(1)　沿革

平塚の空襲と戦災を記録する会（以下「記録する会」）は一九八九年に発足した。平塚空襲は一九四五年七月一六日におこなわれた米軍の攻撃で、三二八名以上の犠牲者を出した[10]。また、市街地は焼け野原となり、復興にともなう都市計画で街並みが変貌するなど、戦後の都市景観にも大きな影響を与えた。しかし、戦後四五年近くを経た当時、空襲のあった事実が市民から忘れ去られ、その事実の継承が困難になっているとの危機感があった。そこで、空襲の正確な記録と後世への継承をはかるため「記録する会」が設立されたのである[11]。また、空襲の実態解明には、多くの人々の証言の調査・収集が必要であり、学芸員一人の手には余るという事情もあった。さらに、地域の負の部分をテーマにする場合、テーマに関心のある人を集め、「合意」を作っていくことが必要との認識もあった。これらのことから一般市民を会員とする「記録する会」が発足した。一九八九年六月の第一回の例会では、空襲体験者を含む六〇～七〇歳代の一二名が入会し、記録を後世に正しく伝えたいという思いで一致した。また、例会を月一回開催し、必ず一名以上の体験者から聞き取り調査することも決定され、現在まで活動が続いている[12]。

（2）現在の活動

二〇一二年度現在、会員は三六名だが、実際に活動に参加している会員は八名前後である。多くは七〇代の空襲体験者だが、六〇代・二〇代の非体験者もいる。活動日は月一回土曜日の午後一時三〇分〜四時三〇分である。会員募集は毎年おこなうが、新規会員は年に一〜二名ほどである。新規会員は平塚空襲についての知識を、証言者の証言や先輩会員からの説明、自己学習などで習得している。会長を一名置き、会の活動方針などは例会で会員の協議により決定される。また、例会日以外にも後述する諸活動のため、会員が集まり協議、作業をすることもある。

「記録する会」の活動内容は多岐にわたり、このテーマに関わる博物館活動のすべてに及んでいる。そこで、活動ごとに項目を立てて論じていきたい。

ⅰ調査・研究活動

「記録する会」の活動の基本は、月一回の例会における空襲体験者からの聞き取り調査である。聞き取りは、①はじめに証言者から自由に体験を証言してもらう、②証言後、各会員が事実確認の質問をおこなう、③証言者から聞き出す項目については予め会員間で共有しておき、証言のなかの不足部分は質問で補う、④証言の推測部分と実体験部分を明確に区分して体験事実を明らかにし、空襲の実態把握に努める、という方法でおこなわれる。なお、証言者は会員の伝手で確保することが多いが、博物館へ自ら連絡して証言を申し出てくれる人もいる。

聞き取った証言は、他の証言や日米両軍の資料などと突き合せて分析し、空襲や戦時生活の実態解明をすすめるとともに、活字化して記録し、蓄積、継承していく（後述）。このような調査により、空襲による焼失地を明らかにした被災地図や、空襲時の市民の避難行動がわかる避難経路図などが作成された[13]。

ⅱ資料収集活動

会員が証言者を確保する過程で、証言者やその関係者が所有する被災物品や当時の記録、戦時生活に関わる資料を発見することがある。その場合、会員は所有者に博物館への寄贈を呼びかけ、所有者が承諾すれば博物館資料として寄贈される。このようにして博物館に寄贈された空襲・戦時関連資料は多い。また、会員の発案で二〇〇九年からは、証言だけでなく視覚的にも空襲体験の記録を残す目的で、空襲体験者に空襲の様子を描いてもらう「空襲体験絵画」を募集し、二〇一二年度現在、一三枚の絵、一冊の画帳、二編の紙芝居が博物館に寄贈されている。

iii出版活動

「記録する会」で聞き取った証言は活字化され、博物館刊行物として出版されている。一〇本前後の証言が集まると、『炎の証言』と題した小冊子の証言集にまとめて刊行し、二〇一二年度現在、一四号まで刊行されている。活字化のためのテープ起こし、活字化原稿の証言者への確認、校正編集まで会員の手でおこなわれている。一九九八年にはそれまでの証言を一冊にまとめ、『市民が探る平塚空襲　証言編』として刊行した。

また、博物館資料になっている学校日誌や勤労動員学徒の日記、市民の日記、行政資料など戦時中の生活や空襲の様子、被害の状況がうかがえる文献資料の翻刻をおこない、『市民が探る平塚空襲　資料編（一）（二）（三）』（二〇〇三年・二〇〇四年・二〇〇六年）として刊行した。これらの翻刻・編集作業も会員がおこなった。さらに、二〇一〇年には、これまでの会の調査研究成果を展示発表した特別展を開催したが（後述）、その図録も会員により作成された。

以上の出版物は、図書館や博物館など関係機関への配布のほか、有償刊行物として一般に販売されている。なお、学芸員はこれらの出版活動に助言・監修というかたちで関わっている。

iv展示活動

「記録する会」は、博物館各分野サークルの一年間の活動成果を発表する博物館文化祭に参加している。博物館文化祭では毎回テーマを決めて展示し、口頭発表をおこなう活動報告会ではテーマに関連した調査成果を発表している。二〇一一年度の博物館文化祭では、展示は「平塚空襲と大規模軍需工場」、報告は「平塚空襲と海軍火薬廠」と題して、それぞれ発表した。また、毎年夏に博物館の常設展示室の一角で、昨年度の博物館文化祭での展示を一部使用した、平塚空襲の企画展示もおこなっている。これらの展示の企画・設営作業も会活動の一環となっている。

さらに、二〇一〇年には夏期特別展「市民が探る平塚空襲―65年目の検証―」（会期：七月一〇日～九月五日）を開催した。これ以前、平塚市博物館では一九九五年に「44万7716本の軌跡―平塚の空襲と戦災―」と題した平塚空襲の特別展を開催したことがあったが、これは学芸員が主体となって展示したものであった[14]。二〇一〇年の特別展は、会発足から二一年、空襲から六五年を節目として、これまでの会活動の蓄積の発表を目的に「記録する会」が主体となって開催した。多くの関連事業も企画され（後述）、その企画・準備・実行も含めて、特別展の企画、図録執筆、展示設営、来館者への展示解説まですべて会員が中心となっておこなわれた[15]。学芸員は基本的にこれらのサポートに徹し、助言、監修、図録編集作業、展示設営作業などに携わった。

v普及継承活動

空襲に関する文献の出版や展示も普及継承活動といえるが、そのほか会員による証言活動や各種イベントの開催による普及継承活動もおこなっている。最も多いのが空襲体験会員による市内各学校での証言活動である。また、毎年平塚市が主催する平和推進事業（I LOVE PEACE）で開催される「平塚空襲の体験を聞く会」でも、会員が証言活動をおこなっている。さらに地域の任意団体からの要望による証言・講演活動もおこなっている。

そのほかのイベントとしては、平塚空襲六〇周年にあたる二〇〇五年には五月と六月に、一般市民を対象とした市内の戦跡めぐりを実施した。コース設定から解説まで会員がおこなった。空襲の日にあたる七月一六日には「リレートーク市民が探る平塚空襲」を開催した。空襲体験者と研究者を交えて平塚空襲から学童疎開、本土決戦体制まで地域と戦争に関わる実態が語られた[16]。

さらに、先述の夏期特別展「市民が探る平塚空襲—65年目の検証—」では、関連事業として「フォーラム平塚空襲を考える—沼津・富山の体験者とともに—」を開催した。平塚・沼津・富山の空襲体験者を招き、それぞれの証言とあわせて三都市空襲を比較し、中小都市空襲の特徴などが探られた。また、同じく関連事業「空襲の紙芝居と焼け跡の映像上演会」では、空襲体験者の体験を描いた紙芝居の上演と、空襲後の平塚を映した米軍撮影映像の上映をおこなった。紙芝居は体験者である作者自身が上演し、米軍撮影映像は会員が解説した。さらに「『炎の証言』朗読会」も関連事業として開催された。これは朗読サークルに所属する会員が発案した企画で、朗読サークルや市内のアクターズスクールの方々の協力を得て、証言集『炎の証言』に収録された空襲証言の朗読をおこなったものである。この朗読会は以後、博物館文化祭でも開催されている。

（3）会員の意識

非常に献身的ともいえる活動をおこなう「記録する会」であるが、会員はいかなる意識をもって活動に臨んでいるのだろうか。次は「記録する会」会長の言葉である。

何気なく開いた「広報ひらつか」の「生活情報欄」の中に、博物館の「平塚空襲五十周年特別展」の案内が目入ってきた。

二年前に定年退職し、当時は関連会社の嘱託として、まだサラリーマンの余韻が残っていた私にとって、この「平塚空襲五十周年」の文字は、あのいまわしい出来事の直接の被害者である私に、改めて「自分はこのまま被害者だったと言うことだけで人生を終わって良いのだろうか」と言う以前からの疑問を、再び目覚めさせることになった。

平成七年六月、この疑問を解くためのヒントになればとの安易な気持ちで、「特別展」を観に平塚市民になって初めて博物館を訪れた。展示物の一品一品を、懐かしさといやな思いを交錯させながら丹念に見ていくうち、「市立第二国民学校・学校日誌」の前で釘付けになった。それは明らかに古さを感じさせるやや薄茶けた用紙に「昭和二十年七月十七日（火）晴」と記されたページが開かれていて、そこに「空襲に依る児童死亡者」として五人の子供の名前が学年別に書かれていた。その中の一年生に弟が、そして四年生に妹の名前があり、それを見た時私の体の中を強烈な電気が走り棒立ちとなった。と同時にあの日のことがつい先程のことの様に鮮やかに思い出され、心の中で「さぞ苦しかったろう」と呟いて、もう一度名前を見直した時「兄ちゃん、わたしたちを犬死させないで！」と訴えている声を感じ取った。この瞬間、「特別展」を見る前まで持っていた疑問と迷いが一気に氷解した。「そうだ！戦争で犠牲になった子供達のために私の体験を活かそう」と。

以後十年、「平塚の空襲と戦災を記録する会」と博物館学芸員の皆さんに、ご指導とご協力を仰ぎながら、平塚空襲や戦災についての調査、研究のお手伝いや、語り部としての活動を通して、一人でも多くの人達が、戦争のない平和な世界を実現していく為の力になることを希いつつ、私の健康が続く限りこの活動を務めていく決心である。(17)

ここには、一九九五年の特別展「44万7716本の軌跡―平塚の空襲と戦災―」での展示資料との出会いから、空襲で犠牲になった家族の声を感じ取り、そこから「記録する会」の活動を通して自分の体験を活かし、「戦争のない平和な世界を実現していく為の力になること」を決意した様子がうかがえる。「記録する会」には空襲体験者が多く、空襲で家族を亡くした会員もいる。そうした会員は、いまわしい空襲の記憶を忘れたいという思いとともに、あの空襲とは何だったのか、実態を知りたい、なぜ空襲に遭わなければならなかったのか、という疑問を強く抱いて生きてこられたようである。一方で、空襲の悲惨さを体験しているがゆえに、戦争を起こしてはいけない、そのために空襲の実態を明らかにして後世に伝えなければならないという使命感ももっている。このような強い疑問と使命感が、「記録する会」の熱心で献身的な活動に結びついていると思われる。

3　裏打ちの会

（1）沿革

裏打ちの会は一九八九年に発足した。これ以前、一九八七年に「拓本と裏打ち教室」、一九八八年・一九八九年に「裏打ち教室」と単発の体験学習を実施していた。その常連参加者のなかから発足し、月一回、館蔵近世資料の裏打ち作業をはじめた。

（2）現在の活動

二〇一一年度現在、会員は一五名（男一名・女一四名）である。活動日は毎月第三水曜日の午前一〇時～午後三時である。会のとりまとめ、会員間・学芸員との連絡役となる代表を一名置いている。活動内容は、館蔵近世資料の裏打ち作業で、生麩粉からの糊作りから会員が主体となっておこなっている。裏打ち技術はベテラン会員による新規会

表2　裏打ちの会（会員15名　回答11名）2012年8月調査

当会に入会しようと思った理由やきっかけは何ですか。
細かい仕事が好きだったのと、友人に誘われて／昔の人のきれいな字を見たいと思った。／友達に誘われた／市広報で募集していたので／友人が入会していたので／時間に余裕ができて何かやりたかった／興味があった。／裏打ちに興味があった時に広報をみて／古文書の修復をやりたかったため／文化財の保護活動を生涯に渡って続けていきたいから／子どもの手が離れ、やっと少し時間が自由になった
当会の活動をこれまで継続できた理由は何ですか。（健康面以外の理由で）
裏打ちに興味を持ち、楽しいから。／楽しかった。裏打ちのやり方を覚えられた。ぼろぼろのがきれいになって出来上がってうれしい。／必要とされる技術を習得できていないから／技術が少しづつ上達できるので／裏打ちにやりがいを感じていたことと、メンバーの和で楽しくやれたから。／皆さまがやさしくしてくれたから。／月一回みんなと会えて楽しい。／会の人たちとつながりを感じた。／楽しい会／メンバーと会って楽しい。／楽しいから
当会の活動はあなたの生活にとってどのような存在ですか。
月１回の楽しみ。／月１回の楽しみになっている。／一月に１度友人と楽しく過ごせる。ボロボロになった文書が復元できると嬉しい。／毎月１回の語らい。旅行・スキーの友達ができた。／ボランティアとしての活動／日常の話を聞いたり、見たり、他人と会うことでリフレッシュできる。難しいのが出来上がったら嬉しい。／生涯学習／いきがい／貴重な時間であり、楽しみの一時。
当会の活動を通して自分が住む地域や地域の歴史・史料に対する認識や思いに変化はありましたか。あれば、どのような変化か教えてください。
古文書として大切に扱わなければならないと思った。／真田方面に興味が出た。散歩に行った。／近所に昔からその土地に住んでいる家の方と話したり、古い時代のことを聞いたりすることが多くなった。
当会の活動や活動の経験を地域や家庭、その他の場所において何らかの形で活かしていますか。
A 活かしていない　4　①機会があれば活かしたい 4　②活かそうとは思わない
B 活かしている 障子貼り。孫の書き初めの裏打ち／古文書修復しています（大磯町郷土資料館で）。
当会の活動や活動の経験を地域や家庭その他の場所において活かすならば、どのように活かせると思いますか。
書道の裏打ちができるようになればよいです。／個人所有の古文書等もし１枚でもやってほしいという方があれば手伝いたい。／他の地域の手伝いができればよい
会や会の活動の問題や課題があれば指摘してください。
道具の置き場所が狭いので広いと良いです。／人数に対して場所が狭すぎる。／ハケなどの道具が古びてきたのでその補充が必要／道具類が古いので新しく補充していただきたい。／道具の置き場所がもっと広ければよい／活動する場所が狭く、もう少し広い場所が欲しい。／道具の出し入れをもう少し楽にできたらいい
その他、会や会の活動に対する思いがあれば、自由にお書き下さい
このまま健康で続けられたらよいです。

員への指導と、適宜おこなわれる外部講師による研修で維持・習得をはかっている。修復を要する資料は技術と破損度合に見合ったものを学芸員が選定する。

なお、二〇〇四年には大磯町郷土資料館に古文書裏打ちクラブが発足し、裏打ちの会の会員が同クラブでも活動している。

(3) 会員の意識

裏打ちの会は、他の歴史系サークルと異なり、手作業が中心の活動である。そのため、会員は必ずしも古文書が読めるわけではない。表2にみられる「細かい仕事が好き」「ぼろぼろのがきれいになって出来上がってうれしい」といった感想からうかがえるように作業自体を楽しんでいる会員が多い。また、「メンバーとあって楽しい」「友人と楽しく過ごせる」といった会員間の触れ合いも会の魅力となっており、会員同士でスキーや旅行に行くこともあるという。活動に付随した会話など、会員間の触れ合いが会の魅力の一つになるということは、どのサークルにもあると思われるが、裏打ちの会はその傾向が高いようである。ただ、活動を通して「古文書として大切に扱わなければならないと思った」「近所に昔からその土地に住んでいる家の方と話したり、古い時代のことを聞いたりすることが多くなった」という会員もおり、作業自体への興味、友人との親交の場としての会活動から、地域への関心や資料への意識を深めていく様子もうかがえる。

4　地域史研究ゼミ

（1）沿革

これまで紹介したサークルは、筆者の前任者が設立したものであるが、地域史研究ゼミは、筆者が二〇〇六年度に設立した最も新しい歴史系サークルである。古文書講読会会員など、ある程度古文書読解能力がある人を対象に、演習形式で共通史料講読をおこない、郷土史研究の方法を学ぶことを目的としたサークルである。

古文書講読会会員には高度な解読能力を持つものに歴史研究の方法がわからないという人がいる。筆者はこのような人に地域における郷土史研究の核になっていただきたいと思っていた。また、古文書講読会会員に限らず、民間のカルチャーセンターなどで古文書解読を学んだ方に、新しいステップを提供し、古文書解読の先のニーズを掘り起こしたいと思っていた。こうした思いから博物館発の研究者・郷土史家を養成すべく設立したサークルである。

（2）現在の活動

二〇一二年度現在、会員は九名（男六名・女三名）で、うち八名が古文書講読会会員である。活動日は月一回土曜日の一〇時〜一二時である。

地域史研究ゼミは、御用留や日記など館蔵の近世史料のコピーをテキストに、これを会員で分担して一年間かけて輪読する。会員は順番で割り当てられた分担範囲について報告者となり、次の手続きに従って報告をおこなう。

①**報告日の前月のゼミの日…**報告者は分担範囲の釈文を作成し、会員に配布する。会員は次回までに釈文を読んでおく。

②**報告日…**報告者は分担範囲についてレジュメを作成して配布、報告する。レジュメには、Ⅰ釈文訂正（前回配布した釈文について、配布後に判明した誤りの訂正）、Ⅱ語句・地名・人名（史料上にあらわれる不明な語句・地名・人名について、辞書等で調べて記す）、Ⅲ内容要約（分担範囲の史料の要約）、Ⅳ論点・留意点（分担範囲の史料を読んでわかったこと、考察したこと、これまでのゼミで読んできたこととあわせてわかったこと、紹介すべき事項・先行研究など）を記述し、会員はこれらの報告にもとづいて討論する。

③**報告日の翌月のゼミの日…**報告日に交わされた議論や意見、報告内容の訂正、報告後に調べてわかったことなどを記したレジュメ＝前回レジュメを提出して討論する。

なお、報告の準備・レジュメの作成にあたっては、大学の図書館等（平塚市民は東海大学の図書館を利用できる）で専門書や史料集にあたり、公文書館・博物館等を利用して積極的に資料採集をおこなうよう促している。

二〇〇六年の発足当初は、論点・留意点を記さなかったり、概説書等の引用で論点・留意点に代えるような報告もあったが、年を経るごとに報告のレベルが上がり、独自の視点から新たな史実を明らかにするような報告もみられるようになっている。また、これらの共同研究の成果を踏まえて、筆者はいくつかの論文を発表した[18]。ただ、自治体史

表3　地域史研究ゼミ（会員9名　回答6名）2012年8月調査

当会に入会しようと思った理由やきっかけは何ですか
古文書をより深く理解するため／より深く歴史を知りたいと思ったから。／地域社会の歴史をより深く知りたい。／古文書講読会である程度古文書が読めるようになったので、やや学問的に研究してみたいと思った。／学芸員の呼びかけ／古文書講読会に入会し、研究ゼミの活動に興味を持った。
当会の活動をこれまで継続できた理由は何ですか（健康面以外の理由で）
楽しく学ぶことができたから。／地域史にこれまで教えられた歴史以外の重要性を知ること。／進むに従い、歴史の面白さがわかってきたから。／良き友人に恵まれたこと。／興味深いこと、市内であること、無料／古文書に対する好奇心を持ち続けることができたこと。
当会の活動はあなたの生活にとってどのような存在ですか
生活の一部／生活の相当部分を占めている。／分担部分のだけでも広範に勉強が必要で大変ですが、生き甲斐になっています。／ある程度の緊張感が持てます。／日常生活で学問研究的な面で頭を使うことは少ないので、ボケ防止に役立っている。
当会の活動を通して自分が住む地域や地域の歴史・史料に対する認識や思いに変化はありましたか。あれば、どのような変化か教えてください
地域への愛着が深まり、地元に残る史料を大切にしたいと思うようになった。／地域の人たちの考えをより深く理解できるようになった。／史実の重さ、平塚への愛着が生まれた。／かなりの変化があった。平塚周辺の江戸時代の状況を知り、愛着を感ずるようになった。／自分の故郷の歴史をより知るようになる。／古文書の重要性、解読の楽しさ。
当会の活動や活動の経験を地域や家庭、その他の場所において何らかの形で活かしていますか。
A 活かしていない　3　①機会があれば活かしたい3　　②活かそうとは思わない
B 活かしている 会合などで郷土史の一部を説明。／地域のコミュニケーション他。
当会の活動や活動の経験を地域や家庭その他の場所において活かすならば、どのように活かせると思いますか。
地域におけるサロンでの講演や話題提供。／同行の人たちとの会合／小学校の副読本などに提供できる？研究発表会の実施。
会や会の活動の問題や課題があれば指摘してください。
もう少し討論ができる時間がほしい（2時間では短すぎる）。
その他、会や会の活動に対する思いがあれば、自由にお書き下さい。
古文書講読会の人間が中心になっていますが、もっと外部の人の参加があればよいと思います。／連年楽しいです。

編さんに関わる会員はいるものの、論文執筆までにいたる会員はまだいない。

（3）会員の意識

表3から会員の意識を探ると、入会のきっかけとして「古文書講読会である程度古文書が読めるようになったので、やや学問的に研究してみたいと思った」という感想があり、やはり古文書解読の先のニーズは存在すると思われる。また、「地域への愛着が深まり、地元に残る史料を大切にしたいと思うようになった」という感想も注目できる。総じて、ゼミでの共同研究活動は、地域への愛着・史料の重要性の認識・歴史研究の面白さを深めることにつながっているといえるのではないだろうか。

三　博物館歴史系サークルによる「地方史活動」の意味と課題

以上、平塚市博物館における歴史系サークルの概要をみてきた。そこからみえる地域住民による「地方史活動」の意味を考えてみたい。

1　サークルの発足と継続の契機

まず、サークル発足の契機であるが、博物館サークルは学芸員により発案されている。しかし、単発事業の参加者や既存サークルの会員を前提にして発足したサークルも存在する。この場合、活動に意欲的な参加者や常連の存在が発足の契機ともいえる。また、サークルを発案する学芸員側には、そのサークルの活動を通して調査研究や、資料の収集保存、展示普及事業など、博物館活動をより幅広く展開させようという期待があり、これも発足の契機といえる。

そして、これらは同時にサークル存続の契機でもある。すなわち、サークルの存続には、活動に意欲的な会員の存在と、その活動が会員だけでなく、博物館にとっても意味ある成果をもたらすことが重要なのである。そのため、当然、サークルには活動の目的・テーマがあり、その活動・テーマに関して学芸員を含む参加者が知識を蓄積し、スキルアップをしていくことが重要となる。そして、そのことが参加者にとっての喜びや満足感ともなる。サークル活動の存続には、会員やその一員でもある学芸員が、ともに成果・成長を実感できることが必要なのである。これは会員と学芸員がサークル活動を通してともに学ぶということであり、会員と学芸員相互の Give ＆ take の関係が重要となる。

サークル活動に向けた意欲は、その活動を通して得られる成長や発見の喜びにより維持されるが、その根元・前提は一様とはいえない。強い使命感にもとづいて活動する人もいれば、おしゃべりの場としての魅力が活動参加への意欲の基底となっている人もいる。とくに後者は活動の目的に対して付随的なものとみられるかもしれないが、そのサークルが「楽しい場」であり、「楽しい仲間」がいるということは、非常に重要であると思われる。表1〜3のアンケート結果からは、多くの人が活動を継続できた理由として、「同好の士との談話が楽しみ」・「仲間も親切で人間関係がすばらしい」・「一月に一度友人と楽しく過ごせる」・「日常の話を聞いたり、見たり、他人と会うことでリフレッシュできる」・「良き友人に恵まれたこと」などを挙げている（表1〜3）。

不特定多数の人に開かれた地域博物館で、必ずしも研究のプロではない地域住民が実践する「地方史活動」では、楽しいこと、楽しい仲間は重要な前提であるといえる。

2　サークルによる「地方史活動」の意味

サークル活動自体は、講座や体験学習とならんで博物館の教育普及事業として位置付けられており、地域住民の生涯学習の場・機会としての意味をもっている。しかし、それにとどまらず、博物館の調査研究・収集保存活動にもなっており、そのため学芸員一人ではできない仕事の実現を可能にしている。また、そのことは、サークル活動を会員外の一般市民や未来の市民にとっても意味あるものにしている。サークル活動の成果が、展示や出版物、収蔵資料などとして還元されるからである。一方、地域住民が調査研究・収集保存活動に携わることで、地域住民は、たんに知識としての「地方史」への関心だけでなく、その根拠となる資料やその保存、自らによる史実の発掘（調査研究）へも関心を広げていく。さらに、地域に対する関心と愛着も深めていく。

サークルの会員数は、一度に多くの参加者をえる講座・講演会などにくらべれば少ない。博物館の実績として、行事参加者数や入館者数など数字のみを重視するならば、博物館サークルは必ずしも効率のよい事業とはいえないかもしれない。しかし、サークル会員が地域や家庭における「地方史活動」の核となれば、博物館サークルは地域に根差した「地方史活動」の普及につながる可能性をもつ。それは地域に関心をもつ「ひと」づくりが、地域で主体的におこなわれることにもつながる。実際に、サークル会員のなかにはサークル活動で得た知識や経験を、地域や博物館とは別の場で活かす人もおり、現在活かしていなくても機会があれば活かしたいと思っている人もいる（表1～3）。入館者数といった目先の数字では評価しにくいが、「まちづくり」にとっては、博物館から離れた場での展開こそ重要であり、博物館でのサークル活動はそのための種まきの場ともいえよう。

3　博物館サークルの課題

最後に、平塚市博物館の歴史系サークルで課題、または課題となりうることをあげておきたい。

サークル活動は長く継続することに意味がある。継続による会員の知識・スキルの向上で活動の質も向上し、成果も蓄積されていくからである。ただ、それゆえの問題もある。まず、サークルによっては新規会員が入る余地が少なくなるという問題である。すなわち、会員が継続して在籍することで、定員の空きが生まれにくいという問題である。また、会員の入れ代わりがないことで、会の弾力性が失われ、活性化や活動方針の改革が難しくなる可能性もある。さらに、知識の蓄積のあるベテラン会員の発言力や結束が強くなり、新入会員が発言しにくくなるなど、特定会員だけの会＝会の私物化につながる恐れもある。そのためには、会として新入会員をフォローする体制が必要である。また、これと裏返しの問題であるが、会員が多くなりすぎると、小回りがきかず活動がしにくくなる問題もある。

さらに、若い世代が少ないことも問題となっている。これについては、テーマ設定の問題も考えられるが、平日に活動しているサークルについては、働いたり、学校に行っている世代の人々が参加しにくいという問題もある。こうした人々や、定員制限のために参加できなかった人々など、サークル活動に参加できない人のためにも、講演会や体験学習といった気軽に参加できる単発の事業は、博物館に親しんでもらう場としても必要である。平塚市博物館の歴史系単発事業としては、平塚学講座・平塚郷土史入門講座・特別展関連講演などがあり、これらには、博物館行事の間口を広げ、博物館利用者の裾野を広げる意味がある。また、サークルや単発行事といった違いを越えて、博物館行事には利用者の多様なレベル（知識・熱意）・ニーズ・状況（退職者・子育て中など）にあわせた活動の仕方（時間・曜日）や事業展開（ゆるいものからハードなものまで）が必要であろう。

おわりに

「平塚市博物館は市民ボランティアが盛んでいいですね」といわれることがある。しかし、平塚市博物館のサークル会員は「ボランティア」なのだろうか。定義や会によってはボランティアと呼べるものもあるが、博物館活動（調査研究・収集保管・展示教育）をともにおこなう仲間、研究仲間という意識を持っている会員が多いように思われる。少なくとも学芸員はそのように意識している。これは、博物館サークルが、学芸員の補助や博物館業務のお手伝いという関係を超え、博物館機能全般にわたって活動しているからであり、サークルや会員がなければ博物館活動が困難になるといっても過言ではない。

このような博物館サークルでの地域住民による「地方史活動」は、どのようなものとしてとらえられるであろうか。先述のように、サークル会員にとっての活動意欲の根元、活動の意味、活動に求めるものは、使命感・趣味・専門性・おしゃべりの場など、サークルや個人により異なっており、多様である。すなわち、博物館サークルにおける地域住民による「地方史活動」とは、博物館を拠点とし、多様な動機・関心・関わり方をもった住民による「地方史」をキーワードとした活動と括ることができるのではないだろうか。それゆえ、その活動は様々なレベルがあって当然であり、本来そういうものといえる。そして、それを継続させ、根付かせるためには、それぞれの身の丈・ニーズにあわせた活動や活動メニューが必要となる。そのことで、結果として博物館活動の充実や発展に結びついていくのである。

そして、これが「まちづくり」への寄与や、地方史研究・活動全体への寄与につながる。サークル活動への動機や関心はさまざまであっても、会員は活動を通して歴史・資料への関心を広げ、地域への関心・愛着を深めていることでは共通しているからである。また、そこで得た知識をサークル活動の場以外のところで活かす人、活かしたいと思っている人がいることでも共通している。また、地域住民による「地方史活動」が、資料に対する関心を高めている点は、草の根の文化財保護の観点からも重要であろう。公立地域博物館の学芸員の仕事は、そのような多様な動機・関心をもった「地方史活動」をなるべく生産的なもの、外部の人々にも有意義なものへと練り上げることといえ、そこに公費投入の意味があろう。

地域住民による教育普及と調査研究・収集保管を一体化した活動、活動への市民参加と還元という地域博物館の理念は、平塚市博物館の開館以来、変わっていない。また、これにもとづく活動は今後も続けられていくべきと考える。しかし、一方で、いまだに博物館を「見世物小屋」と同じレベルで見る（数字のみを問題とする）人もおり、地域博物館の意義や理念が広まっているとはいえない。むしろ、「市民の学習の権利という思想が広まるとともに、権利としての博物館要求運動が登場[19]」した熱気ある一九七〇年代後半にくらべて後退しているようにすらみえる。その背景には、経済成長の鈍化や、それと表裏した新自由主義の浸透があるのかもしれない。しかし、それゆえにこそ、地域博物館の理念を活かした博物館自身による存在意義や戦略の再検証、利用者の裾野の拡大、地域住民への意義の問いかけを続ける必要があると思われる。そして、その基盤となり、足掛かりの一つとなるのは、やはり地域住民による「地方史活動」なのではないだろうか。

註

（1）浜口哲一『放課後博物館へようこそ　地域と市民を結ぶ博物館』地人書館、二〇〇〇年。
（2）以下、平塚市博物館の理念に関わる内容は、討議資料「平塚市博物館の理念を検証する」二〇一一年。
（3）このような当事者意識をもった「ひと」が住んでいなければ、その地域は、たんに仕事のために「お客さま」が寝泊りするビジネスホテルと変わらない。そして、それは生きた「まち」とはいえないと考える。
（4）金山嘉昭「『まちづくり』を踏まえた公立博物館の役割」（『法政大学キャリアデザイン学部紀要』一、二〇〇四年）・鳥羽都子、織田直文「まちづくりに関わる一主体としての文化施設に関する研究―滋賀県長浜市のまちづくりに関わる長浜市長浜城歴史博物館事業の分析から―」（『文化経済学』五‐四、二〇〇七年）・冨本真理子、織田直文「まちづくりに貢献しうる地域博物館に関する事例研究」（『文化政策研究』一、二〇〇七年）・生島美和「博物館活動における学芸員の教育実践の再考―伊藤寿朗『地域博物館論』の実証的検討を通じて―」（『筑波大学大学院人間総合科学研究科教育基礎学専攻　教育論集』六、二〇一〇年）など。
（5）平塚市博物館編『平塚市博物館年報』二、一九七八年。
（6）土井浩「平塚市博物館における地域研究と地域住民のかかわり方―展示と普及活動を通して」『地方史研究』一七〇、一九八一年。
（7）『地域史研究』は一九八一年、一九八三年、一九八七年に三号まで刊行された。
（8）平塚市博物館編『平塚市博物館年報』二三、二〇〇〇年。山崎孰子「古文書講読会のあゆみ」（平塚市博物館古文書講読会編『古文書講読会会報』四、二〇一二年）。

（9）山崎敦子「平塚市立博物館と私」（平塚市博物館編『わた博―平塚市博物館30周年記念誌―』二〇〇六年）。
（10）平塚の空襲と戦災を記録する会編『夏期特別展図録 市民が探る平塚空襲―65年目の検証―』平塚市博物館、二〇一〇年。
（11）平塚市博物館編『平塚市博物館年報』一四、一九九一年。
（12）江藤巌手記「平塚市博物館と共に歩んだ二〇年」。
（13）前掲註（10）『夏期特別展図録　市民が探る平塚空襲―65年目の検証―』所収。
（14）ただ、「44万7716本の軌跡―平塚の空襲と戦災―」の企画にあたっては「記録する会」と内容を検討し、「記録する会」は特別展開催時期に、常設展示室の一角で独自の展示をおこなった。そして、この特別展を契機に「記録する会」は、平塚空襲を後世に伝えていく活動の比重を増していった（前掲註（12）江藤手記）。
（15）平塚市博物館編『平塚市博物館年報』三五、二〇一二年。
（16）平塚の空襲と戦災を記録する会編『炎の証言』一〇、二〇〇五年。
（17）江藤巌「わがライフワークの原点」（平塚市博物館編『わた博―平塚市博物館30周年記念誌―』二〇〇六年）。
（18）「相州六所神社鑰取役出縄主水・懲胡隊と戊辰戦争」（『平塚市博物館研究報告　自然と文化』三三、二〇一〇年）・「幕末維新期の神職・由緒・身分―相州六所神社と鍵取役出縄主水家をめぐって―」（『日本歴史』七四四、二〇一〇年）・「明治初期の神職をめぐる裁判とその特質―相州六所神社の神主職をめぐる裁判と神祇官・神奈川県―」（『平塚市博物館研究報告　自然と文化』三四、二〇一一年）。
（19）伊藤寿朗『ひらけ、博物館』岩波書店、一九九一年。

地方史研究の愉しみ、そして可能性　―まちと暮らしの中で―

北村　敏

「地域史研究の発展・拡大にあわせて地域の歴史を産業育成・まちづくり・観光資源へ活用する動きが増えている。その具体的活動と経過を行政の反応を含めて、課題整理し展望する」というテーマが大会実行委員会から私への課題であった。私は一九七九（昭和五四）年から大田区立郷土博物館の民俗部門の職員として三〇余年間過ごしてきた。そこでの自身の経験[1]を、テーマに沿い上記のようなタイトルに置き換えて報告した。

一　大田区とは―近世・近代・現代　昨日から今日までのあれこれ

本題に入る前に、大田区の地理的環境と近世以降の地域的話題を素描しておく。

概観

大田区は、東京都二十三区最西南端部に位置し多摩川を間に神奈川県川崎市と相対する。武蔵野台地の縁辺に位置しその三分の一が起伏する台地地形で、残り三分の二が多摩川左岸下流域から東京港に至る沖積平地で構成される。台地部は主として住宅地で平地部は商工住が混在し、近年は二三区中一～三位を上下する七〇万人が居住する過密都市となっている。

江戸期は四四～四五ヵ村の藩制村に分かれ、数ヵ村の私領を除いて大部分は関東郡代が治める幕府の御領であった。一八八九（明治二二）年に東京府荏原郡下の九町村に再編され、それが一九三二（昭和七）年に東京府東京市の大森区と蒲田区となり、一九四七（昭和二二）年に両区の合併にて現在の大田区が誕生する。区名は合併により命名された。

長く江戸近郊農村地帯であったが、大正期に急激に都市化し、昭和戦前期にはほぼ今日に連なる都市的形態を整える。京浜地区から都心に至る複数の主要道や旅客鉄道各線が発達し、東京駅や山手線各駅迄は一〇〜三〇分圏内の地の利を背景に、ＪＲ線大森駅・蒲田駅を核として私鉄各駅周辺には、商店街が発達している。昼間・夜間の人口差が少ない統計から見て職住近接住民の多い都市でもある。日常卑近な事例になるが、昭和三〇年代から五〇年ころまでの大田区には一三〇軒ほどの銭湯があった。現在は五二軒に減少しているが、かつてはそれだけ単身者や借家住まい家族の多い庶民性の色濃いまちであった。現在営業する銭湯のうち、二一軒がフミン酸を含有する黒褐色の鉱泉を提供し「黒湯温泉《くろゆおんせん》」の名で地域の観光資源の一つとしている。

区内には電気・機械・輸送機関連の金属加工業や組込部品製造業の工場が多く、三〇年前の一九八三年の九一九〇社から半分の四三六二社になっているが、依然として二三区中一の工場数を擁し、「ナショナルテクノポリス大田」と自他ともにその生産能力を誇り、一区のみで中規模県にも匹敵する。ただその九五％は社員二九人以下で、全体の五〇％が三人以下で、いわゆる町工場の街を印象付けている。

面積は六〇四二haと東京二三区中一位だが、四分の一は近年五〇年間に昭和島・京浜島・城南島など名付けられた埋立地で、四〇〇社ほどの機械金属関連工場が第一種工業専用地域内にて集中操業し、我が国の製造業の代表的集積地となっている。また品川区に連続する大井ふ頭にはトラックターミナルがあり、船舶輸送で陸上げされた国内外の貨物コンテナの集配物流拠点となっている。

一九三一（昭和六）年、多摩川河口の干潟に国営民生飛行場として開設された東京飛行場は、終戦後は占領軍に接収される。一九五一（昭和二六）年の国連加入・国際復帰に合わせて返還され、昭和二七年に東京国際空港（羽田空港は俗称）となる。数次の敷地拡張を経て、二〇〇九（平成一〇）年一〇月に在来空港用地と海上桟橋構造を組み合わせた四本目の滑走路が完成する。この空港機能の拡大から成田を国際線、羽田を国内線専用とした内際分離の原則がはずれ、現在世界一〇数都市との航空路線を開通させ、国内外合わせて年間三八万四〇〇〇回（空港機能としては四四万回まで対応可能）・一日平均一〇五〇便が離発着、一七万四〇〇〇人が乗降し、年間八二万ｔの貨物を受け入れる日本を代表する空の玄関となっている。沖合拡張後に残された旧空港敷地五三haの跡地を大田区は、文化・交流・産業支援の拠点として位置づけ、再国際空港化を梃子に「観光都市・国際都市、大田」を強調している。

六郷用水と地域

今から四〇二年前の一六一一（慶長一六）年、区部の三分の二を占める多摩川沖積低平地（六郷領）に、徳川家康は「六郷《ろくごう》（領《りょう》）用水《ようすい》」を縦横に開削する。主幹線は二〇数km、支線網は測り知れず、その灌漑面積は隣接する世田谷区域を含み四九ヵ村、初期八〇〇町歩余、後期には一二〇〇町歩余であった。「城南の米蔵」の基礎を築いた用水は本来目的の農業水利の三〇〇年間を緩やかに経て、今から一〇〇年前の大正初期から急速に進む市街地化の中で都市生活排水路（公共溝渠）網として直線化され、都市河川や溝渠《こうきょ》と括られるどぶ川に役割と姿を変える。さらに近年五〇年間に大型地下埋設下水道管渠網が整備されると、車社会に応じて水辺空間は、道路や植栽帯の公共用地として着目・転用され、地上から姿を消し、現在は可視化すらできない忘れられた存在になっている。

山王台地の開発

大田区は台地あり、海浜あり・川の手ありの近郊都市である。海浜干潟の羽田玉川弁財社（伝・弘法大師作仏）、台地の池上本門寺（日蓮宗宗祖・日蓮入滅地）、多摩川淵の矢口新田神社（祭神・神霊矢口《しんれいやぐち》の渡し主人公の新田義興《にったよしおき》）などが点在し、歴史的・伝説的由緒と風光を誇る江戸時代からの近郊日帰り参詣・散策地でもあった。

一八七二（明治五）年に新橋〜横浜間に鉄道が開通する。その四年後には山王台地の際に大森停車場が設置される。山王とは現在のＪＲ大森駅西側の標高一〇〜一五ｍの畑地と山林からなる台地の小字名である。駅を見下ろす丘陵縁辺には広重の錦絵集『江戸名所百景』にも描き収めた「八景坂鎧懸《はっけいざかよろいかけ》の松《まつ》」が立ち、指呼の間に東海道と東京湾そして房総を見下ろす展望地ともなっていた。

そんな交通と景観に魅力を感じた都市著名人が明治中期より昭和初期にかけ別荘地・隠居地として多く居住し始める[2]。現在当時からの個人居住地の多くは、その後個人と関係する社有地となり、迎賓館や重役社宅として使われ、昭和戦後期には社員住宅地とされ、さらに現在は、分譲マンション用地と変遷をしている。明治中期以降の邸宅用の土地取得は、大正初期から始まる耕地整理事業を寄せ付けず、現在も丘陵中に錯綜しながらもかつての屋敷地らしき面影を残している。

馬込文士村

大正から昭和初期にかけて、山王の台地と谷一つ隔てた馬込の台地に多くの文士たちが下宿・借家住まいを始める。宇野千代と人生劇場の作者の尾崎士郎の居住が呼び水になったという。大森駅（現ＪＲ線）を起点に短時間で東京市中に出られ、農村的景観と安価で気楽な借家・借地は彼らの不安定な経済生活と自由奔放な行動に合致していたのであろう[3]。

耕地整理事業

大田区での耕地整理事業は、一九一六（大正五）年の京浜東北線（現・ＪＲ線）と大森駅周辺の新井宿地区を嚆

表１　大田区の農耕地と人口変化

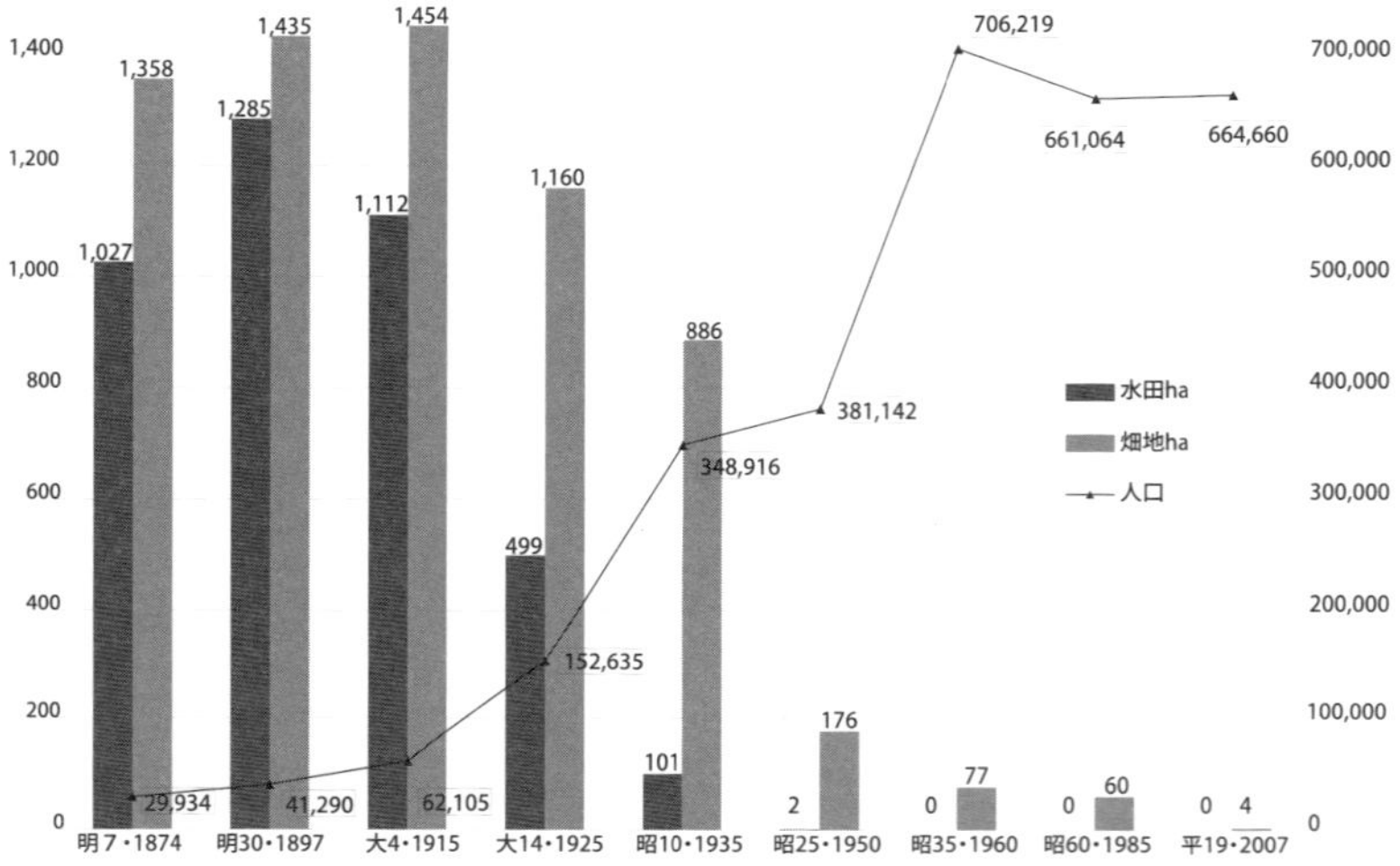

◆ 1935（昭和 10）年までに大田区全域に 44 耕地整理組合が成立。
◆大正 4 〜昭和 10 年までの 20 年間で水田は 1/10 以下、畑地は 6/10 に減少。
◆人口は 5.6 倍に増加。
◆ 1915（大正 5）年の従業者 10 人以上工場は 12 工場、昭和 11 年の従業者 5 人以上工場は 1163 工場に増加。
◆これらの統計数値から大正初期から昭和初期の 20 年間ほどで、大田区域は近郊農村から近郊住宅地および工場地域に急速に変貌したことが判る。
＊人口資料：1874 年『東京府志料』・1950 年まで『1951 年版大田区史』・1960 年以降『区政要覧』『区政ファイル』。
＊耕地面積資料：1935 年まで『東京府統計書』・1950 年以降『区政要覧』『大田区の数字』『区政ファイル』。
＊工場資料：『全国工場通覧 (大正 7 年版・昭和 13 年版)』

矢とする。耕地整理とは、不整形と分散地主耕地を交換分合しての優良整形耕地にすることを本来目的として、集落の地権者（地主）の七割の同意をもとに耕地整理組合を設立し、その上で、国から大幅な事業費の補助を得て実施する土地改良事業であった。しかし、都市周辺においては耕地整理事業を名目として旧農地を碁盤目状に整えて新市街地として分譲する事業となっていた。当区では一九二三（大正一二）年の関東大震災前までに二一組合が設立され、震災後から昭和九年までに二三組合の設立が続き、一九三五（昭和一〇）年代までに大半の組合が事業を完了した。こうした中で、水田灌漑用の六郷用水路網は、市街地小河川に姿を変える。新設道路と都心からの私鉄線と停車場も整備され、水田・畑地および農家は急激に減少し、それと反比例する形で住宅・工場・公私の学校の都心からの移住と新設が始まる。人口は一九一五（大正四）年の六万二千百五人が、震災による都心からの移入があったとはいえその一〇年後の一九二五（大正一四）年には十五万二千六百三十五人、さらにその一〇年後の一九三五（昭和一〇）年に三十四万八千九百十六人と激増した。一

図１　江戸・明治期　水田灌漑時代の六郷用水路網図

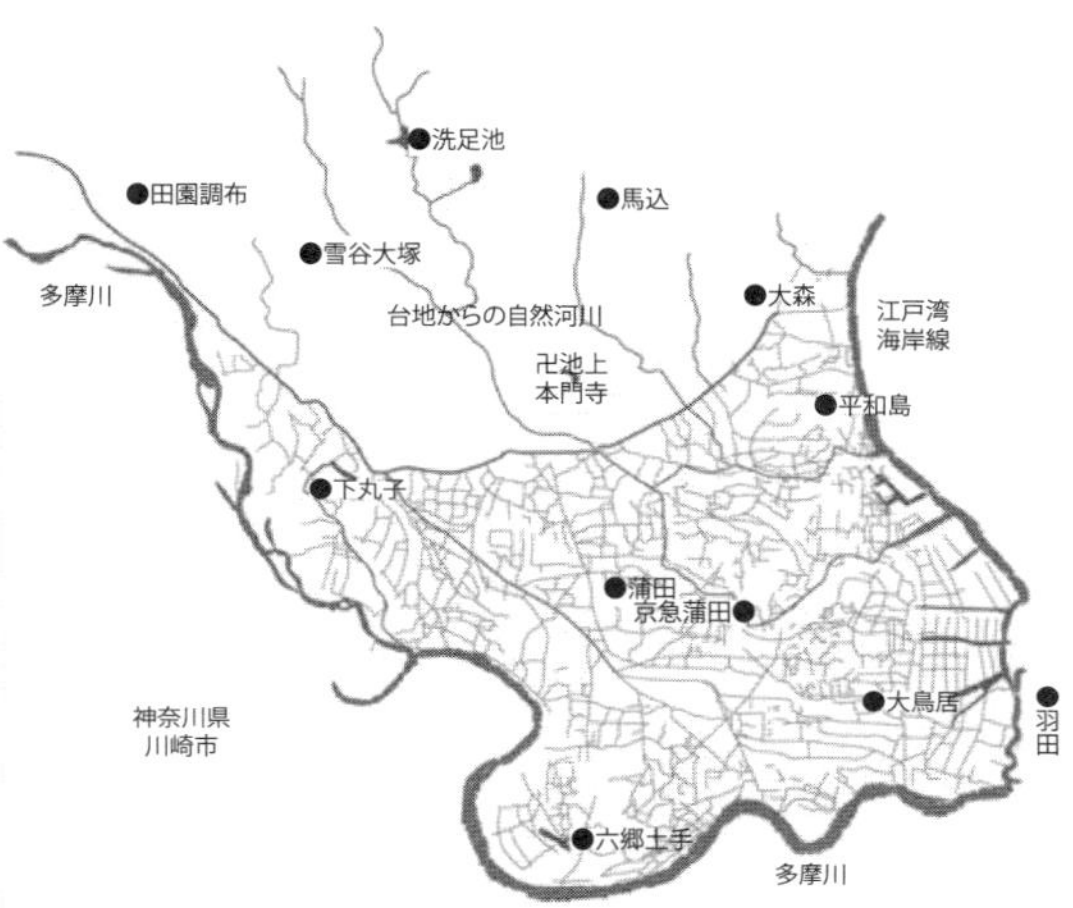

区内2/3の多摩川沖積低平地に広がる水田の形に合わせ、水路網は不定形に張り巡らされていた(1880・81年陸地測量部・迅速測図より用水路線を抽出)。

図２　大正・昭和期　生活排水路時代の改修六郷用水路

かつて不定形であった水田灌漑水路は、整形された市街地に合わせ、直線化された都市河川(排水路・どぶ川)に姿を変えている(1951年・大田区在来河川図より作図)。

方、大正四年に二六六〇ha余の耕地は昭和一〇年に三分の一以下の九〇七ha以下に減少、その後も急減し続け、かつての農村生活と景観は、都市近郊住宅・工場地へと凄まじい勢いで変貌したのであった[4]（表一）（図一・二）。

浅草海苔養殖業の繁栄と消滅

海苔養殖は遠浅海面に篊《ひび》と呼ぶ麁朶《そだ》木を建て、成長させた海藻状の葉体を採集し、紙状に抄製し乾し板海苔とする。江戸前（東京湾）の海に面した大田区から品川区にかけての磯付き村々の冬場の農間稼ぎとして始まった。延享年間（一七四四～四八）からは幕府維新への運上義務を果しつつ、糀谷《こうじや》・大森・不入斗《いりやまず》・大井・品川猟師町・品川宿のみが海面使用の独占的権利を獲得する。その中心が大森村で幕府への御用海苔献上を盾に湾岸他村への排他的入漁規制も主張した。幕末の東征軍に五〇〇〇両を貸し付け、後日献納を申し出ることにより、改めて朝廷への御膳海苔上納と海面使用の永続と拡大を実現している。江戸期より東海の名産品として全国に知られるが、その背景には江戸という大消費地の近郊で生産され商品化されたことと、村内に東海道を貫通させる地方流通の地の利を得ていたことが見逃せない。維新以後、養殖の権利は沿岸各地に解放されるが、常に指導的地位にあった。

明治から大正にかけては、海苔産業は磯付き農村の副業から漁主農従の地場産業となっていく。一方、広く海面を占有する海苔養殖業は浅海の港湾造成に抵触する産業でもあり、長く東京港の港湾近代化の壁ともなってきた。港湾管理者の東京府は戦前から海面買上（補償）交渉を行っているが、その完全漁業権放棄は、一九六二（昭和三七）年に都内四〇〇〇経営体（大田区約二〇〇〇・他区二〇〇〇）に対する補償総額三三〇億円にてようやく妥結する。伝統産業漁場には、その直後から短期間で東京の物流拠点としての近代的港湾施設と大規模航路が浚渫される。またその地先浅海には、工業専用地である昭和島・京浜島と一部公園空間を持つ城南島が造成された。ここには大田区をはじめとする過密市街地で、産業公害を抱えながら規模拡大に難渋していた都内中規模優良町工場が、昭和四〇年から大量移転を始める。物流と都市工業の再生空間とされた埋立地の歴史も、既に半世紀の時を刻むものとなっている。

ナショナルテクノポリス大田

今日、大田区は機械金属加工技術の最大集積地で、その技術的蓄積は、わが国製造業界においては公共財的性格を持つとも評価される。歴史的には、明治期に都心部で発達した大小各種の機械金属工場が、大正期からの耕地整理された郊外を発展拡大の新天地としたこと、さらに昭和戦前期の戦時体制における金属・電気・機械を主とする軍需関連工場が兵器廠的役割を担うことで分厚い工業集積地域を形成した、という流れである。一九四五（昭和二〇）年四・五月には大空襲を受けるが、終戦後も工業地域としての伝統は維持され、一九五〇（昭和二五）年の朝鮮戦争の特需により起死回生が図られた。国の経済の復興や消費生活の到来に合わせて、国外輸出と国内消費需要の拡大にて、製造業は発展を続ける。単一品目製造の色濃い企業城下町や素形材生産工業地帯とは異なり、多様な金属加工処理技術を軸に工程間分業《こうていかんぶんぎょう》という工場同士の相互依存関係を緻密に構成する工場地帯を成立させてきた。

以上の事例を振り返ると、そのどれもが江戸・東京という大都市中心からほど近いという地理的環境が色濃く影響していることが見えてくる。すなわち、①六郷用水の開削は、江戸近郊における灌漑水田確保の緊急性からの家康の開発。②山王台地の開発は、熟年齢の成功都会人が求める至近性と健康性。③馬込文士村の形成は、時代が育む自由業者が求める至近性と開放性。④耕地整理事業は、都市近郊農村が避けられない開発圧力の宿命性。⑤海苔養殖の盛衰と消滅は、商品・流通における至近性と優位性、その一方では、近代港湾開発との相克性。⑥大田区を軸とした城南地域の工業歩みは、戦前期にあっては都市外延地帯としての工場群の進出、戦後は高度技術集積拠点としての至近性・利便性・優位性、などをあげることができる。

ここからは都市の必要とするもの、あるいは都市内部で解決できない矛盾や要素を近郊という周縁に押し出しながら、都市の課題解決の格好の地として、大田区他の城南地域が受け皿となっていることが判る。一方、矛盾解決としての都市の圧力は、旧態や負を含みつつ、また、雑然さや猥雑を同居させ先端性や合理性・先進性を伴い進出してくる。一九二〇（大正九）年の松竹キネマ撮影所の新開地・蒲田駅前への立地と、一六年後の一九三六（昭和一一）年に都市化と騒音を避けて神奈川県大船への移転が好例である。時代の要請に基づき、自然や地理と混然と時層をなして展開・定着している地域が近郊であり、近世・近代・そして現代に至るまで、大田区という地域の個性や特色を造形しているのである。それぞれの事項が生起する背景や関係性は濃淡を持って繋がっている。それは連環という言葉で表現できる。その連環の謎解きや読み込み・説明こそが、地域史研究そのものということになると考える。(5)

二　博物館勤務の中で考えたこと・学んだこと

博物館に勤務して一五年目の一九九四（平成六）年に「工場まちの探検ガイド」という特別展を担当した。当時の社会風潮としては、未だ町工場が三K（きつい・汚い・危険）、中小零細企業、下請け、一人親方《ひとりおやかた》などその生産能力よりも、表層的イメージで語られがちな時代であった。展示会の準備段階では、元工場経営者・技術者・現役の区役所産業振興担当課職員の専門家のほか、環境教育・造形作家・元観光業・博物館空間プランナー、それに人類学・工業地理学専攻学生を交えた異分野・異年齢の人材でチームを作り、現場歩きを始めた。三人の経験者を除いたメンバーにとり工場同士が得意技で相互依存して材料加工から製品を生み出していく「工程間分業《こうていかんぶんぎょう》」と呼ばれる大田区の工業世界は、とても不思議で新鮮に映り、目から鱗の連続であった。その生産空間である当区を日本と世界のものづくりの先端と根っ子を支えている産業地域社会として捉え、地域の伝統を古風に跡付ける単独の工場・工業・技術の紹介ではなく、現実社会の中で複雑に躍動している「工場まち」の中に位置づけ、「町工場と技術の集積した工場まち」を主題として表現したい、と多くのメンバーが考えるようになった。展示会の命名もそんな結果であった。

多くの製造会社の協力で、鉄の削り屑の切子《きりこ》（粉《こ》）、微細ネジ・バネ・コードのような量産部品から、高精度の一品加工物、先端ＭＥ（マイクロエレクトロニクス）製品や新旧加工機械、住宅と工場の混在するまちの賑わい、さらに『春は鉄までが匂った』（小関智弘著作小説）という町工場勤めの人々の心情も含め展示になるよう工夫した。

この展示会を通して学んだことは多かった。それは、「優品」に頼らずとも、意思を託した「もの」と「こと」の組み合わせならを展示表現に工夫を加えることで、主題を雄弁に語る力と可能性を持つ、との確信を得たことである。「優品」すなわち歴史的・美術的オーラを発する資料や作品、そして、それを生みだす時間の重み、あるいは芸術家の技量や着想も否定はしない。ただ、大量生産品と軽視され勝ちながら寸分の狂いの量産部品を生み出す金型があり、その金型を生む技術・手腕の裏側まで思いを馳せる大切さもまた認識したのである。下請けと軽視されながらも鉄を削る（切削・穴開け・溝切り）・磨く（鏡面加工）・打ち敲く（鍛造）・焼き入れ（焼鈍《しょうどん》）・メッキ（表面処理）・つなげる（熔接）・曲げる（鈑金）・打ち抜く（プレス）・溶かす（鋳物）・組立・配線など一切合財、鉄（化成品や新素材を含む）にかかわるすべての技術と知恵を工場ごとに異なる得意技として、工程間分業として行き渡らせている「工場まち」とそこに生きる人々は、何と奥深いものであろうか。

これを知ると、効率的作業の最新大規模工場が、部品の流れを基調とした組立（アッセンブリ）という最終工程の一役割部門工場に過ぎないことも認識される。以来、車のデザインではなく、部品で車を見直すようになった。自分の工場の名前は絶対に表に出ない部品の宿命、削りの熱で虹色に変化した削り屑の切り子（粉）だが、しかしその背景が見通せ、変哲もない「もの」に潜む意志を見つけると、それらは力強く「こと」と「意思」を発信する「展示品」に変わって行く。それらからは、現場の人々の技術や心情など見えない「こと」や「もの」が凝縮された「まち」も表現できる、ということの発見であった。

幸い、この試みは大方の来場者から好評を得たが、何より工場現場の人々が自分の工場の製品が会場になくても、自分たちの工場・工業の世界が郷土博物館にあると、家族や仲間連れで来てくれた。新聞・雑誌・放送など多くのメディアからも注目を集めた。しかし、その多くは展示会場を糸口にしながらも、まちの工場や仕事仲間に取材のカメラやペンを拡げ、報道していく、という思いもしていない展開がであった。

以来、まちはこの工業に限らず、さまざまな暮らしの「もの」と「日常」で満ちている、展示会や博物館はその世界へ繋がり歩み出す開かれた扉を持つ、その動機付けとなるような場でありたいと、切に思うようになった。(6)

三　産業育成・まちづくり・観光促進と地域史研究との関わり

観光促進と地域史～六郷用水の会・水路の会の試み～

二〇一二（平成二四）年の四～九月にかけてＮＨＫの朝昼の連続ドラマで、戦後の大田区蒲田を舞台とした堀北真希主演の「梅ちゃん先生」が放送された。物語は蒲田育ちの少女・梅子が女医となり、隣家の町工場の青年を夫にして地域医療に目覚めていく女子成長物語であった。ドラマ放送に合わせて区の外郭団体の「大田観光協会」は「梅ちゃん先生の時代を体感しよう」「梅ちゃん先生のまちを歩こう」と二時間ほどの昭和の蒲田まち歩きツアーを月二度ずつ実施し好評を得た。そのガイド役を担い活躍したのが平成二二年の四月に発足した「六郷用水の会」であった。

この会は平成二一年度に区の社会教育課と郷土博物館による区民大学講座「六郷用水水先案内人養成講座」の四〇

名余中の有志で構成されている。講座は、四〇〇年の歴史を持ちながら、都市化の中で姿を消した近世の農業用水路とその後の都市生活排水路を学習し、しっかりした案内人・ガイド役になって貰えるよう、通年三〇回で実施した。通常講座にありがちな聴講ではなく、「知ること」と「説明できること」の違いを明瞭にした発表学習を講座の基本とした。そこから一五名程の有志で六郷用水の学習・普及・啓蒙を目的として会が自主的に発足した。(7)

その中で、地域史の証を未来のまちに活かしていこう、活かしたい、それが歴史遺産の価値で「六郷用水四〇〇年、歴史遺産を未来資産に」という合言葉も作られ、歴史を通したまち作りの提言をしている。潤いある水辺の町の復活を願ってはいるが、水源のない都心にあって水辺復活は未知数である。流れる水のない現実の中で今そこに暮らし行きかう人々に、街路に埋もれ幻となってしまった用水の変遷を介して、どんな説明が有効なのか、知恵を出し合う試行錯誤、それこそを大切にしている。そんな会にとって区地域振興課が募集し審査し、拠出された区民協同活動助成事業による獲得資金は活動責任への動機づけになっている。発足して未だ四年目ながら六郷用水の会は、一般向け・子供向けの六郷用水紹介パンフレット類の発行、展示会パネルの作製、学校からの出前講師依頼、講師謝礼を出す自主セミナーの開催と多彩な活動がなされている。そこでは、六郷用水の可視化への努力が、単にハード実現とは別の形となって地域理解そのものへと、広がっていく姿を見る思いがある。

こうした試みは、太田観光協会にも注目され、会が用水学習で知った蒲田地区の面白・掘り出しスポットを再構築して梅ちゃん先生の町歩きに繋げた「もっとディープな蒲田再発見ツアー」として実行された。ツアーに日常在住在勤の人々だから説明付けられる「場」と「こと」が丹念に掬いあげられ、行政各部門でも見落とし、価値付け出来ていなかった暮らしの跡と、今まさに生起しているまちの姿が呼び覚まされる、意義のある試みになっている。(8)

観光の定義や効用や要素は、非日常性と経済効果、そして地域においては地元民ホスト論（おもてなし、ホスピタリティサービス精神論）で語られることが多い(9)。この視点も見逃さず尊重しつつも、消費と商品化への埋没を克服した地域の日常と自己認識の機会として観光を再構築・再認識していく可能性に、私は期待し希望を抱いていきたい。

産業育成政策と地域史～大新聞の見出しと写真説明から～

二〇一二（平成二四）年の四月一五日の全国紙朝刊社会面に「町工場が消える・東京大田区三〇年で半減」という見出しの記事が写真入りで大きく掲載された。見出しの「消える」の「え」「る」には掠れ消え入るグラデーション加工がされ、写真には「ある裏通りに立つ。従業員二人。土曜の午後、サッカー中継を背に、黙々とシャフトを削っていた。三月、東京都大田区」とある。見出しや写真説明には「工場数半減」「裏通り」「従業員二人」「土曜の午後」「黙々と」が並び、大田区工業に寒々しく倒産・廃業・衰退が忍び寄る印象さえ与えている。記事はグローバル化の中で、製造業の街である大田区が次にどう生きていこうかを、区長談話を含めて現状分析したもので、大袈裟に工業の急変や衰亡を告げられるほどの内容ではなかった。確かに工場数は九〇〇〇余社から四〇〇〇に半減している。しかし、この三〇年間の電子機器搭載の工場内の加工機器設備から見た生産能力は、工場半減どころか昔とは比較できないほどの増産機能と加工精度の向上がなされている。またこの一〇数年間は、二〇代半ばから三〇代で、京浜地区で独立創業した工場主らの定年退職期に相当し、彼らがひと仕事を成し終えて、財産を守りながら工場を閉じ現場から引退していくことは、定年退職と考えれば何らは不思議ではないハッピーリタイアである。そしてその技術と人脈も近くの工場に分散し継承されていく。写真のコメントは「いかにも、うらさびて、休む暇なく仕事に追われる零細企業のまち、大田区には春浅く隙間風吹く」といった風情を醸し出している。

グローバル化を見据えた本文記事はともかく、見出しと写真コメントの発するマイナスイメージは決して小さくはない。数のみで大田区の工業の衰退を伝える話法の陥穽を素早く見抜き、「土曜操業」を「景気が良い」と評価し、二人工場の技能の高さを改めて深層から客観視する視点と役割も必要だ。

ダイナミックな産業政策立案と計画実行の行政部門とはほど遠いが、比較の物と資料を蓄えつつ、時間軸の中に産業地域社会も見据えていく。それも地域史研究や地域博物館の役割のように、考えたい。

オープンファクトリーから

オープンファクトリーとは簡単に言えば、年一回ないし期間限定の町工場縁日で機械や熟練加工技術の御開帳である。これまで町工場の中は、狭隘、稼働機械の危険回避、加工開発品への秘密保持、小人数経営現場であることなど受入の障壁となり、一般人にとっては縁遠い存在であった。しかしこの日だけは見学受容工場をマップに落とし、そこを外部の人が好みに応じて札所寺院のようにお遍路し、工場主や技術者といろんな会話も出来るようにしてしまおうという試みである。一昨年から実施され出したこの事業は区の観光課と観光事業の実働部門である大田観光協会が、町工場が観光資源となるものとして個別計画を実現させた。昨年までの二回は好評で、今年も開催を予定している。そのパンフレットには「日本の工業を支える大田の人と技とまちに出会える」「大田のモノ語り・職人が一年で一番しゃべる」「大田の技に会いにいこう」などという言葉が躍っている。

二〇年前「工場まちの探検ガイド」を実施し、地域の工場の実力やその仕組みの面白さは、本当はまちの中にある、博物館の展示場はまちに連なる扉だと、と気付いた私には、ようやく、縁日という限られた形で交通整理してでも工場とまちを見せようという時代になったことは、とても喜ばしい。多くの人が町工場を覗いても、そこからは大した経済効果得られまい。せいぜい一日だけの乗降と食事客の増加、そして加工技術を応用したグッズが小売り出来る程度であろう。それより、町工場とその集住をじっくり見て貰うことから生まれる、物作りに欠かせない技術への畏敬、商工住が混在する都市における生産活動の拠点である工場と住居の違和感の解消、工場がこの地で存続して行くことへの社会的認知こそが経済的あるいは観光的利益とは異なる果実として評価されなくてはならないだろう。

二〇年前の展示会開催以降、十数年間にわたって「夏休み親子工場見学会」を博物館の夏季見学事業としてきた。毎年数組の親子とともに京浜島の複数の工場を巡り歩くという内容であった。窓口担当者一人による事業所との事前調整の苦労の割には成功した事業ではないが、どの回も生の生産現場の迫力は参加者に伝わっていた、と今も確信している。区の観光課と観光協会という政策立案部門とその実働部門が直接的に関わることで、上手に市民と事業所はより上手に結ばれて工場縁日事業が定着しようとしている。近視眼的な利益や価値観を度外視した地域理解事業となっていくことを期待したい。

まちづくりと地域史研究

昨年（二〇一二）五月、区役所の道路工事担当職員からＪＲ蒲田駅東口から歩いて三分の歓楽街の真ん中の車道の改修当り、周辺の暮らしの記憶を反映した街路サインのアイデア出しの相談を受けた。ここは元来四〇〇年の歴史を持つ六郷用水の支流のひとつだが、市街地化の中で、どぶ川（公共溝渠《こうきょうこうきょ》）に姿をかえ、さらには大型地下水道管の整備により三面護岸の補強を残し、昭和四〇年代に車道に埋設されたという歴史を秘めている。そこで三〇〇年の用水と近年一〇〇年、そして、戦後数十年間に繁華街へと変身過程を、地図や写真をそろえて「記憶の中の逆川」という歴史パネルを作成した。むろんこれらは建設工事課の予算措置と実行であった。既に、水辺をなくして四〇年、年配者以外に川があったことすら、忘れられていた。そこで八月の商店街の鎮守のお祭りには、歩行者天国となった旧逆川をはさむアーケード街の柱に荷解き紐を横張りし、そこにＷクリップで暖簾状にパネルを吊して旧逆川・六郷用水写真展を実施した。その素材は六郷用水の会が持つデータを活用した。その後、建設工事課では工事を一日だけだが休止し、今後永久に地上に顔を出さない地中の水路跡の見学会を開催し、新しい道路敷が歴史の階層の上に存在することをアピールし、よりサイン計画に弾みを加えることになった。地域史研究の成果は担当部門との協働によってこそ活かされることを実感した。

二〇〇八（平成二〇）年の事例だが、大規模な橋梁掛け替え工事が、六郷用水開削工事功労者の代官・小泉次大夫への恩賞拝領地内であった。現場を巡る白いスチル防護壁は展示物用の壁面としては文句なしの空間である。区の橋梁担当工事担当者に安全が保てるなら防護壁面を展示会場に見立てて、地域ゆかりの「水上写真展・六郷用水と下袋村」を開催しないかと持ちかけた。素材は水路の会の会員が長年蓄積してきたデータをプリンターで出力すればよく、六郷用水紹介用の一〇〇枚ほどの写真を野外で風雨に耐えるようフィルムパウチするだけである。臨時の屋外六郷用水歴史写真展の実施となった。地域史情報の表現は、工夫次第で色々の場所で活用ができるわけである。

まとめにかえて──時層性と地方史、そして総合学

地方史再構築へのエネルギーと一体何なのだろうか。「一大田区とは」のまとめで触れた大田区の近郊性と時層性、そして両者が奏でる連環の響きこそが私にとり大田区認識の出発点となっている。

一九八八年に農山漁村文化協会から『人間選書』というシリーズ本が刊行されていた。その書籍の腹に巻かれた宣伝帯文には「中央より先に地方があり／科学技術より先に労働があり／産業経済より先に暮らしがあり／政治より先に人間がある」とシリーズ刊行の理念が謳われていた。物事を大局的に理論的に把握するとともに、身の丈からの発想も大事であると、共感し、メモしておいた。今も、民俗学に足場を置く者としても原点ではないか、と時々見直したりする。

暮らし・生活は、分類学や個別科学・学問論や分野によって成立してはいない。連環性によって成立している。この連環性による対象の謎解きこそが、時間軸の「史」を超えた「誌」学であり、総合学ではなかろうか。初めから総合学は、ありはしない。すなわち「暮らし＝生活史・誌」の謎解きに応じて集合する科学により可動的に形成されるのが、地方（域）史に向き合う総合学ではなかろうか。

課題解決を、最初から所与として掲げる地域（方）史研究は、核心を衝き、果敢で鋭く力強い。一方、生産・モノづくりのまちの暮らしの日常を表現し、素朴な街並みへの疑問を読み解くために、愉しみながら歩く。その結果が、地域を見る目や考える力を鍛えるのなら、地域理解・認識の営み・手法として間接的で遠回りかもしれないが、地域振興に向かう道筋の一つでもあるのかもしれない。

付記

私は長年にわたり行政が設置した地域博物館に勤務し、その施設の持つ役割から地域（方）史を捉え、表現の場としてきた。一九八〇年代以降の環境意識・環境教育の高まり出したなかで新しい博物館活動として、それまでより、より生態空間に視野を広げて、新鮮に試行活動がされ出したエコミュージアムと、自らがよって立つ地域博物館との重なりや相違を考えてみたことがある。その時、まず、長年の立脚点としてきた地域博物館のイメージの整理をしてみた。振り返ると、博物館は展示場や収蔵庫という特有の空間を持つものの、地域博物館が対象としているのは地域そのものであった。従って、言葉こそ地域博物館としてはいるが、その活動の可能性は地域史あるいは地方史という言葉に置き換えても、充分に通ずるものがあると思う。本文に添えてお読みいただけたらと思う。(10)

註

（1）当館は考古・近世・民俗を主分野とした学芸職員体制で発足した。歴史部門が色濃かったが自然誌部門を除いて文学・美術・近現代産業など地域と関わる事項資料も広く収集・展示している。

（2）明治一八年に庭園料亭の大森八景園が開園、児島惟謙（大津事件・大審院長）、加納久宣（上総一ノ宮藩主・鹿児島県知事）、清浦奎吾（二三代総理大臣）、徳富蘇峰（評論・文筆家）などが集住した。夏目漱石の『虞美人草』（明治四〇年）にも、主人公の行き先として「大森」（すなわち山王のこと）が登場する。また、戦後風景ながら宮尾登美子著『菊亭八百善の人びと』の書き出しは、先代主人の隠居別荘地の描写からはじまる。明治三九（一九〇六）には大森駅舎待合所設置案を発端に社交クラブの「大森倶楽部」が発足、大正二（一九一三）には洋風の大森望翠楼ホテルも駅の西側台地に立地開業している。

（3）尾崎士郎著『荏原郡馬込村』（昭和三年）では「いまやすべての風景が一変した。雑木林は根こそぎ払い去られ、滑らかな丘は斜めに削りとられて赭土の肌が現れた…（中略）谷底には地ならしが終わって借家建の文化住宅のトタン屋根が十月の午後の陽ざしの中に新しいペンキの色を照りかえしてならび…（中略）石を敷いた新道路が蛇のようにうねうねとのびている」と開発の姿を描写している。作家として片山広子・川端康成・北原白秋・榊山潤・子母沢寛・萩原朔太郎・日夏耿之介・村岡花子・室生犀星・吉田甲子太郎、画家には川端龍子・小林古径・伊藤深水・川瀬巴水・真野紀太郎などで、その他学者・文化人多数がおり、それぞれに交友関係を形作っていた。

（4）現在、区内街区は、都市特有の複雑で狭隘な印象が色濃い。しかし耕地整理対象地は、旧在来農家の集住地を除き整然と碁盤目状に仕上がっている。それでも複雑さを醸すのは、大多数の組合が旧大字（藩制村）を単位に成立、隣接組合との整合性不足まま狭い組合域のみで市街化事業が行われたことに起因する。さらに車社会の到来を予測しない道路幅の設定に由来するものなのであろう。

（5）「地域史」事象・事項は歴史という時間軸だけでなく、その地の地理的・自然的・文化的な環境を背景として生起する。それは複合的諸要素の中で成立している。したがってその記述は、単に縦軸のみを捉えていく「史」とするよりは、むしろ「記録」の意味も併せ持つ「地域誌」がふさわしいと考えるが、本稿では関係者のなじみ深い「地方史」「地域史」として表現することとする。なお地方史研究の地理的空間領域は、その複合性を反映して、自ら現行行政に捉われず可変性を持つことは言うまでもない。

（6）『大田区立郷土博物館紀要　第四号　一九九二年度』平成六（一九九四）三月、『同　五号　一九九三年度』平成七年（一九九五）三月にてその開催準備段階から終了後までを詳述記録。特別展図録『工場まちの探検ガイド』平成六年（一九九四）七月。同展の振り返りは、『ふぉーさいとNES六号』同年九月（社）研究産業会、『ちばの博物館七五号』平成七（一九九五）年一月千葉県博物館協会。なお、特別展における資料集積の効用については、拙稿「チャンスを活かす―特別展・企画展の一側面―」『ミュージアム多摩』№二二　平成一三（二〇〇一）三月　東京都三多摩公立博物館協議会報。

（7）大田区立郷土博物館にも、郷土博物館友の会として自主的な利用者の会がある。会は数グループの分科会を構成、その分科会の一つに一九八五年に発足した「水路の会」（現在二〇名）がある。長らく区内の小水系の座学学習と現地歩きを月二回ほど実施してきた。本文中の水先案内人養成講座へは用水学習の先輩格としてグループリーダー的役割を担った。六郷用水の会の発足に合わせて、重複会員になった会員もいるが、長年の学習スタイルは、今も維持し、区民文化展時にテーマを定めてパネル展示を行っている。なお、拙稿「大田区立郷土博物館の教育活動－継続のための私的心得－」『Museologist』二〇号　明治大学学芸員養成課程年報　二〇〇四年　には「水路の会」の成長過程と活動状況を詳述した。

（8）会では、二二年度（財）大田観光協会の地域パンフレット用に『六郷用水四〇〇年』の原稿材料を無償で提供、二三年度の助成金にて子供向け用『六郷用水って何』（無料パンフレット）を印刷、二四年度では六郷用水の会編『六郷用水　聞き書き』刊行、二五年度には、用水パネル展用に収納や持ち運びに適した三〇枚ほどのタペストリーを作成中である。なお、六郷用水の会によるまちの掘りだしスポットとしては、総合手芸・家材品展ユザワヤの開業地、環状八号線跨線橋の歴史、黒沢タイプライター工場村、映画「砂の器」ロケ地、映画「本日休診」モデル地、松竹蒲田撮影所跡、羽田エアベース建設用臨時鉄道線跡、蒲田東口映画街、三層構造商店街ビル、逆川（六郷用水支流跡）、梅ちゃん先生モデル母校・東邦大学医学部歴史的建造物、蒲田新旧街区変化、駅ビルデパート屋上の小型観覧車など普段見落としている街の思い出や異色スポットなどであった。大田観光協会では、六郷用水の会・馬込文士村の会・池上市民大学・大田品川街めぐりガイドの会・多摩川とびはぜ倶楽部などの既存のまち歩きや地域学習の会を構成団体として「大田まち歩きネットワーク」を発足させ、ツアー開催ニュース「大田まち歩きNews」を年四回発行、実施日程の重複回避や域内外からの参加者の受付業務を始めている。それぞれの会には、独自のガイド手法と低額ガイド料徴収を任せつつ、既存観光案内コースに乗りえなかった探訪先や事項を積極的に地域紹介資源として累積しつつある。

（9）政府観光政策審議会「今後の観光政策の基本的な方向性について」（答申第三九号　一九九五年　六月）、同「21世紀初頭における観光施策について」（答申第四六号　二〇〇〇年　一二月）、安村克己編『分かる観光社会学』二〇一一年　ミネルヴァ書房

（10）拙著「地域博物館とエコミュージアム～連携への期待・実態と理念の葛藤と超えて～」（『エコミュージアム研究』一一号　二〇〇六年　日本エコミュージアム研究会）を参照のこと。

Ⅲ　地方史資料の新たな可能性

市町村アーカイブズの役割―地域のコンシェルジュをめざして―

高木　秀彰

はじめに

わが国には、国、都道府県、市区町村、大学、企業など、さなまざま設置母体のアーカイブズがある。いずれも自ら作成した文書を収集・整理・保存し、利用に供するという点では共通しているが、館種ごとの相違点があるとすれば、市区町村のアーカイブズの特色は、地域住民との距離の近さに尽きる。地域の人々にいかに足を運んでもらえるか、いかに資料を利用してもらえるか、いかに彼らの問題解決に役立てられるか。そして自分の町にアーカイブズがあって良かったなと思ってもらえるか。このような地域のみなさんの反応こそが、市区町村アーカイブズの評価基準であると考える。

私の勤務する寒川文書館は、平成十八年（二〇〇六）十一月に開館して、まもなく丸六年を迎えようとしている。本報告ではこの六年間で地域の皆さんとどのように接してきたかについて、さまざまな角度から検証し、上記の評価に値する活動をしているかどうかを考えてみたい。（以下、本文中に掲げる数字は、いずれも平成二十四年九月末現在のものである。）

一　寒川町のプロフィール

寒川町は神奈川県のほぼ中央部に位置し、茅ヶ崎市、藤沢市、海老名市、平塚市に囲まれた、一三・四二平方キロの小さな自治体である。明治二十二年（一八八九）に一一か村が合併して寒川村が誕生し、昭和十五年（一九四〇）に町制を施行して現在に至っている。その間、一度も市町村合併を経験していない。いわゆる平成の大合併のおりも、三市三町からなる「湘南市」の構想のもと研究会を結成して検討を行ったが、実現には至らなかった。人口は約四万七千人で、二〇年以上ほぼ横ばいの状態が続いている。

明治期までは稲作中心の純農村であったが、大正期から大消費地への近さと温暖な気候という地の利を活かして、花卉や果物などの園芸作物、高座豚に代表される畜産業などが盛んになった。また、相模川の砂利採取が活発に行われるようになる。大正十年（一九二一）に開業した相模線も、当初は砂利輸送をおもな目的として敷かれた鉄道である。昭和十年代に軍需工場や海軍の施設が進出し、戦後も工業団地が形成されるなど、農業のみならず工業も盛んに行われている。

歴史的資源としては、相模国一宮である寒川神社が広く知られているが、他にも縄文時代の大集落である岡田遺跡、鎌倉時代では梶原景時の館址などがある。近世はほとんどが旗本の相給村落であったが、その領主の中には大岡忠相や田沼意次など多彩な顔ぶれが見られる。

二　自治体史編さんからアーカイブズへ

こうした歴史的素材を後世に伝え、町民に郷土に対する愛着を深めてもらうため、町史編さん事業が計画された。事業は昭和六十一年度にスタートし、まずは資料調査に着手した。町内では、昭和四十年代の住宅地図をもとに各戸を一軒一軒訪ね歩き、資料の有無を確認する悉皆調査を数年間かけて実施した。また、高野山、出羽三山、伊勢神宮など遠隔地の宗教者との関わりを示す資料、相模線や相模海軍工廠といった近現代の資料など、町外に所在する関連資料についても積極的に調査、収集した。その結果、約六百件、五万二千点あまりの資料を整理し、六五万コマあまりのマイクロフィルムに収めた。さらに、個人蔵の写真、行政刊行物、新聞など、地域に関する記録資料を幅広く収集した。

これらを素材に、町史刊行物の編集・発行を行った。本編の一冊目は町制施行五〇周年である平成二年に刊行し、その後平成十四年度までの間に、本編一六冊を発行した。また、町史研究、調査報告書、資料所在目録、新聞記事目録などのシリーズも次々と発刊し、世に送り出した刊行物は七〇点あまりに及んだ。

これらの事業の基本的な指針となっていたのが「町史編さん基本構想」である。事業開始時に策定されたこの構想は、基本方針、刊行規模と期間、事務局体制などについて定めたものであったが、事業中に収集した資料については、資料館等を建設して保存・活用する旨が明記されていた。その考え方のもと、町史編さん審議会では九年間にわたって先進的に資料の保存・活用を実践している機関を視察して、情報収集に努めた。審議会委員は、議会や自治会、文化財保護委員会などの代表が加わっていたので、こうした方々に資料保存の現場を見てもらい必要性を理解してもらえたのは大きかった。これが功を奏し、平成十一年八月、「町史編さん資料の保存・活用に関する要望書」が審議会から町長に提出された。

町ではこれを受けて、平成十四年度にスタートした新しい町の総合計画「さむかわ２０２０プラン」に文書館の建設検討事業を盛り込んだ。ただし当面は役場庁舎内で公文書館的機能をもった組織を暫定的に発足させ、将来的に単独の公文書館の建設を考えるというスタンスであった。

片や、同じ総合計画の中では図書館の建設が町の文化事業として最優先課題となっていた。これまではあまり十分とは言えない公民館図書室しかなかったためである。しかしせっかく建てるのであれば、何らかの施設との併設が望ましいということになり、その相手方として文書館に白羽の矢が立った。図書館と文書館とを複合館にすることで相乗効果を狙うという政策判断であった。文書館としては当初の計画から十年近く前倒しになったことになる。平成十四年度には住民代表と図書館および文書館の専門家からなる検討委員会が発足して、基本構想が策定された。これに基づき平成十五年度に基本設計および実施設計が作られ、平成十六年度の着工、平成十八年六月の竣工を経て、同年十一月の開館となった。

三　寒川文書館の概要

施設は四階建てで、このうち三階までが総合図書館、四階の約八四〇㎡が文書館となっている。収蔵庫、開架書架、展示コーナー、閲覧コーナーなどを備えている。

図書館が教育委員会に属するのに対し、文書館は町長部局に置かれている。文書館の準備は企画部企画課が担当しため、開館当初は同課の所管であったが、平成十九年四月の機構改革にともない、総務部総務課に担当が移った。館長は総務課長が兼務し、専任職員が一名、臨時職員七名という体制である。

図書館と別組織であっても、同じ建物であるというメリットを十分に活かして運営している。まずは資料収集の協力・分担である。行政刊行物は一般的に図書館の郷土資料コーナーに置かれることが多いが、寒川町は文書館が収集、保存、閲覧サービスの責任を担うようにした。ただし蔵書管理のシステムを文書館も利用することで、両館の冊子形態をした資料は同じシステムで検索ができるようにした。このシステムのリースや、空調、清掃、消防点検など庁舎管理にともなう予算は図書館に一元化することで、コストの節減をはかっている。また普及事業の共催、レファレンスの相互協力などのメリットもある。

開館は図書館と同じで、平日は午前九時から午後七時、土曜・日曜・祝日は午前九時から午後五時までで、年間三一〇日ほどの開館日数を維持している。

四　文書館の基本理念

平成十八年の開館時、五つの基本理念を掲げ、文書館の運営の指針とすることとした。

1　寒川の記録資料を後世に伝える文書館
2　すべての人々が利用できる開かれた文書館
3　郷土愛と未来の創造に役立つ文書館
4　行政の説明責任を果たす文書館

5　みんなが足を運びたくなる文書館

1では資料を未来に向けて保存する機能をまず掲げた。2は、歴史研究だけでなく、最新の行政情報や町に関するさまざまな情報を提供する場と位置づけたものである。3は、そのさまざまな情報を地域の人々が活用することで、まちづくりに資する可能性を謳っている。4は、情報公開制度と車の両輪となり、アカウンタビリティーを担保する機能を掲げた。5は、展示や講座などの普及事業を通じて、文書館の役割や資料の大切さを町民に浸透させるとともに、ボランティアに仕事を手伝ってもらうことで、町の自治基本条例にも掲げる町民との協働を実践する場と位置づけている。

本稿ではこれらのうち、5の町民との利用と協働という側面を中心に、当館の日頃の活動について紹介していくことにする。

五　レファレンスと閲覧利用

表1は開館から平成二十三年度までのレファレンスの件数をまとめたものである。このうち「行政」というのは町職員および他機関の職員の業務上の相談を受けたもの、「一般」はそれ以外の方々からの問い合わせである。これまでの累計は一七九〇件。開館日数は一六六八日であったので、一日平均一件強という計算になる。単純に数字だけを見れば決して多いとは言えないし、今後増やしていく工夫も必要である。しかし、問い合わせをしてきた皆さん一人ひとりの問題解決に役立ってきたことは揺るぎない事実であり、処理した量ではなく、質こそが問われるべきものと考えている。

表１　寒川文書館におけるレファレンス

年度	開館日数	一般			行政		報道	合計
		町内	町外	学生	町内	町外		
平成 18	126	47	80	14	57	6	6	210
平成 19	311	93	93	25	74	12	12	309
平成 20	308	90	97	32	60	14	1	294
平成 21	307	99	106	30	79	17	9	340
平成 22	308	99	89	32	72	8	6	306
平成 23	308	91	104	33	79	11	13	331
平成 24	155	59	49	20	32	4	6	170
合計	1,823	578	618	186	453	72	53	1,960

＊平成 24 年度は９月末の数字である

一方、閲覧件数は書庫の資料を出納した数を集計している。開館からの累計で七七一件、三〇三九点を数えた。これも職員の業務利用と一般の閲覧利用に分けることができる。職員が業務上、収蔵庫にある公文書を利用する際は、備え付けの閲覧簿に記入のうえ、収蔵庫内で直接閲覧できるようにしている。一般の利用については、公文書の閲覧制度が未整備であるため、私文書のうち所蔵者より公開の許諾をいただいたものに限り、原則として写真版で閲覧していただいている。その他、開架書庫にある行政刊行物は、自由に手にとって閲覧することができるので、件数は集計していない。

一般的にアーカイブズは、母体となる組織が作成した資料を保存し、組織のメンバーの利用の便をはかることで組織に貢献することを目的としている。地方公共団体の公文書館であれば、職員の業務上の利用に対する支援が、一義的な職務ということになる。そうすることにより、間接的に住民サービスにもつながるという考え方である。

一方で、住民をはじめとする一般の来館者に対し、レファレンスや閲覧などの直接的サービスを提供することもまた公文書館の重要な仕事である。地方自治法上の公の施設として設置すれば、住民は公文書館を利用する権利を当然有している。さらに、住民もまた地方公共団体を構成する一員と考えれば、住民への直接的サービスも、組織への支援ということになるし、公文書館が古文書などの私文書を取り扱うことの根拠もここに求められる。

六　レファレンスの実例

ではこれまでどのようなレファレンスに対応してきたか、事例をいくつか紹介しよう。

まずは職員の業務利用である。当館の抱える資料のうち、職員の利用が比較的多いのは土地関係の文書である。道路課、下水道課、産業振興課、税務課など、土地に関する事務を行う課がいくつかあるが、その基本となる法務局の公図と現況とが異なっているという相談を受けることが少なくない。その原因の多くは耕地整理や土地改良で換地が行われ、土地の形状が変化したことにある。この場合は土地改良区の文書など公的な資料だけでなく、私文書に含まれる図面や文書もあわせて見ていくことで、土地の変遷をたどるようアドバイスしている。

土地に関する調査は職員の利用だけではない。測量業者が過去の土地の形状を調査することもあるし、個人で宅地を購入する際、かつての土地利用を調べたいという要望も多くある。昔は水田だったのか、それとも畑だったのかという情報を、購入の判断材料とするためである。

他に一般の利用で比較的多いのは先祖探しである。寒川町史編さん事業の一環として、高野山高室院の文書調査を行った。同寺は相模国を布教の範囲としていた塔頭で、相模から高野山へ参詣に行った人々の記録や、僧侶が相模へお札配りをしたときの記録などが残されている。この中には庶民の名前が多数記されており、そこから先祖の名前を見つけ出すという利用方法がある。その際は、資料の探し方、記されている情報の内容などを解説しながら閲覧してもらっている。

また最近は、古い街道を歩く趣味の人が多い。中原道は江戸虎ノ門（東京都港区）を起点に、品川区、大田区、川崎市、横浜市、大和市、綾瀬市、藤沢市を経て、寒川町で相模川を渡って平塚市に至る脇往還である。現在の県道丸子中山茅ヶ崎線にほぼ沿っているのだが、旧ルートは寒川町内で県道から分かれる上、現在は工場や団地で分断されている箇所もあって、迷って来館する人が多くいる。このような皆さんにルートを地図で説明してあげるのも比較的多いレファレンスである。

文書館の利用者は大人だけではなく、学校の調べ学習のために来館する小中学生もいる。平成十八年十一月三日、開館初日にあったレファレンス第一号は町内の小学生三人組であった。壁新聞を作るという宿題に対し、寒川のごみ問題を紹介するというテーマを自ら設定したが、何を見たら良いか教えてほしいという依頼であった。これに対し、環境基本計画にある町の基本的な考え方を示したり、統計書で処理量の数字を見せたりした。町内の小学生に対応できたこと、歴史ではなく町の現在の情報を与えられたこと、両面から象徴的な利用者だったといえよう。その後もさまざまな宿題の助言を行っているが、教員との連携をさらに綿密に行っていく必要がある。

七　東日本大震災とレファレンス

平成二十三年（二〇一一）三月十一日の東日本大震災を経て、前述のような日常のレファレンスが一変した。被災地の大きな被害を伝える報道を目の当たりにして、自分の住む地域が、あるいは自分の家が安全なのかどうかを資料で確かめたいというニーズが町民の間で高まった。その裏付けの情報が得られる場として文書館が注目されたのである。

町域は茅ヶ崎の海岸まで一〇㎞足らずであるため、津波の影響を心配する人も少なくなかった。現在では神奈川県が「津波浸水予測図」を公表しているうえ、公共施設にはそれぞれの地点の標高が掲げられているが、震災直後はそのような情報はなく、都市計画図に載っている標高の数字で確認してもらうという対応をした。地盤については、昭和五十九年（一九八四）に神奈川県が発行した「神奈川県地域環境資源情報書」という資料が役に立った。地質の分布をはじめ、地盤沈下や液状化、がけ崩れのなどの恐れのある地域が地図に色分けされているものである。

また、関東大震災の時の被害状況についての問い合わせも多かった。直近の大災害の状況を把握して、次に来るであろう大地震に備えるためである。これに対しては『神奈川県震災誌』から町域や高座郡域の記載内容を説明したり、町内に四基ある震災記念碑の銘文を紹介したりした。

このようなレファレンスは、当初は文書館側から呼びかけたものではなく、町民が自発的に調べに来館したものである。それは、地震直後の三月よりも、四月、五月と少しずつ増え、六月上旬頃にピークを迎えた。これまで日常的に文書館を利用していた人ばかりでなく、初めて訪れる人も多く、利用者層の広がりを見せた。

こうした皆さんの行動に後押しされ、文書館でもさまざまな事業を展開した。六月三日からミニ展示「関東大震災の記録」を開催し、過去の被害の様子を伝える記録資料の紹介を行った。図書館ではほぼ同時期に「地震や原子力を知ろう」というテーマで関連図書を並べる企画展を開催しており、複合館として多様な情報を提供することができた。八月六日からは「大地震について調べよう」というミニ展示を開いた。これは夏休みの宿題に活用してもらえるよう、先のミニ展示を子ども向けにアレンジしたもので、この企画・制作には学習院大学大学院から来たアーカイブズ実習の学生があたった。古文書講座では、安政二年（一八五五）の江戸地震の記録をテキストに選んだ。さらには、「寒川の災害」を特集した『寒川町史研究』第一七号（平成十六年三月刊行）が再び注目を集め、販売部数が増えるという波及効果もあった。

八　レファレンスの記録とツール

上記のようなレファレンス対応は、その場で利用者の問題解決に役立てば、ひとまずは成功といえる。しかしその情報は一過性のものであってはならない。スタッフが相互にレファレンスの事例を共有し、次に同じような質問を受けたときには、先例を参考にしながらより適切な対応ができるようにしておく必要がある。そのため、全てのレファレンス対応の記録をデータベース化している。この作業は、文書館開館前で町史編さん事業中の平成十年度から始めており、質問内容、回答経過、所要時間、キーワードなどの項目を設けてデータベースソフトに入力するとともに、一件ごとに紙に印刷してスタッフに回覧している。

また開館直前の平成十八年三月に刊行した『寒川町史研究』第一九号では、「使ってみよう寒川の記録資料」という特集を組み、「テーマ別　調べものの手引き」、「寒川の50冊―地域文献活用ガイド―」という記事を載せた。これは利用者に対し資料の活用方法を提示するだけではなく、カウンタに立つスタッフの心覚えとしても利用できるよう編集したものである。

さらに開館後も必要に応じて、レファレンスのためのツールもいくつか作成してきた。まず、職員の業務利用も一般の利用も比較的多い耕地整理や土地改良の情報については、実施区域ごとに公文書や私文書の所在情報を一覧表にして、提示できるようにした。所蔵する県内の自治体史や博物館等の研究紀要などに載った論文についてもデータベース化しており、寒川町域に限定しない広域なテーマについて、過去の研究を紹介する際に役立っている。

このように、利用者のニーズを常に把握し、より適切なツールを作り続けることが肝要だと考えている。

九　普及活動の展開

文書館の利用者対応とは、資料の閲覧やレファレンスが中心であり、利用者から依頼が来て初めて、資料を出納したり、相談に乗ったりするのが基本である。しかし、どのような資料があるのか広く知られていないと、利用にはつながらない。そこで、閲覧のニーズを掘り起こすため、さまざまな普及活動を展開している。

まずは展示である。企画展は原則として半年の会期で年二回実施しており、その時どきでタイムリーな話題を提供することを心がけている。たとえば平成二十二年秋の企画展「寒川町の70年」は町制施行七〇周年を記念したもので、寒川町が発足した昭和十五年以来の公文書や写真などを用いて町の発展の様子を紹介した。平成二十三年秋に実施した「相模線　きのう・きょう・あした」は町内を通るＪＲ相模線の開業九〇周年を記念したもので、相模線を撮り続けた写真家の講演会を開催したり、沿線自治体等で構成する相模線複線化等促進期成同盟会のスタンプラリーとタイアップしたりと、多方面にわたる事業展開をすることにより、相模線の資料を多くの人に知ってもらうことができた。

資料のことをさらに深く知ってもらう事業として、古文書講座と中世史講座を開催している。古文書講座は五月から十月までの第四土曜日、全六回の実施である。講師は文書館スタッフが務め、原則として町内に残る近世文書をテキストに、読み方だけでなくその歴史的背景もあわせて解説している。一方、中世史講座は十一月から二月までの第四土曜日、全四回の開催を原則としており、こちらも講師は文書館スタッフが務める。町内には梶原景時の館跡があることから、景時をはじめ鎌倉時代について学びたいというニーズが比較的多いため、吾妻鏡などの史料に見られる梶原氏の動向や史跡などについて解説している。近年はいずれも、募集が始まってすぐに定員が埋まってしまうほどの盛況ぶりである。

講演会は、「町史講座」と「資料保存活用講演会」の二種類を実施している。前者は町史刊行物の執筆者が担当部分をわかりやすく解説することを原則としている。後者は文字通り資料の保存や活用をテーマに、公文書館の活動などについて理解を深めてもらうことを目的としている。ただし平成二十四年度からは講師謝礼の予算が付かなくなったため、他課や他団体の事業とタイアップするなどの工夫を余儀なくされている。

その他、図書館との共催で映像上映会を開いたり、観光協会主催の史跡ウォークなどに講師として呼ばれたりしているが、その都度、資料の利用を呼びかけるよう情報発信をしている。さらには、町史刊行物や文書館だよりの発行も資料のPRと位置づけているほか、新聞やタウン紙の連載、小中学校教員の研修や職業体験学習といった学校との連携など、館外に向けた全ての活動は、利用者を増やすための手段と位置づけている。

十　ボランティアとの協働

基本理念にある「みんなが足を運びたくなる文書館」のもう一つの柱がボランティアとの協働である。

初めてボランティアの方々に文書館の仕事を手伝っていただいたのは、開館直前の平成十八年九月のことであった。行政刊行物を書架に収める作業である。広報で募集したところ二十数名の応募があり、二万数千冊におよぶ刊行物が数日で配架された。開館前の新しい建物に入れるという物珍しさも手伝ったかとも思われるが、無償でも地域のために役立ちたいという皆さんの心意気が伝わり、今後の事業展開に確信を持つことができた。

次にボランティアを募ったのは、平成十九年秋の企画展「昭和40年のまち探検―地図と写真でたどる寒川のすがた―」の準備である。昔と現在との風景写真を比べる企画で、現況の写真を分担して撮影して来る作業を依頼。さらにパネルの作成や展示替えの作業も手伝ってもらった。この時のメンバーを核にして、現在は毎週火曜と木曜の午後の三時間を作業日と定めて、写真の整理やスキャニング、新聞のスクラップやデータベース入力などの作業を進めている。

今のところ、当館側が一方的に作業をお願いしているばかりで、皆さんの好意に甘えている状況はあるが、今後は皆さんが目的意識を明確に持ちうるよう、何らかの手だてが必要がある。

おわりに―アーキビストのめざすもの―

以上、寒川文書館の日頃の活動について、閲覧、レファレンス、普及活動、ボランティアなど、対利用者という観点から紹介してきた。

本文では触れなかったが、日常業務として、資料の収集・整理、燻蒸などの保存対策、検索システムの構築など、当館ではさまざまな業務を行っている。さらに、公文書管理法への対応として例規類を再編すること、公文書の閲覧制度を整えること、職員体制を整備して情報を継承していくこと、防災対策を講じることなど、日頃から取り組まなければならない課題は山積している。

こうした諸課題も含めて文書館の業務のすべては、利用者に、あるいは地域住民にベクトルを向けなければならないと考えている。たとえば学術的に優れた最新の目録記述法に従って資料を整理できたとしても、その成果を利用者に使ってもらえなければあまり意味を持たない。窓口で利用者に対し、目録の内容や検索の方法について説明できて初めて、その目録編成作業が生きてくるのである。資料整理や研究成果はあくまでも手段であり、利用者に奉仕することこそが目的なのである。

市区町村アーカイブズで働く職員は、表題に掲げた「地域のコンシェルジュ」を日々心がけるべきである。地域に関するさまざまな情報を駆使して、地域住民の抱える問題解決の手助けができるスペシャリストでなければならない。これがアーキビストの理想的な姿である。職員自身がアーカイブズ学や歴史学に関する研究を行うことを決して否定するものではないが、研究そのものを目的化してしまったり、研究成果のみが過剰に評価されたりするようなことがあってはならないと考える。いま検討が進められているアーキビストの資格制度についても、利用者に対する視点が抜け落ちてしまわないか、注視する必要がある。

「アーカイブズのある幸せ」。これは平成二十一年三月に寒川文書館が開催した資料保存活用講演会における佐藤勝巳氏の言葉である（『寒川町史研究』第二三号、「図書館・文書館の底力—情報資源をみんなのために・未来のために—」）。アーカイブズは地域や組織の記憶装置であり、住民の権利や生命を守る砦であり、地域のアイデンティティーの守り手でもある。これを身近なところで使うことができる住民の皆さんは幸せなのだ。この事実をかみしめ、アーカイブズを使い倒してほしい、このようなメッセージであった。私たちアーキビストは、この「幸せ」を守る番人として、地域住民のために日々職務に邁進していくべきではないだろうか。

関東大震災と地方史の教訓―横浜市史の編纂過程を中心に―

吉田　律人

はじめに

二〇一一（平成二三）年三月一一日午後二時四六分、三陸沖を震源とするＭ九・〇の地震が発生し、激しい震動が東北地方から関東地方にわたる広い範囲を襲った。さらにその直後に発生した津波は太平洋沿岸部に壊滅的な打撃を与えただけでなく、福島第一原発の爆発事故を誘発し、放射性物質を拡散させていった。一方、首都圏においても大規模な停電や交通機関の麻痺が生じ、帰宅困難者やデマの問題を浮き彫りにした。続けて翌一二日午前三時五九分には、信越地方でもＭ六・七の長野県北部地震が発生、少なくない被害を出した。最初の地震発生から丸一日は多くの日本人が自然災害の脅威を実感したことだろう。警察庁緊急災害警備本部の資料に依れば、二〇一三年三月八日現在の死者・行方不明者数は一八五四九人に上り、地震発生から二年以上が経過した今日も多くの人々が不自由な生活を強いられている。(1)東日本大震災（三・一一）の衝撃はあまりにも大きい。

改めて言及するまでもないが、東日本大震災によって地方史を取り巻く環境は大きく変化した。(2)各々の現場は被害の有無に関わらず、その対応を迫られている。(3)すでに各方面において報告がなされているように、直接、災害の被害を受けた地域では、被災した歴史資料をどのように救済・保護するのか、ということが大きな課題となっているほか、失われた地域の歴史をどのように再編、構築するのか、という点も地域のアイデンティティーを維持していく上で考えなければならない問題となっている。一方、災害の被害を受けていない地域においても課題は山積している。首都直下地震や東海・東南海地震など、将来的に発生が予想される大規模な地震災害に対し、どのように備え、如何に被害を減じるのか、ということが社会全体の問題となっており、地方史の現場においても歴史資料の救済・保護体制の構築が喫緊の課題である。ただ、多くの現場では、試行錯誤を繰り返しながら具体的な方法を模索している、というのが現状であろう。

そうしたなか、筆者の勤務する横浜市史資料室では、東日本大震災以降、施設を利用する側に明らかな変化が見られた[4]。例えば、レファレンス業務では、過去に発生した災害、特に一九二三年（大正一二）の関東大震災の状況を知りたい、という問い合わせが増え、その対応に追われた。これは市民による地域防災サークルの希望もあるが、一般利用者やマスコミ、行政関係者の質問も多く、具体的な被害の状況や被災者の避難経路、瓦礫処理の方法等、質問の内容は多岐にわたった。また、将来的な災害の発生を想定し、自分の住んでいる地域の地形を知りたいという要望も高まった。事例を挙げれば、ある市内在住の利用者は、地震発生時の液状化現象を考え、地形図や旧公図を活用しながら古い河川や用水路、池の位置などを熱心に調査していた。これも東日本大震災の影響と言えるだろう。加えて、自宅に眠っていた資料を地域の防災に活かしてほしい、と関東大震災時の絵葉書やガラス乾板を持参する人もあり、日々の業務のなかで東日本大震災の影響を強く感じている。

そのような利用者の要望に応えるため、横浜市史資料室では、画像データの目録を中心に関東大震災関係資料の公開を進めると同時に、寄贈を受けた資料については保存処理と公開にむけた準備作業を行っている。さらに最近は横浜市内の消防署や図書館の要請に応じ、各種展示会に所蔵資料を提供するだけでなく、調査研究員を派遣して展示解説や出張講座を行い、市民の防災意識の向上にも努めている。

こうした震災関連の事業を行う過程で、ある傾向を見出すことができた。それは行政やマスコミだけでなく、一般市民も含め、全体的に過去の災害に対する興味・関心が高まっている点、さらにもう一歩進んで、過去の災害から教訓を学び、それを現代社会に活かそうという点である。ここに今後の地方史を考えていくヒントがあると考える。すなわち、私たちも大災害に遭遇した先人たちの経験に学び、これからの地方史活動に活かしていく必要があるだろう。そうした問題意識に基づき、本稿では、一九二三年の関東大震災と、その後の横浜市史の編纂過程を検証することで、将来の参考に資する地方史の教訓を導き出していきたい。

過去の災害から歴史的な教訓を得ようとする試みは、すでに東日本大震災の発生以前から進んでいた。二〇〇三年五月、内閣府の中央防災会議は「災害教訓の継承に関する専門調査会」を設置し、文系・理系の連携のもと、過去の災害を多角的に分析することで、現在に活かせる災害教訓を抽出してきた(5)。また、大規模災害時の歴史資料の保存については、宮内省書陵部に勤務していた堀口修氏が関東大震災時の宮内省図書寮の対応を寮員の手記から紐解いている(6)。この研究は災害時の資料保存を考える際の一つの参考となろう。他方、関東大震災と横浜市史の関係については、吉良芳恵氏が関東大震災当時の横浜市史編纂係の対応を整理した上で、災害時の資料保護の重要性を訴えているほか(7)、松本洋幸氏も戦前における市史編纂事業を明らかにする過程で横浜市史編纂係の震災対応を詳細に分析している(8)。東日本大震災を受けた今日、過去の災害から教訓を学ぶ上でも、これらの研究は改めて見直すべきである。

以上のような先行諸研究に学びつつ、具体的な検証作業では、横浜市史資料室所蔵の行政文書や新聞資料を分析することで、関東大震災における地方史の教訓を抽出していく。なお、地方史の置かれた環境は各地方・地域によって異なり、人々の意識も時代の状況によって大きく異なる。当然、本稿で提示する横浜の事例がすべての地方に適用できるわけではない。また、教訓に重きを置きすぎると思考停止に陥る虞もある。そうした点に留意しながら、本稿の試みがこれからの地方史と大規模災害の関係を考えていく際の一助となれば幸いである。

一　横浜市における市史編纂事業の系譜

戦前・戦後を通じて横浜市は合計三回の市史編纂事業を行ってきた。それらの成果は刊行物として出版されただけでなく、現在も市内に所在する歴史資料保存機関に引き継がれている。関東大震災時の市史編纂事業を分析する前提として、最初に今日に至る横浜市史の系譜を整理したい。

まず、第一回目が一九二〇（大正九）年から一九三三（昭和八）年の一三年間に行われた市史編纂事業である。編纂事業の開始に先立ち、当時の久保田政周市長は一九二〇年二月二日の横浜市会において、「次ニ横浜市ノ歴史ヲ編纂シテ置クコトハ必要デアラウト存ジマス、既ニ横浜市モ六十年ヲ経過致シテ居リマス、段々古キ人ハ亡クナリ、種々ナ書類ヲ散逸スル虞カアリマスカラ、此際市史ヲ編纂致シテ置クト云フコトハ横浜市トシテ必要ナコト、存シマス」と市史編纂の理由を述べている。市史編纂の背景には、失われていく歴史資料を保護する意図があった[9]。後述するように、この事業は関東大震災で一度頓挫するものの、最終的に一九三一年から一九三三年の間に全一一冊の『横浜市史稿』を刊行することになった。また、その際に作成された原資料の筆写本の一部は『市史稿写本』として横浜開港資料館に保管されており、横浜の歴史を語る貴重な資料となっている[10]。

続いて第二回目は敗戦から九年後の一九五四年に始まった市史編纂事業である。これは開港一〇〇周年を記念する事業で、石井孝氏（当時、横浜市立大学教授）を中心に二七年後の一九八一年まで続けられた[11]。その成果は開港以前の歴史を踏まえつつ、幕末維新期から関東大震災までを対象とする『横浜市史』として一九五八年から一九八二年の間に全三四冊が刊行されたほか、収集された資料は一九八一年六月に開館した横浜開港資料館に引き継がれ、市民はもちろん、国内外の研究者にも幅広く活用されている。

そして第三回目が一九八九年の市政一〇〇周年を記念して行われた「昭和横浜史」編纂事業、具体的には、昭和初期の震災復興期から戦後の高度経済成長期を対象とした市史編纂事業である。この事業は高村直助氏（当時、東京大学助教授）を中心に一九八五年から始まり、二〇〇三年までの一八年間に『横浜市史Ⅱ』全一五冊が刊行された。さらに集まった資料は博物館施設である横浜都市発展記念館と、文書館相当施設である横浜市史資料室の二箇所に分けられ保存・活用されている。前者は二〇〇三年三月に、後者は二〇〇八年一月にそれぞれオープンし、企画展や公開講演会、刊行物を通じて様々な情報を発信している。

このように横浜市の近現代史関連施設はすべて市史編纂事業の延長線上に位置しており、先人たちの残した蓄積を基礎に各種事業を展開している。換言すれば、横浜市における自治体史編纂の系譜は現在も脈々と引き継がれているのである。[12]しかし、以上のような系譜を有するが故に、一九二三年の関東大震災が以後の市史編纂事業や歴史資料の保存活動に暗い影を落としている。

先に述べたように、最初の市史編纂事業は一九二〇年から始まり、同年九月に横浜市港町の市庁舎内に横浜市史編纂係が設置された。編纂主任には、それまで多くの自治体史編纂事業を手掛けてきた堀田璋左右が就任し、具体的な作業を担う市史編纂係は堀田の人脈を中心に組織されていった。[13]堀田は直ちに編纂事業の方針を打ち出し、資料の収集に三年、執筆・完成までにさらに二年をかける計画を立案する。[14]また、編纂事業を支援する相談役には、地元の有力な郷土史家たちが就任し、様々な面から市史編纂係をサポートすることになった。[15]以後、同係は資料の収集作業に

【写真①】
三春台・関東学院から撮影した横浜市街地。1923年9月頃 横浜市史資料室所蔵　前川淨二家資料

着手、中央官庁や東京帝国大学、神奈川県庁等の調査を進めていく。この時の資料収集の方法は、各所蔵機関から資料を借用・謄写し、それを返却するという方法だった。しかしながら、結果的にこの方法が関東大震災時の悲劇を生むことになった。

二　関東大震災と横浜市史編纂係

一九二三（大正一二）年九月一日午前一一時五八分、神奈川県西部を震源とするM.七・九の地震が発生する。震源に近い横浜市は激しい震動に襲われ、多くの建物が倒潰しただけでなく、市内二八九箇所から出火した火災は僅か半日で市街の中心部を焼き尽くした。また、死者・行方不明者も約二六〇〇〇人に上るなど、被害の割合は東京以上に大きかった。[16]【写真①】に示すように、日本の開国以来、発展を続けてきた横浜市は壊滅的な打撃を受けたのである。こうした悲惨な状況は横浜市史編纂係も変わらなかった。

既述の通り、横浜市史編纂係は横浜公園に面した港町の横浜市庁舎内に所在した。この市庁舎は一九一一（明治四四）年六月に完成した耐震・耐火構造の建物で、鉄筋を中心に石材や煉瓦で造られていた。[17]そのため多少の被害はあったものの、建物自体は震動に耐え、時間の経過とともに救護活動の拠点となっていった。当時、市政の責任者である渡辺勝三郎市長は平塚にいたため、市役所の応急対応は助役の青木周三と芝辻正晴の

【写真②】
焼け落ちた横浜市庁舎
1923年9月頃　横浜市史資料室所蔵　前川淨二家資料

手に委ねられた(18)。助役たちは庁舎内に残った職員たちを指揮しながら罹災者の救護にあたったほか、関係機関との連絡を図るなど応急対応に追われた。そうしたなか、市庁舎は火災の脅威に曝され、二度も炎が建物内に侵入する。助役たちは庁舎外に避難していた職員を呼び戻し、それぞれ延焼の拡大防止に成功するが、庁舎外は火災によって焼き払われつつあった。市の幹部たちは建物の構造から市庁舎は焼けないと信じており、不測の事態に備え、御真影や公印は避難させたものの、公文書等の整理・避難準備は行わなかった(19)。救護活動に追われるなど、職員数の問題もあったが、建物の構造に基づく油断もあった。

しかし、午後四時頃に建物屋上の化粧塔から炎が侵入し、天井裏に燃え広がった。助役らがそれに気づいた時はすでに手遅れで、職員たちは庁舎内にいる数百人の罹災者を誘導しながら避難していった。その後、炎は木材を伝って燃え広がり、公文書等の貴重な記録を焼きつつ、外壁部分だけを残して建物を焼き尽くした【写真②】。

こうした状況は庁舎内にあった市史編纂係も同様で、謄写した資料の副本や借用中の資料が全て灰となった。地震発生直後の市史編纂係の対応は判然としないが、渡辺市長が資料所蔵者に送った謝罪文の原案からその活動の一端が窺える。

今回ノ震災ガ我横浜ニ多大ノ災害ヲ与ヘタル事ハ御同様ニ戦慄ス可キ事ト存申候。既ニ御承知ノ通リ市役所ハ大震当時ニ破壊ヲ免カレ〔一時安全地域ニ有ルモノト存居候処〕午後三時半頃猛火ニ襲ハレ終ニ延焼致候。此際数年ノ努力ト多額ノ費用トニ依リテ蒐集シタル市史編纂ノ資料ハ全部焼失致候。加之貴下ノ御厚意ニ依ツテ借用スルヲ得タル調査中ノ資料全部モ烏有ニ帰シ候ハ返ス〳〵モ遺憾ニ堪エズ只々鳴射ノ辞ナク候。当初或ハ金庫ニ収メ或ハ持出シタルモノモ有之候ヘ共金庫ハ長時間火中ニ有リシヲ以テ其甲斐ナク又持出シタル者モ公園群衆ノ殺到危急ノ場合ニ迫リテ涙ヲ振ツテ放擲セザル可カラサルニ立至リ候次第痛嘆ノ至リニ候。右被害ノ状況御報告並ニ資料焼失ニ就テノ陳謝マデ大略如此候。[20]

引用文に示した亀甲括弧の部分は、原文では取り消し線が入っており、実際に原資料の所蔵者に送られた謝罪文と比較しても、この部分は削除されている。[21]当初、建物が無事だったため、市史編纂係の職員たちも安心していたのだろう。その後、延焼の拡大とともに、資料の一部を持ち出した様子も窺えるが、混乱状況のなかで放棄せざるを得なかった。謝罪文からは資料を手放した悔しさも読み取れる。

そうした状況について同年九月二七日付の『東京朝日新聞』は、「わが国近代文化史の重要なる地位を占む可き横浜開港史は『横浜市史編纂局』にて既に完満に近く筆写約千冊写真図絵等に達し出版期も近づいた際今回のしんさいで全部せうしつそれに加へて大蔵省、文部省、三井家を初めよこ浜村の当時からの旧家の貴重なる記録を借り置いた其四万余冊をも烏有に帰し」と被害の状況を報じつつ、「詳細なる『日本開港の歴史』は遂に得べからざる事となつてしまつた」と、その意味するところを的確に指摘している。また、編纂主任の堀田璋左右も『中央史壇』第九巻三号の特集「文献の喪失・文化の破壊」において、資料焼失の状況を述べつつ、「何れにせよ横浜に関する根本史料は根コソギに焼失致し候。先づ横浜の歴史は此地震を以て出発点とでも致さゞる可からざる運命に至り、終に編纂は中止と相成り申し候」と、資料が失われた意味を説いている。[22] ここで旧横浜村を含めた市街中心部の資料から横浜の歴史を知る手段は永久に失われたのである。

以上のような物的な被害だけでなく、相談役の曽我部俊治と嘱託員の服部俊崖の二名が犠牲となるなど、人的な部分でも市史の編纂事業は大きな打撃を受けた。しかし、市史編纂係は障壁にぶつかりつつも、水面下で再起を図ろうとしていた。

三　『横浜市震災誌』と『横浜市史稿』の編纂

地震と火災によって原稿執筆の基礎資料を失った横浜市史編纂係は、その後、原所蔵者への謝罪に追われる一方、新たに関東大震災を起点とする市史編纂を構想し、横浜市の方針が定まる以前から震災関係の資料収集に着手した。先に引用した一九二三（大正一二）年九月二七日付の『東京朝日新聞』の記事は、「震災記の筆を執る可く調査に着手し二十七日から先づ市内惨害の写真百数葉の撮影に着手したが遅れたので当時の惨害の写真を持つて居る人からの提供を希望してゐる」と、資料の収集状況を報じている。また、一〇月一日の『横浜貿易新報』も「市では取り敢へず大震災の被害状況並びに之れに対する救済善後策等の要点を蒐集した報告ビラ二千枚を印刷し各方面へ頒布する事となつたが同時に堀田市史編纂嘱託を主任とし詳細なる大震災記録の編纂中だと」と、震災誌編纂にむけた動きを伝えた。[23] 地震発生から僅か一ケ月、周囲はまだ応急対応に追われていたが、市史編纂係は動き出したのである。

同時期、震災関係の資料を残そうとする動きは横浜市教育課にもあり、同課は中川直亮課長の指示のもと、一一月五日に蒐集係を設置して震災資料の収集にあたった。[24] 震災資料を集める市史編纂係の活動は、そうした教育課の動きと並行する形で行われた。市史編纂係は地元紙の『横浜貿易新報』や『横浜毎朝新報』に資料収集の広告を掲載したのに対し、[25]教育課は市内の各小学校に震災資料の収集を命じていった。[26]後に市史編纂係の動きは『横浜市震災誌』や『横浜復興誌』に、教育課の動きは一九二八（昭和三）年八月に開館する野毛山の横浜市震災記念館に繋がっていくことになる。

他方、中断していた市史編纂事業については、一九二四年二月一日に催された市史編纂相談役会において方向性が審議された。[27]この会合には、青木周三・芝辻正晴の両助役のほか、庶務課長・文書課長・内記課長などの市幹部、編纂主任の堀田璋左右、相談役などが出席して意見を交わした。そこで相談役の方から「今やらねば折角少しでも残って居る資料が散逸してしまい再び手を下すことは困難になろうから、各所にある諸資料を蒐集し是非編纂をつづける必要がある」と、編纂継続を求める声が出るとともに、資料焼失の経験から「門外不出の材料等を借りて来る事でもあるから人家に遠ひ個所へ移転が必要であらう」と、保存方法に関する提言もなされた。[28]そうした声に押される形で、震災誌を含めた編纂事業の継続が決定、堀田は再び市史編纂の方針を打ち出し、資料収集に二年、執筆作業に二年の計画を立てていく。

当初、震災誌は市史（仮題「横浜市略史」）の一部、「震災志」五〇〇頁として計画が進められていたが、事業の進む過程で市史と別立てで編纂される方針に変わっていった。その後、震災誌と市史の編纂事業は同時に進められていき、それぞれ担当者を定めて資料の収集を行った。震災誌については、既述の体験談に加え、被害を受けた市内の各施設・団体、救護活動にあたった諸機関の調査を展開する。さらに横浜市は震災二周年の一九二五年九月一日の完成をめざし、内務省の震災誌編纂を担当した伊藤良蔵を新たに嘱託に加えるなど、担当者の増員を図っていった。[29]他方、市内では震災誌編纂に伴う寄付金募集を騙る詐欺事件が発生するなど、震災誌編纂の道程は平坦なものではなかった。[30]

結局、震災誌の刊行は一九二六年四月にずれ込んだものの、『横浜市震災誌（未定稿）』として翌一九二七年一二月まで全五冊が刊行された。その内訳は、一冊目が横浜における関東大震災の概要、二冊目が市内各地域別の被害と遭難記、三冊目が行政を中心とする各種機関の対応、四冊目が救援と救護、五冊目が善行美蹟五三二人分と見聞記三三編となっている。横浜市史編纂係は第一冊目の冒頭の緒言において編纂に至る経緯を述べており、資料収集や編纂作業の苦労が窺える。また、本の印刷自体を「仮印刷」と位置付け、「未定稿」の文字を附している点からも不完全な状態がわかる。この後、完成版が刊行されたかは定かではないが、同書は横浜の関東大震災を知る際の基礎資料となっており、横浜市史資料室のレファレンスでも、最初に紹介する基本文献となっている。一方、編纂のために収集された資料は、一九二九年八月二四日に市史編纂係から秘書課に移管され、横浜市の復興過程をまとめた『横浜復興誌』全四巻（一九三二年刊行）に活かされていった。[31]

他方、『横浜市震災誌』の刊行から五年後の一九三一年から一九三三年の間に『横浜市史稿』全一一冊が刊行された。その内訳は、政治編が三冊、それ以外は仏事編、神社編、教会編、風俗編、教育編、地理編、産業編、索引編の各一冊となっている。この資料の収集については、郷土史家が中心となって横浜の周辺部や交流のあった地域から資料を集めていった。[32]『横浜市史稿』は全体で五〇〇部が印刷され、市長や助役、市会議員などの市政関係者、資料提供者、市内小中学校などに頒布されたほか、現在は復刻版で容易に手にすることができる。

以上のように、第一回目の市史編纂事業は、関東大震災による大打撃を受けながらも、『横浜市震災誌』と『横浜市史稿』を発行して編纂事業を終了したのである。

四　関東大震災に学ぶ地方史の教訓

　さて、これまで検証してきたように、関東大震災と市史編纂事業の関係については大きく二つのポイントがある。すなわち、第一は地震によって基礎となる歴史資料を失った点、第二は震災後に『横浜市震災誌』と『横浜市史稿』を編纂した点である。そうした横浜市史編纂係の活動を概観すると、地方史の教訓として大きく三つの点が見えてくる。それらの点を震災後の言説にも目を配りながら整理していきたい。

　第一に最も重要なのは、歴史資料の保存対策である。横浜市は収集中だった歴史資料だけでなく、現用文書として活用していた書類も市庁舎とともに失ったため、戦後の事業を含め、それ以後の市史編纂は大きな制約を受けることになった。また、新聞各紙が指摘するように、地震によって地元の資料から開港時の歴史を追う手段は永久に失われた。地元紙の『横浜貿易新報』も社説に「震災の損害高は評価の出来る部類のもの丈けに就て謂ふも、実に驚くべき巨額に達するものであるが、其以外に尚ほ如何なる価額を以てしても、再び手に入れることの出来ぬもので今尚焼失したものも甚だ少なくない、横浜史料の如きも当に其一部である」と、その損失を嘆いている(33)。一方、同紙は「吾人は此方面に於ける今回の大被害に思ひ及ぶ時、苟も社会文化の資料たるべきものは、将来之を個人の蔵有たらしめず、社会共有の状態に置きて其安全なる保存を図ることが最も必要であると謂ふことを痛切に感ずる」と、歴史資料を社会共有の財産として安全に保護することを訴えた。こうした保護対策強化に関する主張は、同時代の雑誌や刊行物にも見られ、すでに歴史資料の保存対策が議論されていた。この動きが昭和期の戦時体制や高度経済成長を経る過程でどのように変化したのか、教訓を風化させないためにも、その点を考えていくことが今後の歴史資料の保存を考える一つの鍵となるだろう。

他方、歴史資料を保存する施設や災害時の応急対応策についても考える必要がある。耐震・耐火構造である市庁舎自体に問題はなかったが、少ない人数の職員が救護活動に追われた結果、最終的に建物内への炎の侵入を許すことになった。人命救助が最優先させるのは当然だが、職員の行動を含め、歴史資料の保護について事前に備えることが肝要である。また、公的機関だけでなく、個人レベルで所蔵する資料の保護にも目をむける必要がある。残念ながら、震災当時、横浜市史は編纂途上にあり、それまでの過程で整理した目録類も震災によって失われたため、市史編纂係が個人所有の資料にどのようにアプローチしたかは判然としないが、松本洋幸氏の研究に依れば、所蔵者の臨機応変な対応で救われた資料も少なくなかった。しかし、もう一つ注目したのは、個々の研究者が自宅に持つ資料や原稿類の保護である。それらの損失は個人だけでなく、地方史にとっても大きな損失となる。例えば、堀田璋左右は自宅にあった『群馬県史』や『山梨県史』の原稿を失ったため、直接、地震の被害を受けていない地域にもその影響が及んだ(34)。こうした問題は横浜市内に在住する郷土史家の事例からも確認でき、この点は注意していく必要があろう。

続いて二点目の教訓は災害状況の記録化である。すでに横浜市史編纂係による「震災誌」の編纂について述べたが、同時期に東京市で進められていた『東京震災録』の編纂においても同市の市史編纂担当がその編纂業務を担っていた。この点を見ると、「震災誌」の編纂は現場の地方史研究者の重要な仕事であった。震災直後の混乱する状況下では、災害記録の継承を意識して資料を収集するのは困難な作業だが、その作業は後に大きな意味を持つことになる。横浜市の場合は、市史編纂係や教育課の行動が震災記録を形成に繋がっただけでなく、『横浜震災誌』の編纂は次の『横浜復興誌』編纂の素地となった。

ここで「災害誌」や「復興誌」の意義ついて改めて考える必要がある。既述の通り、『横浜震災誌』や『横浜復興誌』は関東大震災に関するレファレンス業務の基本文献となっており、横浜の関東大震災を紐解く際には、最初に見なければならない資料である。さらに実際の復興政策や防災政策にも活用されており、規模災害では、一九三四（昭和九）年三月の函館大火の際に横浜市から函館市に復興計画の参考資料として『横浜復興誌』が寄贈されたほか、[35]戦後に横浜市の防災担当部局が関東大震災を振り返る際には、報告書などに震災誌や復興誌の記述がそのまま転載されるなど幅広く利用されている。[36]こうした点を考えると、過去の資料を保護するだけでなく、未来のために、現在の記録を残していくことも地方史研究者の重要な役割だと考える。

そして三点目の教訓は自治体史編纂の意義である。改めて言及するまでもないが、被災地のアイデンティティーを維持するため、地域の歴史を残すことは極めて重要である。だが、その基礎となる歴史資料が失われると、それは忽ち困難な作業となる。まさに関東大震災直後の横浜市がそうした状況であった。開港以来の歴史を語る資料群を一箇所に集約している時にそれらが失われたため、資料から読み取れる事実はなくなってしまった。しかしながら、編纂事業を支える人々の応援もあり、市史の編纂事業は継続することになった。この点から窺えるように、地方史に対する市民の理解と支持が必要であり、日頃からの付き合いが大切である。

そうした論点とは別に、地域の歴史を残すサブシステムとしての自治体史のあり方についても考える必要がある。一九二四（大正一三）年二月二日の『横浜貿易新報』の記事に依れば、日本図書館協会は貴重な図書類の焼失を防ぐため、全国の主要図書館への図書の配本を政府に働きかけていたという。[37]この点は地域の歴史を保存するのにも応用できると考える。例えば、自治体史として編纂された刊行物を各地の図書館に拡散することで、地域の歴史を残す「保険」と成り得るであろう。[38]当然、メインのシステムは資料保存機関や原所蔵者宅に資料を保存することであるが、地域全体が壊滅するような災害の場合はすべてが失われる可能性がある。しかし、まとまった刊行物として拡散していれば、少なくとも、その刊行物が編纂された時点までの歴史は残る筈である。

以上のように横浜市史の苦い経験は、大規模災害と資料保存の問題を考えていく上で様々なヒントを与えてくれる。これまで地方ごとに様々な種類の災害が発生し、その都度、地方史を担う人々は災害と向き合ってきた。そうした歴史を掘り起こすと同時に、私たちも先人たちの経験に学び、これからの地方史活動に活かしていくことが重要だと考える。そのためにも一つひとつ記録を守り、次の世代に伝えていかなければならない。

おわりに

関東大震災によってすべてを失った横浜市史編纂係は、市史の編纂事業を中断するのではなく、震災を起点に新たな編纂事業を構想し、『横浜市震災誌』と『横浜市史稿』を刊行していった。この時点で横浜の地域史に関するある程度の蓄積はできたものの、一九四五（昭和二〇）年五月二九日の横浜大空襲によって再び横浜の歴史を語る資料は焼き払われ、さらに同年八月の占領軍の進駐を前に公文書の類は大量に処分された(39)。関東大震災と状況は異なるが、結果的に震災時の教訓は活かされなかったのである。戦後、二回行われた市史編纂事業は、関東大震災に加え、戦災の影響も受けることとなり、海外に横浜関係の資料を求めていくことになった(40)。

そうした戦後の状況を含め、横浜の関東大震災から学べる地方史の教訓を現代の課題にどう結びつけられるのか、最後に東日本大震災後の現在の状況と、①歴史資料の保護・救済、②災害記録の形成・継承、③地域史の再編、④歴史災害の検証と災害教訓の抽出の四つの問題を照らし合わせながら整理していきたい。

まず、①歴史資料の保護・救済の面では、横浜市の苦い経験は大規模災害による歴史資料焼失の大きな前例なるだろう。横浜の事例は歴史資料の保護・救済の論理的根拠や説明の際の説得材料できると考える。次に②災害記録の形成・継承については、直接、災害の被害を受けなかった地域の状況を含め、現在の状況を残していく必要がある。今日、私たちが関東大震災の状況を知りえるのは、『横浜市震災誌』のように、先人たちが意図的に震災の記録を残したためである。私たちも過去の記録を守るのはもちろん、現在の状況を未来に繋げていかなければならない。③地域史の再編では、失われた歴史を再構築するため、地方史のネットワークを活用することが重要だと考える。既述の通り、関東大震災後、横浜市は地域の歴史像を再構築するため、横浜の外部から資料を得ていった。このことは現在の状況にも応用できるのではないだろうか[41]。また、外部の資料から地域の歴史を再構築することで、新たな地域像も見えてこよう。各地方の自治体史の蓄積がある今日、地域史を再編するため、被災地外からの支援も考えなければならない。そして最後の④歴史災害の検証と災害教訓の抽出に関しては、これまで検証してきたように、過去の災害は現在の私たちに様々な教訓を与えてくれる。これは地方史に限らず、様々な面で応用可能である。災害の発生状況は各々の地域によって異なる。地域単位の災害史の検証し、地域の状況に即した災害教訓の抽出することが最も現場に近い地方史研究者の仕事だろう。

以上のような点を考えていくと、地方史活動の拠点となる博物館、文書館、資料館、図書館等の存在意義や、自治体史編纂事業の重要性が浮き彫りになってくる。大規模な災害に直面した今日、地域のアイデンティティーを維持するだけでなく、将来の災害に備える上でも、「記憶装置」としての自治体史編纂事業、博物館、文書館、資料館、図書館の果たす役割は大きい。また、近年刊行された『行田市史』や『新横須賀市史』、東京都の『都史資料集成』には、関東大震災に関する資料が翻刻されている。こうした資料集は古文書等に接しにくい一般の人々にも関東大震災へのアクセスを容易にしている。多くの人に災害の状況を知ってもらうためにも、そうした自治体史の仕事は重要であろう。東日本大震災を経験した今日、「防災」という観点からも改めて歴史資料保存機関や自治体史編纂事業の意義が見直されるべきではないだろうか。

それと同時に先人たちの活動に学び、過去の記録や現在の状況を未来の人々に繋げていくことが東日本大震災を経験した私たちに課せられた使命である。手段を講じない限り、災害の記憶は失われていく。当たり前の話だが、災害が発生することを常に想定し、それに備えていくことが肝要である。

註

（1）警察庁緊急災害警備本部作成「平成二三年（二〇一一年）東北地方太平洋沖地震の被害状況と警察措置」（二〇一三年一月三〇日）。

（2）これまで過去の災害に対する歴史学の関心は低く、災害史研究の第一人者である北原糸子氏は、東日本大震災の発生以前から防災行政に対する歴史学の積極的な関与を主張してきた（「歴史地震研究会と歴史学研究」、『歴史学研究』第八四一号、二〇〇八年六月号）。しかし、震災発生以降、災害史の重要性が見直されつつある。例えば、歴史学研究会は『歴史学研究』第八八四号（二〇一一年一一月）において「緊急特集　東日本大震災・原発事故と歴史学」を組んだほか、その内容を発展させた『震災・核災害の時代と歴史学』（青木書店、二〇一二年）を刊行、災害に対する今後の歴史学の方向性を論じている。また、日本史研究会も『日本史研究』第五九七号（二〇一二年五月）で「特集　歴史に見る防災・減災・復興」を組み、歴史学の枠を超えた隣接諸科学との共同を訴えている。他方、地方史研究協議会は二〇一二年六月にシンポジウム「災害と歴史資料の保存―何のため・誰のために遺すのか―」を駒澤大学において開催し、現場レベルの実践例を紹介するとともに、大規模災害に対する地方史研究のあり方について議論を行った。本稿を作成する上でも同シンポジウムの議論は参考となった。

（3）東日本大震災後の対応は歴史学系の各雑誌に掲載されている。歴史資料の災害レスキューなど阪神・淡路大震災から東日本大震災に至る大きな流れは、奥村弘『大震災と歴史資料保存―阪神・淡路大震災から東日本大震災へ』（吉川弘文館、二〇一二年）を参照。

（4）二〇一三年三月三一日まで。同四月一日より横浜開港資料館勤務。

（5）内閣府中央防災会議の「災害教訓の継承に関する専門調査会」は「過去に経験した大災害について、被災の状況、政府の対応、国民生活への影響、社会経済への影響などを体系的に収集することにより、被災の経験と国民的な知恵を的確に継承し、国民の防災意識を啓発するとともに、将来の災害対応に資すること」を目的として二〇〇三年三月一五日に設置され、その後、二〇一〇年一二月二二日の調査会終了まで報告書の作成や防災意識の普及・啓発活動を展開した。

（6）堀口修「関東大震災と図書寮」（『古文書研究』第六七号、二〇〇九年一〇月）。

（7）吉良芳恵「『横浜市史編纂所』と関東大震災」（『開港のひろば』第四〇号、一九九三年三月）。

（8）松本洋幸「戦間期の市史編纂事業―『横浜市史稿』の編纂過程―」（『横浜開港資料館紀要』第一九号、二〇〇一年三月）。また、関東大震災と横浜の図書館の関係については横浜市中央図書館開館記念誌編集委員会編『横浜の本と文化』（横浜市中央図書館、一九九四年）が詳しい。

（9）『大正九年　横浜市会速記録』横浜開港資料館所蔵、一四頁。

（10）横浜開港資料館編『横浜開港資料館　資料総覧』（横浜開港資料館、二〇〇六年）七九～八〇頁。

（11）編纂の経緯は横浜市編・発行『横浜市史』第一巻（一九五八年）の「あとがき」及び石井孝「横浜市史本編の刊行を終えて」（同『横浜市史』第五巻下、一九七六年）を参照。

（12）横浜開港資料館・横浜都市発展記念館・横浜市史資料室の三施設は運営形態の差はあるものの、いずれも公益財団法人横浜市ふるさと歴史財団近現代資料課の専門職が学芸部門の運営を担っており、人的に強い連携を保っている。特に横浜市史資料室については『横浜市史Ⅱ』の編纂を担った横浜市史編集室の室員が現在も調査研究員として在籍しており、編集室時代の蓄積を守っている。詳細は羽田博昭「横浜市史から横浜市史資料室へ」（『地方史研究』第三三九号、二〇〇九年六月）及び同「横浜市史資料室となって―アーカイブズを目指して」（『横浜市史資料室紀要』

第三号、二〇一三年三月）を参照。
(13)　堀田璋左右は東京帝国大学国史学科を卒業した後、母校や國學院大学、日本大学などで教鞭をとったほか、名古屋市史などの自治体史編纂を担っていた。堀田の経歴は一九二〇年九月三〇日付の『横浜貿易新報』及び草薙金四郎『堀田璋左右翁伝』（香川県立図書館、一九五八年）を参照。
(14)　『東京日日新聞』（横浜・横須賀版）一九二〇年一〇月六日。
(15)　『横浜貿易新報』一九二〇年一二月一日。
(16)　被害の詳細は災害教訓の継承に関する専門調査会編『一九二三関東大震災報告書』第一編（中央防災会議、二〇〇六年）を参照。
(17)　横浜市会事務局『横浜市会史』第二巻（横浜市会事務局、一九八三年）一二六二〜一二七五頁。
(18)　拙稿「関東大震災と横浜市役所」（横浜市史資料室編・発行『市史通信』第五号、二〇〇九年七月）。
(19)　芝辻正晴「震災と市役所」（横浜市役所市史編纂係編『横浜市震災誌』第三冊、横浜市史編纂係、一九二六年）所収。
(20)　「借入史料焼失ニ付陳謝状発送ノ件」（『大正十二年度（震災後）回議録　編纂係』所収、横浜市史資料室所蔵、請求番号：横浜市各課文書―三二五）。
(21)　「〔書簡〕（借用史料焼失目録及借用史料三三〇点焼失のお詫び）」（佐藤安弘家文書、横浜開港資料館保管、請求番号：Ｃａ五―〇四・一―四七）。
(22)　堀田璋左右「横浜市史編纂所と震火災」（『中央史壇』第九巻三号、一九二四年九月）。
(23)　『横浜貿易新報』一九二三年一〇月一日。
(24)　横浜市震災記念館の誕生経緯については、前掲『横浜の本と文化』七五六〜七五九頁、横浜郷土研究会編『横浜に震災記念館があった』（横浜郷土研究会、一九九五年）を参照。
(25)　「善行美績募集ノ件」（前掲『大正十二年度（震災後）回議録』所収）。現物は確認できないが、『横浜貿易新報』に一九二三年一〇月一九日〜二一日、『横浜毎朝新報』には同一〇月二一日〜二三日に資料収集を望む広告が掲載されたようである。

(26)「震災記念物蒐集ニ関シ保管方依頼ノ件」、「震災記念物蒐集ニ関スル件」(『大正十三年度　公文書綴　元街小学校』所収、横浜市史資料室所蔵、請求番号：元街小学校資料—Ｂａ－一)。
(27)「市史編纂相談役会開催ノ件」(前掲『大正十二年度(震災後)回議録　編纂係』所収)。
(28)『横浜貿易新報』一九二四年二月三日。
(29)『横浜貿易新報』一九二五年一月八日。
(30)『横浜貿易新報』一九二五年二月二七日。
(31)「復興誌編纂係へ引継書名」(『参考雑綴』所収、横浜市史資料室所蔵、請求番号：横浜市各課文書—三四六)。
(32)松本前掲論文。
(33)『横浜貿易新報』一九二三年一〇月一日。
(34)松本前掲論文。堀田璋左右と同様の事態は他でも発生していた。郷土史家の山田蔵太郎(横浜貿易新報社記者、揮毫・慥亭)は神奈川町下台の自宅で「川崎郷土誌」の執筆中に地震に遭遇、自宅は火災によって焼失し、執筆途中であった原稿や資料を失った。それについて山田は、「火には私の一切が征服されて了つた、家ソ伝来の書類や数年来蒐集した川崎郷土史料や、参考書満載の書架に至るまで悉く烏有に帰したのが実に残念で溜らない」と、自らの心境を「地震と家屋と地質(上)」(『横浜貿易新報』一九二三年九月二九日)で述べている。その後、「川崎郷土誌」は山田蔵太郎『川崎誌考』(石井文庫、一九二七年)として刊行された。
(35)『東京朝日新聞』(神奈川版)一九三四年三月二八日
(36)横浜市総務局編『危険エネルギー』(横浜市、一九七二年)、横浜市企画局企画調整部企画課編『関東大震災からの復興記録』(横浜市企画局企画調整部企画課、一九九六年)など。
(37)『横浜貿易新報』一九二四年二月二日。
(38)二〇一三年7月一五日、寒川文書館における準備報告会での鎮目良文氏(東京大会実行委員長)の指摘による。
(39)百瀬敏夫「空襲と横浜市の公文書」(横浜市史資料室編・発行『市史通信』第七号、二〇一〇年三月)。
(40)『読売新聞』(横浜版)一九七八年八月二〇日。

（41）上山和雄「研究テーマの設定と地域史」（『地方史研究』第三五八号、二〇一二年八月）も横浜の事例を挙げながら同様の主張を行っている。

※本稿の作成にあたっては同僚の松本洋幸氏（横浜市史資料室調査研究員）から様々な御高配を賜った。ここに記して謝意を表したい。

地方史活動と学校教育—その現状と可能性—

毛塚　裕之

はじめに

本報告は、「これからの時代における『地方史活動』の再構築に向け、その方向性について模索したい[1]」という東京大会趣意書をうけ、地方史活動と学校教育の連携について、その現状と課題を明らかにするとともに、今後の可能性を探ることを目的としている。

両者の連携については、今回改訂された学習指導要領[2]（小学校では平成二三年度、中学校では二四年度、高等学校においては一部教科を除き二五年度より実施）においても、小中学校及び高等学校それぞれにおいて積極的に推進すべきであると示されているとともに、学校教育の現場においても強く望まれている。また、地方史活動の核とも言える地域の博物館や研究団体にとっても連携の必要性は高まってきている。しかし、現状を省みたときに、決してその連携は活発に行われているとは言い切れない。

筆者は茨城県の教職員として平成三年度に採用後、小学校二校、中学校一校[3]の勤務を経て、平成一六年度より茨城県立歴史館に派遣され、平成二十一年度に現在のつくば市立二の宮小学校に復帰するまでの五年間、教育普及課の主任研究員として、主に博学連携事業[4]に携わり、茨城県内の各小中学校及び高等学校の教職員と協力し、様々な学習プログラムを開発してきた。

そこで本報告においては、まず、茨城県つくば市の小中学校に勤務する教職員(5)に対して実施したアンケート等の分析や、報告者の教員としての経験をもとに、地方史活動と学校教育の連携の壁となっているものが何であるのかについて明らかにしていく。そして、その上で、茨城県立歴史館職員時代に、それらの壁を乗り越えて実践してきた事例として、水戸市立浜田小学校、そして茨城大学附属小学校における茨城県立歴史館の博学連携事業について紹介する。また、合わせてつくば市立二の宮小学校に復帰後に取り組んだ地域の歴史研究家との授業づくりの例も紹介し、地方史活動と学校教育との連携の可能性を示していきたい。

一　連携の意義

それではまず、学習指導要領、学校現場、そして地方史活動の現状から、地方史活動と学校教育との連携の意義について明らかにしていきたい。

前述したとおり、今回改訂された学習指導要領（小学校では平成二三年度、中学校では二四年度、高等学校においては一部教科を除き二五年度より実施）において、学校教育と「地方史活動」の連携については強く望まれている。前回の改訂においてもこの点は明示されていたが、今回はそれがより強く打ち出されてきたと言える。ではそれらについて具体的にみていきたい。

小学校においては、中学年（三・四年生）社会科　内容（5）において、

「地域の人々の生活について、次のことを見学、調査したり年表にまとめたりして調べ、人々の生活の変化や人々

の願い、地域の人々の生活の向上に尽くした先人の働きや苦心を考えるようにする。
ア　古くから残る暮らしにかかわる道具、それらを使っていたころの暮らしの様子
イ　地域の人々が受け継いできた文化財や年中行事
ウ　地域の発展に尽くした先人の具体的事例
第六学年の社会科　内容（1）では
「我が国の歴史上の主な事象について、人物の働きや代表的な文化遺産を中心に遺跡や文化財、資料などを活用して調べ、歴史を学ぶ意味を考えるようにするとともに、自分たちの生活の歴史的背景、我が国の歴史や先人の働きについて理解と関心を深めるようにする。」

ことが示され、それらを受けた「指導計画の作成と内容の取り扱い」では、

「（2）博物館や郷土資料館等の施設の活用を図るとともに、身近な地域及び国土の遺跡や文化財などの観察や調査を取り入れるようにすること。」

と、具体的に示されている。ここにこそ、「地方史活動」と学校教育との連携の可能性及び必要性が示されているといえよう。もちろん、中学校学習指導要領及び高等学校学習指導要領についても、同様のことが示されており、小・中・高とそれぞれの成長過程において、学校教育と「地方史活動」との連携が求められているといえる。

また、学校現場においても、この学習指導要領の完全実施に伴い、各学校において地域学習プログラム作成の必要性が生まれてきている。特に小学校では三・四・六年生、中学校では一年生において、切迫した課題となっており、今こそ、そうしたプログラム作成に「地方史活動」の成果が活かせる時なのではないだろうか。また、そうした上からの流れだけでなく、近年目立ってきた子どもたちの意識の変化、つまり生まれ育った地域に対する愛情、愛着の希薄

化を危惧する声の高まりから、現場の教員からも、地域学習の重要性が再認識されてきており、地域を愛する心情を育てていこうとする様々な実践が試みられている。

最後に「地方史活動」の現状をみてみると、本大会が示すとおり、両者の連携を求める声は年々高まってきており、それに伴って多くの実践が試みられている。特に、「地方史活動」の核を担ってきた博物館等をめぐる社会情勢の変化は、指定管理者制度の導入などに代表されるように大変厳しくなっており、館の存続を図るための方法の一つとして生涯学習及び学校教育との連携の道が開拓されてきた。もちろん、連携の本来の意義は利用者の獲得及び増加というような低俗的なものではないが、一面としてそうしたことも必要とされてきたことは否定できないと思われる。

いずれにせよ、今まで見てきたとおり、様々な側面から「地方史活動」と学校教育の連携が両者にとって必要であることは明らかであろう。しかしながら、実際には活発に行われているとは言い切れないのが現状である。それはなぜであろうか。その原因について、つくば市の小学校教員に対するアンケートの分析や報告者の経験をもとに、次章において明らかにしていきたい。

二　現状と課題　―連携の壁となっているものは？―

つくば市の教員を対象に行ったアンケートによれば、何らかの形で地方史活動との連携を図った教員は約半数にのぼっており、一見すると活発な連携が行われているようにも思われる。

しかしながら、この中には遠足や校外学習などの行事として実施されたものも含まれており、実際の連携事業に

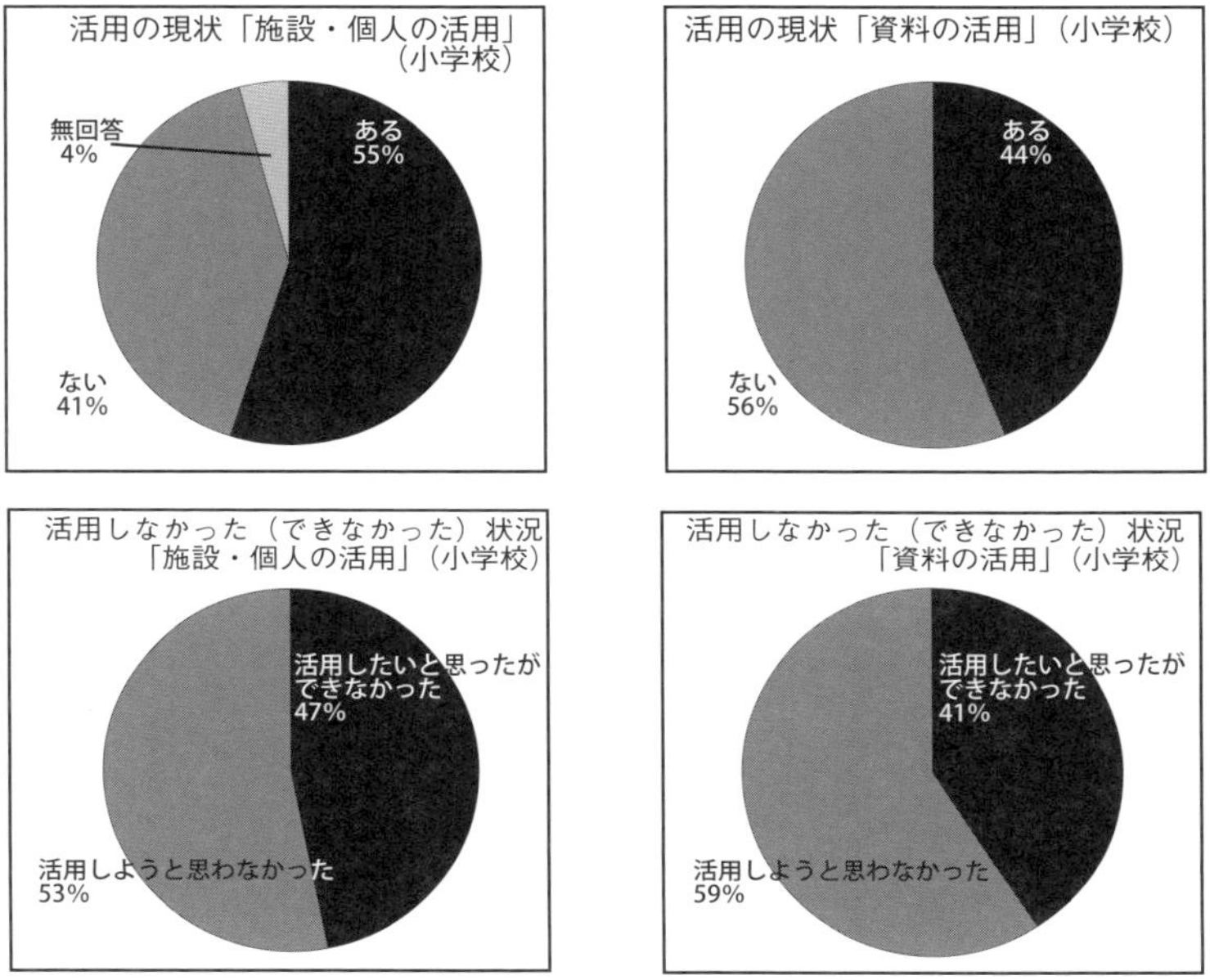

つくば市教員アンケート結果より

ついてはもっと減るのではないだろうか。また、本稿にとって重要なのは、「活用しなかった」という回答である。もちろん、始めから活用する気のない教員もいるが、本稿において注目すべきは、「活用したかったけれど活用できなかった」という意見であろう。なぜならばここにこそ、本報告で検討すべき「連携の壁」となっているものが存在していると考えられるからである。

まずは、授業時数確保の問題である。これは「学習内容との不一致」とも関連していると思われる。

筆者の勤務する小学校では、高学年に限り教科担任制を採っており、筆者は五年生三学級、六年生三学級の社会科を担当している。高学年の場合、年間三十五週で週三時間、計百五時間が最大時数であり、その中で指導内容をこなしていかなければならない。もちろん、これらの時間は学校行事や祝祭日によってつぶれる時間を含んでおらず、実際にはかなりギリギリの時間でカリキュラムをこなしており、正直なところ予定よりも遅れることが多く、毎年、必死に教科書をこなしているのが実情で

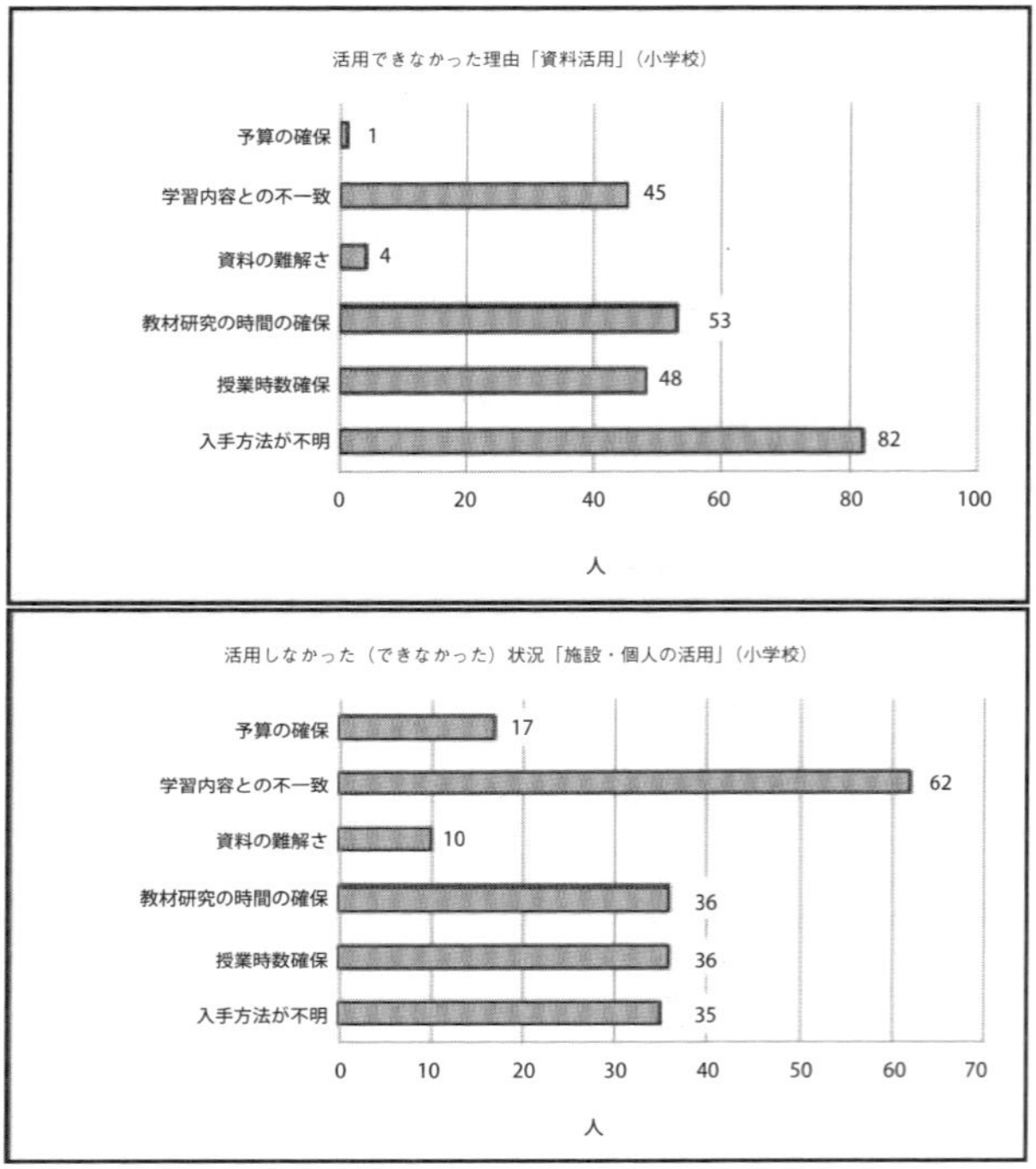

つくば市教員アンケート結果より

ある。地方史活動との連携授業は、いわばオプションであり、やらなくても誰かも批判されることはない。しかし、教科書が終わらないことは絶対に許されることではない。限られた時間の中で、オプションの授業に取り組むことは勇気のいることであり、その効果が有意義であることが分かっていても実施に二の足を踏んでしまうのは致し方ないと思われる。活用していない理由として、「学習内容との不一致」が挙げられているのは、このためであろう。また、学校はとても忙しい職場である。いわゆる勤務時間のほとんどは授業と生活指導であり、実質的な事務処理の時間は一日一時間あればいいほうである。そこに打ち合わせや授業準備などを充てるのであるから、どうしても無理が出てくる。筆者の勤務校[6]において定時に帰宅できる職員は皆無であり、いたとしても自宅で仕事をしているのが実情である。こうした状況の中で、やらなくともいい授業に取り組むのは、かなりの意欲をもっているか、研究指定等を受けたことにより、やらざるを得なくなったかのどちらかであろう。

次の壁として、「窓口の不明確さ」が挙げられよう。いざ活用しようという段階になったとしても、そこから進むためには、まず連絡をとらなければならないが、「さて、どこへ連絡すれば良いのか」が多くの教員にはわからない。連絡先を調べようと思っているうちに、タイミングを逃してしまい、企画がうやむやになってしまうことは往々にしてある。幸いにも筆者は歴史館に勤務していたおかげで人脈は豊富だと思うが、それでも企画を流してしまったことが多々ある。(7) ましてや、意欲やアイデアがあっても人脈がない教員にとっては、外部講師として適切な人物や機関を探すことが連携への大きな壁となっていると思われる。

次に「資料（含む原資料）の難解さ」である。

近年、いよいよ平成生まれの教員が採用され始まってきたが、そうしたゆとり世代の教員の中には、高校時代の必修は世界史だったため、日本史は中学校で学習して以来というものがいて驚かされることがある。また、小学校では全教科を指導するため、専門外の問題もある。筆者の勤務する小学校においては教科担任制なので、高学年の社会科だけ考えていればいいのだが、全教科を担当しているとなれば、社会科の授業にだけ重点をおいた教材研究などしている余裕はなく、難解な史料にあたったり、外部講師を呼んでなどということには手が回らなくなっていくのは必然であろう。ちなみに筆者も、中学校では社会科専門の教員であるが、現在の勤務校では体育主任(8)として、学校全体の体育科教育の責任者となっている。笑い話のようであるが、筆者は本年度の夏休みには「ハンドボールの実技研修」に参加している。

次の問題は、「外部講師として呼ぼうとする研究者への不安」である。これは学校側の思い込みもあるのだが、どうしても研究者に対して「話が難しい」というイメージがある。そこで、よほど口コミやその学校において実績がないと、外部講師として呼ぶことに消極的になってしまうのである。実際、給食の時間になっても話が終わらなかったり、対象である子どもの理解力や基礎知識を大きく外れた難解な話をされてしまい、困惑してしまったという例は多々ある。筆者が担当していた茨城県立歴史館の出前講座の場合、講師が小中学校の教員経験者であるという点がセールスポイントであったくらいである。しかし、この講師への不安は、逆に言えば、評判がよければ毎年、その単元の学習に合わせて呼んでもらえるようになるということでもある。実際、筆者の小学校では学校薬剤師の方に「薬物乱用防止教室」の外部講師を毎年お願いしているが、これは本校の学校薬剤師のお話がわかりやすく、児童にも受けが良いので、教師間で申し送りされているからである。また、前述したとおり、この夏休みに筆者は「ハンドボールの実技研修会」に参加したが、その時に講師を務めていただいた元筑波大学の教授の方の指導法がわかりやすかったため、その場で交渉し、本校第三学年の体育に外部講師としてお招きし指導していただいた。児童にも教員側にも好評であったため、次年度の年間計画には、当初より位置づける予定である。

また、「講師への不安」には謝金の問題もある。外部講師としてお願いしたいと思いながらも、謝金や交通費の基準が明確でないため、先送りになってしまい、結局企画が流れてしまったという話はよく聞くことである。本校のハンドボールの授業においても、その先生が近隣の小学校でも出前授業を実施していたため、両校の教頭同士が謝礼についての調整を行っている。もし、コーディネートしてくれる窓口があればこうした問題は解消されるのではないかと思われる。

以上、「地方史と学校との連携」において壁となるものについていくつか分析してきた。もちろん本報告は、「これらの壁があるので連携は困難である」という結論で終わろうとしているわけではない。次章では、筆者が茨城県立歴史館勤務時に取り組んできた博学連携事業での事例や、現在の勤務校で事例をいくつか紹介し、拙い実践ではあるが、これらの壁をどう乗り越えていくかという方向性を示していきたい。

三　可能性を探って

1　平成二〇年度　水戸市立浜田小学校での実践

ではまず、水戸市立浜田小学校（以下浜田小学校）が、平成一九・二〇年度に文部科学省の指定をうけて取り組んだ研究実践「地域とつくる浜田小コミュニティ・スクール」第5学年の総合的な学習の時間「ぼくらの備前堀～過去から未来へ～」における茨城県立歴史館との連携の事例について紹介したい。

この研究実践は「地域の歴史から現代の地域への関心を育てる」ことをねらいとし、浜田小学校の近くを流れる備前堀をめぐる歴史を教材にしたものであった。

当時、茨城県立歴史館では、博学連携事業として立ち上げた「出前講座」を周知してもらうため、小中学校はもちろん、茨城県内の教育機関に広報していたが、そのおかげで、それを聞きつけた浜田小学校の職員から相談があり、連携が始まることとなった。

この実践事例においての茨城県立歴史館の役割は、「過去の備前堀」、つまり「備前堀の歴史」について児童に紹介することであった。特に浜田小学校側から「児童の興味関心を引き出すため、備前堀に沿った地域の地名の由来を紹介してほしい」という強い要望があったため、当日使用したスライド資料には、染物屋が多かった「紺屋町」や江戸に魚を出荷するための荷作りが行われた「江戸町」など、地名の由来を意図的に多く取り入れた。

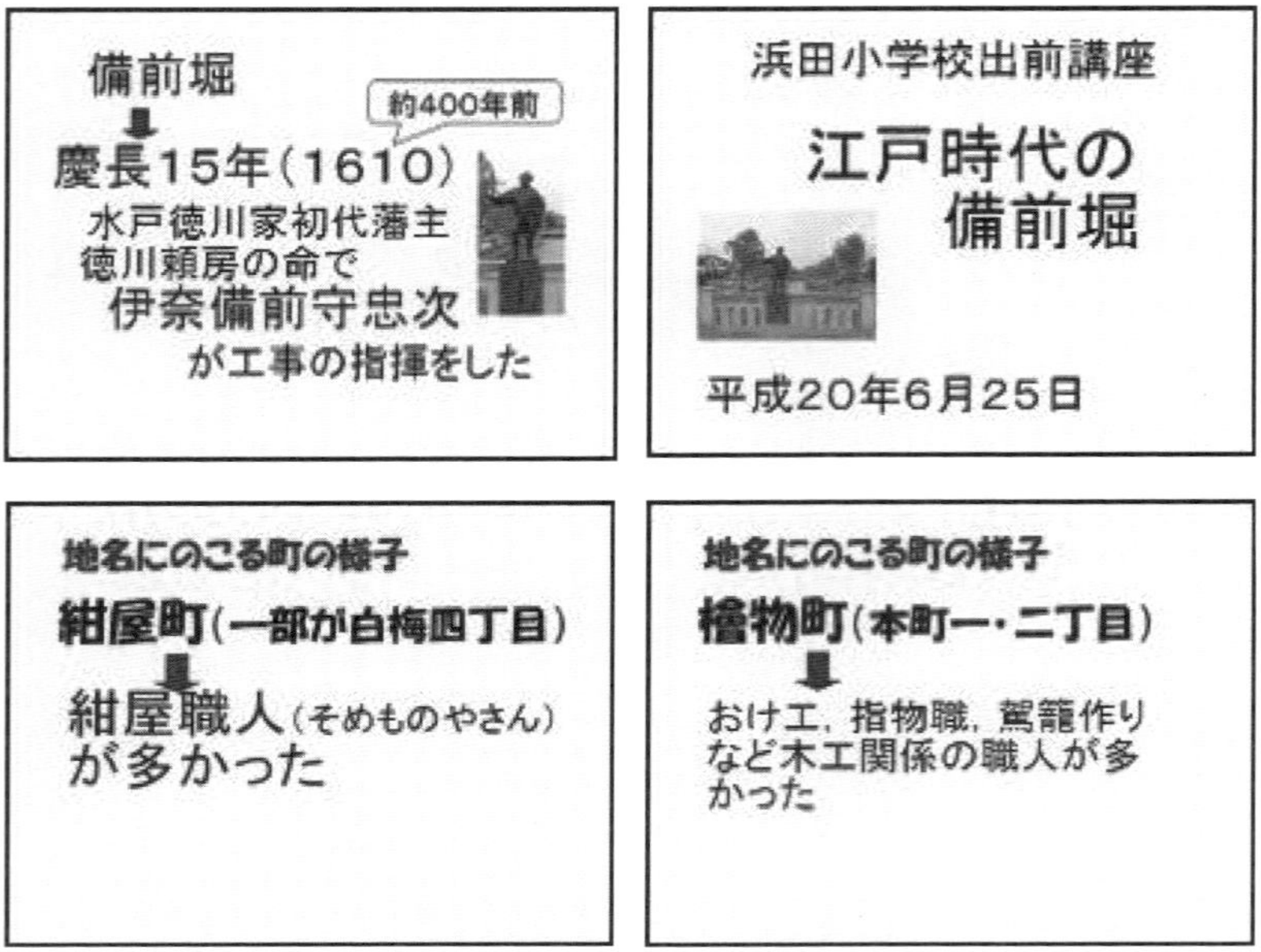

備前堀
慶長15年（1610）
約400年前
水戸徳川家初代藩主
徳川頼房の命で
伊奈備前守忠次
が工事の指揮をした
浜田小学校出前講座
江戸時代の
備前堀
平成20年6月25日
地名にのこる町の様子
紺屋町（一部が白梅四丁目）
紺屋職人（そめものやさん）
が多かった
地名にのこる町の様子
檜物町（本町一・二丁目）
おけ工，指物職，駕籠作り
など木工関係の職人が多
かった

浜田小学校「出前講座」使用スライド資料

出前講座の授業として一時間、その後行われたパネルディスカッションでの助言者として一時間、計二時間浜田小学校の授業に外部講師として携わったが、最初の授業のあと、染物屋さんに自主的にインタビューを行う児童があらわれるなど、「地域の歴史に対する興味関心を引き出す」という当初の目的は十分達成できたと思われる。その理由として以下の三点が挙げられる。

まずは、学校側との打ち合わせ[9]が十分であり、ねらいが共有できたこと。

次に、単元の中での役割分担を、茨城県立歴史館と学校がそれぞれはっきりと認識し、茨城県立歴史館側が、学校側が求めているとおりの資料を作成し提示したこと。

そして、文部科学省の指定研究という状況もあり、学校側に「やらねばならぬ」という強い熱意があったこと。

また、この三点にあわせ、この頃、茨城県立歴史館の事業として「出前講座」が立ち上がり、窓口や謝礼の問題がクリアになっていたことも、成功の要因として付け加えておくべきであろう。

2　平成二〇年度　茨城大学教育学部附属小学校での実践

次に、茨城大学附属小学校（以下　茨大附属小学校）が、茨城県立歴史館の出前講座を活用して行った小学校第五学年の総合的な学習の時間「那珂川からさぐる水戸の歴史」での実践について紹介する。

この単元は、茨大附属小学校の近くを流れる那珂川を題材に地域の歴史を見直していくとともに、水戸市のこれからを考えることをねらいとしていた。事前の打ち合わせのなかで学校側から依頼されたことは、今の児童には考えにくい「河川とくらしの結びつき」について、「利水と治水」の両面から考えさせるための話をしてほしいということであった。つまり、河川を利用した水運がほとんど行われなくなった現在の那珂川を見て育っている児童が持つ「近くを流れる大きな川で、洪水の被害がある」というだけのイメージを揺さぶるために、水戸市を含めた付近の地域の発展には那珂川の水運が大きく関係していたことを伝えることを期待されたわけである。そこで、那珂川下流で発見されている縄文時代の貝塚の話から始まり、江戸時代に発展した水運、明治時代における水運業と鉄道輸送との競争などについてくわしく紹介したスライド資料を作成した。また、堰の構築と新田開発についても紹介し、那珂川が近隣住民の生活に大きく関わっていたことが理解できるようにした。

講話形式による一時間の授業であったが、授業後の児童の感想等からは、「那珂川から水戸市の歴史を見直す」というねらいは十分達成できていたと思われる。その理由としては、次の三点が挙げられる。

まずは、前述した浜田小学校との事例と同様に、学校側との打ち合わせが十分であり、ねらいが共有できたこと。そして、単元の中での役割分担を、茨城県立歴史館と学校がそれぞれはっきりと認識し、茨城県立歴史館側が、学校

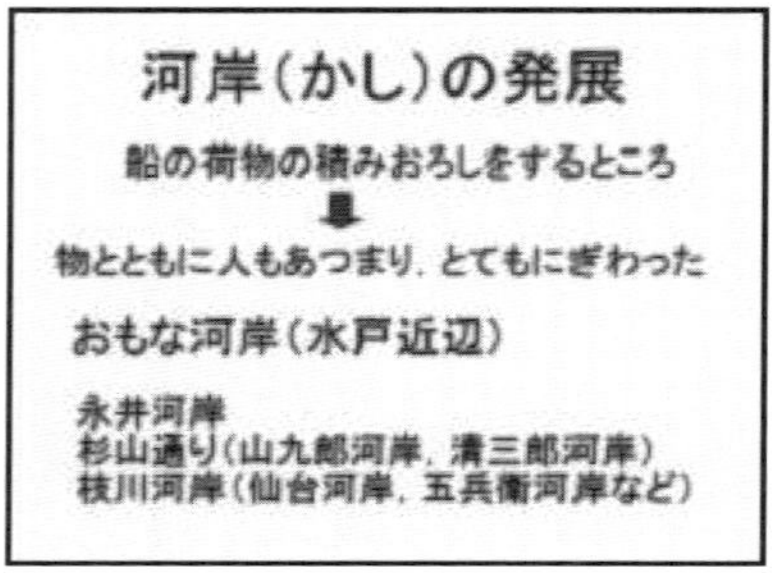
河岸（かし）の発展
船の荷物の積みおろしをするところ
物とともに人もあつまり，とてもにぎわった
おもな河岸（水戸近辺）
永井河岸
杉山通り（山九郎河岸，清三郎河岸）
枝川河岸（仙台河岸，五兵衛河岸など）

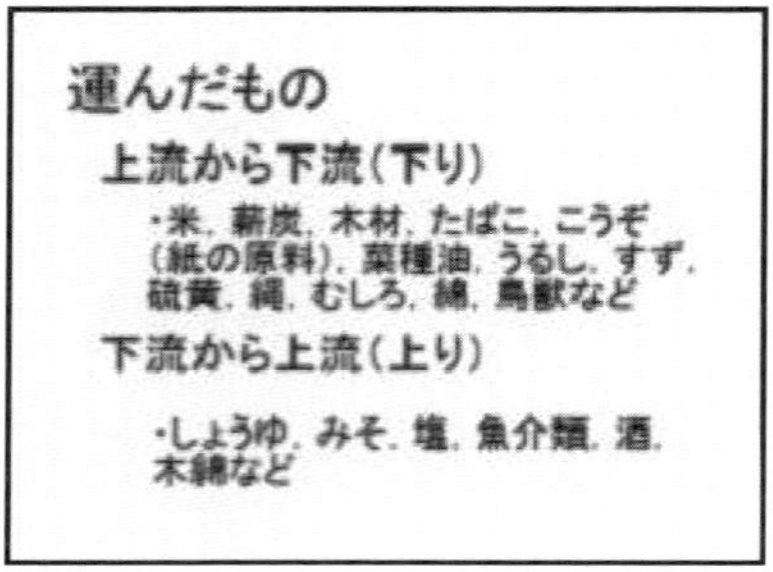
運んだもの
上流から下流（下り）
・米，薪炭，木材，たばこ，こうぞ（紙の原料），菜種油，うるし，すず，硫黄，縄，むしろ，綿，鳥獣など
下流から上流（上り）
・しょうゆ，みそ，塩，魚介類，酒，木綿など

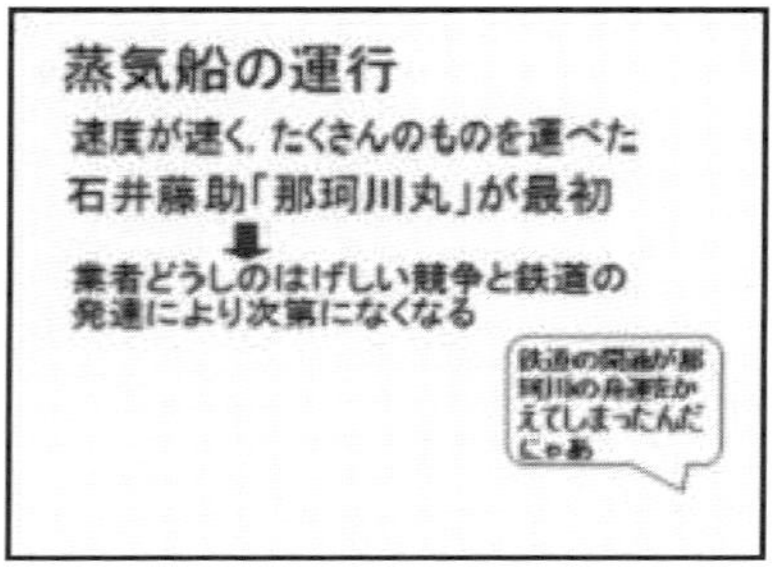
蒸気船の運行
速度が速く，たくさんのものを運べた
石井藤助「那珂川丸」が最初
業者どうしのはげしい競争と鉄道の発達により次第になくなる
鉄道の開通が那珂川の舟運をかえてしまったんだにゃあ

茨大附属小学校「出前講座」使用スライド資料

側が求めているとおりの資料を作成し提示したこと。特に、スライド資料について、作成作業が進む度に学校側に見てもらい、加除修正を繰り返しながら共同で作り上げることができたことが大きかった。これにより、講話形式の授業でも学校側と外部講師の意図がずれることがなかった。茨城県立歴史館では出前講座として一時間単位のプログラムを提示[10]しているので、他の小学校や中学校に呼ばれて講話をすることはもちろん多かったが、一時間丸投げの学校での授業では、学校側との意図がずれていることもあったので、こうした綿密な打ち合わせができたことはとても価値のあることであった。

三つめの理由としては、茨城大学附属小学校という学校の性格上、意欲的な教員が多かったことと、研究発表会に向け強い熱意があったことがあげられよう。

また、合わせて、五学年の教員に筆者の旧来からの友人がおり、窓口の問題がクリアされていたことも付け加えておきたい。

3　平成二一年度　つくば二の宮小学校での実践―第六学年総合的な学習の時間―

これまで茨城県立歴史館教育普及課在職時代の実践事例について二つ紹介してきた。続いては、現在の勤務校であるつくば市立二の宮小学校に教員として復職してからの実践、つまり、学校側として取り組んだ事例についていくつか紹介したい。まずは第六学年総合的な学習の時間（平成二四年度より、つくばスタイル科）[11]『「二の宮」地区の歴史について調べよう』において取り組んだ地域の歴史研究家との連携について紹介する。

この単元は、自分たちの住む地域の歴史について調べていく活動を通して、これからのつくば市について考えていくことをねらいとしている。連携を図る上でまず考えたことは、まず、どんな団体もしくは機関、個人と連携していくかということであった。茨城県立歴史館の出前講座にはつくば市の歴史についてのメニューはなく、つくば市立谷田部郷土資料館には、出前講座的な事業は実施されていなかったため、まずは外部講師探しから始まった。そんなとき、地元のコミュニティ新聞に紹介されていたのが今回外部講師を依頼した三田健一氏であった。三田健一氏は、一般企業を退職後、もともと興味のあった地域史について調べることを趣味としており、公民館での生涯学習サークルなどでその研究成果を発表していた。コミュニティ新聞では、そうした第二の人生の中で、豊かな趣味をもち活躍する人物として紹介されていたが、そのなかで「二宮金次郎（尊徳）」についての話を公民館で講演したという記事が掲載されていた。「二の宮」の地名は、谷田部藩が採用した尊徳仕法に由来し、学校のすぐ近くにある洞峰公園にはその由来を示す石碑が建立されている。外部講師を探していた筆者にとって、これはまさに渡りに舟であった。早速、三田氏に連絡をとり、本単元の趣旨を説明し外部講師としての講話を依頼した。連絡にあたっては、すんなりいったわけではない。新聞記事には住所や連絡先など掲載されているはずもなく、まずは、つくば市の電話帳を開くところから始まった。現在は電話帳への掲載を拒む人もいるので多少の不安はあったが、運良く電話番号が掲載されていたおかげで連絡をとることができた。面識などはあるはずもなく、筆者からの電話には、当初は大変驚かれたようである。今回の外部講師探しの場合は、このようにして連絡がとれ、外部講師が見つかったが、もし、電話帳に掲載されていなかったら、その時点でこの計画は終わっていたかもしれない。そう考えると、そうした地域の歴史に詳しい方のリストなどがあると大変便利であろう。授業の実施にあたって当初、三田氏は、高齢者を対象とした講話は経験があるが、小学生を相手に話をするのは初めてなので、どんなふうに話をすれば良いのか分からないことを不安に感じていた。そこで、三田氏が高齢者向けの講演の際に作成したスライド資料を小学生向けに修正し、話し方などについても細かく打ち合わせを行った。当日は一時間の講演であったが、写真資料が多かったため、児童も飽きることなく集中して聞くことができ、その後、早速、洞峰公園の石碑を多くの児童が見に行くなど、興味関心を引き出すという、この時間のねらいは十分達成できたと思われる。三田氏との交流はその後も続き、平成二四年度には、第五学年のつくばスタイル科「身近な地域の歴史」において、二回目の講演を行っていただいた。

　この実践例の成功の理由としては次の三点が挙げられる。

　まずは、実施しようという学校側の熱意である。これは、多くの出前講座の実践から、こうした連携がもたらす教育効果の高さを筆者が肌で感じていたということが大きい。外部講師探しで行き詰った場合、こうした「やらなくてもいい授業」の場合、計画だけで終わってしまいがちである。しかし、そこで妥協しなかったのは、やはり「熱意」以外の何者でもないと思われる。

つくば二の宮小学校での実践

次に、企画に適した人材がうまく見つけられたことがあげられる。タイミングよく三田健一氏の記事が掲載されていたということもあるが、その時、「どこかに二宮尊徳の話をしてくれる人はいないだろうか。」とアンテナを高くしていたからこそ、記事を見つけられたのではないだろうか。これは、前述したハンドボールの外部講師の例からも同じことが言える。「投げることの指導をしてくれる適切な人物（機関）が、どこかにいないだろうか。」と普段から探し続けていたからこそ、「これは」と思う機会に巡り合えるのではないだろうか。そのためにも、そうした学校側のアンテナに引っかかるよう、地方史活動の側からも、こまめに情報提供することが必要なのではないだろうか。

また三点目として、これまでも述べているように、学校側と外部講師の打ち合わせが十分であり、ねらいが共有できたことが挙げられる。スライド資料について、共同で作り上げることができたことはお互いにとって大きかった。

4　平成二二年度　つくば二の宮小学校での実践—第六学年社会科「三人の武将」—

次にこれまで述べてきたような一時間、もしくは二時間の特設的、つまり教科書から離れたオプション的な授業ではなく、限られた授業時数に影響を与えない形での実践を紹介したい。これは、「授業時間の確保」という壁を超えることが、連携の活性化にとって重要な鍵であると思われるからである。

実践した小単元は「三人の武将」であり、茨城県立歴史館の出前講座を活用し、単元の導入として、茨城県立歴史館が所有する当世具足の体験用レプリカを使って、児童の興味関心を引き出すことをねらいとした。そして、そのなかで、茨城県立歴史館の研究員から茨城県の戦国期について話をしていただいた。このような授業の流れであれば、小単元の導入という一時間のなかで地方史活動の成果を学習のなかに取り入れられるのではないだろうか。もちろんレプリカの借用となると大がかりではあるが、特にレプリカがなくとも、授業の合間において、「この時、茨城県で

百聞は一見にしかず

左：社会科通信『百聞は一見にしかず』　右：つくば二の宮小学校での実践

は…」あるいは「この時、このあたりでは…」と、その地域の歴史に触れるだけでも十分である。さらに言えば、その時に教員が参考とするような地域の歴史の冊子や資料集的なものがあれば、歴史に詳しくない教員にとっても壁は高くないと思われる。地方史活動側のアプローチとして検討すべきである。

5　平成二〇及び二一年度つくば二の宮小学校での実践
―社会科通信「百聞は一見にしかず」の発行―

次に紹介するのは、授業以外での実践である。つくば市立二の宮小学校では、社会科通信「百聞は一見にしかず」を6年生対象に発行し、地域の文化財について紹介していた。これはもちろん、歴史学習の一環であったが、それとともに、つくば市二の宮地区の児童の多くが地域への愛着が薄いことを感じての発行であった。これは保護者にも好評で、紹介した遺跡（平沢官衙や上高津貝塚）等に親子で出かけてみたなどの感想を聞くことができた。もともと、二の宮地区に住む保護者のほとんどが、成人後、全国からつくば市に転入してきた方が多く、こうした自分が住んでいる地域の歴史を改めて知ることができる機会を提供することは有意義なことであると思われる。発行に際しては、そのネタを探すのが結構大変であったので、そうしたネタ本となるような資料があると大変助かったと思われる。そうした地域の遺跡や文化財などの資料を発行することも、地方史活動の成果を生かすチャンスではなかろうか。もし実現したら、歴史に詳しくない教員にも、こうした通信が出せるようになるであろう。

おわりに

以上、「これからの時代における『地方史活動』の再構築に向け、その方向性について模索したい」という東京大会趣意書をうけ、地方史活動と学校教育の連携について、つくば市の教職員に対するアンケートをもとに、その現状と課題を明らかにし、さらにいくつかの実践例を提示し、今後の可能性について探ってきた。

最後に、地方史活動と学校教育が活発な連携を図っていくために必要と考えられることをいくつか提示し、本報告のまとめとしたい。

まずは、地方史活動側への提言であるが、第一に、「窓口となる組織（施設）の確立」である。前述したとおり、連携を図りたい教員は数多く潜在していると思われる。気軽に相談できる窓口さえあれば、計画を実施する時期を逃すことなく「やりたかった」で終わる授業がなくなってくるのではないだろうか。また、謝礼[12]などについても気を遣わずに管理職に起案できると思われる。

第二に「学校への広報活動」である。茨城県立歴史館で教育普及事業に取り組んでいた頃、最も気を配っていたのはこの広報活動であった。年度当初の校長会や教頭会に職員を派遣し、チラシを配付、繰り返し活用を呼びかけた。こうした地道な広報活動により、次第に学校現場に浸透し、実施回数が増加していったのである。連携の核となる組織が確立したら、積極的な広報活動を行って欲しい。

第三に「実践の積み重ね」である。組織が確立し、広報活動も行き渡ったら、あとは実践を積み重ねていき、教員間のネットワークにおいて高評価を得ていくことが大切である。前述したように、やはり、講師に対する不安は大きい。しかし、実践してみて「良い」となったら一気に口コミで広がっていくであろう。そのためにも多くの実践を積み重ね、ノウハウを蓄積していくことが必要である。

そして第四に「教員とのコミュニケーション」である。紹介したすべての実践において共通したのは、打ち合わせの必要性である。ねらいを達成するのが授業の目的である以上、両者がそのねらいについて共通理解をはかり、その達成のための手段を考えていくことが一番大切である。地道ではあるが、こまめにコミュニケーションをとり、その連絡がスムーズにできるようにしておきたい。

次に、学校教育側への提言である。

第一に「年間指導計画への位置づけ」である。多忙化の今、「やれたらやろう」では絶対にできない。年度当初に計画に位置付け「必ずやる」という状況にしておくとともに、余裕を持って準備にあたれるようにしておくことが大切であろう。

第二に地方史活動側と同様、「実践の積み重ね」である。多忙化に流されることなく、強い熱意をもって実践を積み重ねていくこと。連携の活性化の鍵はまさにここにあるであろう。

第三に「同様の志をもつ教員のネットワークの構築」である。実践を計画し積み重ねるなかで「先生だからできるんだよ」という声をよく聞いた。茨城県立歴史館にいたという経歴をとらえての声ではあるが、そこには当然、批判的な意味合いも含まれており、現在の状況は残念ながらその批判が的を射ていると言わざるを得ない。しかし、経験や人脈のある教員だけが地方史活動と学校教育の連携に携わることができるような状況であること自体が問題であると思われる。むしろ、そうした経験や人脈がない教員が、気軽に地方史活動の成果を授業にいかせるような状況こそ、今後目指すべき方向であろう。その実現に向けて、多くの教員とともにネットワークを構築し、ノウハウを積み上げていくことが大切である。

ともかく、今、こうして地方史活動に携わっている私たちもかつては子どもであった。そして、今の子どもたちがこれからの地方史活動の担い手である。私たち教員はその子どもたちの可能性を預かっているのである。今後ともこのことを忘れず、日々の教育活動に取り組んでいきたい。

註

（1）『地方史研究』第三五九号　地方史研究協議会　二〇一二年一〇月

（2）「学習指導要領」文部科学省

（3）茨城県の教員採用は、小学校と中学校の校種に分かれて採用されるが、その後の異動については小学校と中学校についての制限はなく、むしろ両校種を経験させることに積極的である。

（4）茨城県立歴史館における教育普及事業の詳細については、『「茨城県立歴史館報　第三五号　平成二〇年「茨城県立歴史館における学習支援事業」』に掲載されている。

（5）つくば市の小中学校（小学校三七校・中学校一四校・小中一貫校一校）の協力を得て平成二四年八月にアンケートを実施した。小学校については全担任、中学校については社会科担当者および総合的な学習の時間担当者に回答を依頼し、有効サンプル数は小学校三四四名、中学校七七名である。本報告においては、主として小学校でのアンケート結果を中心に分析する。

（6）本校の勤務時間は八時一〇分から一六時四〇分と定められている。

（7）毎年一二月に戦争体験を聞く会を計画したいと思っているが、平成二一年度から二四年度まで一度も実現していない。これは一二月末までには歴史の単元を終わらせないと教科書が終わらないため、余裕がないからである。

（8）平成二一年度より四年間体育主任を務めた。ちなみに谷田部南小学校勤務時代には理科主任を務めた。

（9）一時間ほどの打ち合わせを歴史館で二回、学校で三回（いずれも放課後）行った。また、スライド資料については改良するごとに小学校にメール、もしくはファックスで送付し、意見を交換した。

（10）茨城県立歴史館の出前講座のメニューについてホームページに詳細が掲載されている。

（11）つくば市では文部科学省より教育課程特区を認可され平成二四年度より「つくばスタイル科」を創設。つくばスタイル科は、国際社会で活躍できる人材を育てようと始めた独自の新教科であり、環境とキャリア、国際理解、歴史・文化、科学技術、豊かな心、福祉、防災の各分野について、各中学校区ごとに地域性を取り入れながら授業を行っている。

（12）茨城県立歴史館出前講座の謝金については、学校対象の場合無料であった。

公開講演

寺院文書の構造的把握

中尾　堯

はじめに

仏教寺院には、本尊・経典・聖教・文書など、実に多様な文物が伝来していて、現在もなお機能し続ける。実際に寺院に伝来するこれらを、「寺院文書」の用語によって総括的に捉えることとする。ここでは、伝来する寺院文書の現状をもとに、「宝物帳」をはじめとする文書記録の分析を通して、文書の内容と形式にわたる構造を明らかにする。この試みは、世俗とは異なった意味あいを多分に含む寺院文書によって、寺院そのものが帯びる存立の意義を明らかにし、寺院文書の構造を前提とした文書目録の作成とその保存についての、基礎的な作業になるはずである。

日本仏教の寺院体制をみると、寺院の運営はもとより、寺院文書の管理については、官・私を問わず僧が主体となって実行されている。それは、言うまでもないことではあるが、仏教の世界観がその意識のもとに横たわっていて、その観念がすべての価値判断の基準となり、俗的社会との対応がなされているからで、寺院文書の全体的な把握にあたっては、何よりも留意しなくてはならない。

一　仏法僧の構成

仏教が「仏・法・僧」の超俗的な要素によって成り立つことは、その初期教団の時代から明確に打ち出されていたし、日本仏教もこの伝統を引き継いできた。古代から中世にかけて作成された諸寺の「財産目録」や「文書目録」の構成をみると、その分類方法に「仏・法・僧」の観念が基本となっていることに気付く。考古学の坂詰秀一氏の論によると、寺院の伽藍配置は「仏地・法地・僧地」の三区画から形成されているとされるが、この基本的な観念は「寺院文書」の構成にもこれが顕著に反映しているものとみられる。その一例を、関東の日蓮宗を代表する寺院として知られる、中山法華経寺（千葉県市川市）の文書について考えてみよう。この寺院は、もと法華寺と本妙寺からなり、戦国期になってから法華経寺の寺号を称した寺である

日蓮の没後、下総国八幡庄の信者であった富木常忍は法華寺を創立し、みずから出家してその住持となった。その日常は、日蓮の真蹟を包括する名称で、これを護持することを第一の使命と観念した。永仁七年（一二九九）三月四日に「日常置文」を定め、続いてその六日に『常修院本尊聖教事』と題する「本尊聖教目録」を作成して、厳格な護持を命じた。「常師目録」と略称するこの目録は、内容を別表のように分類され、書名が詳しく列挙されている。これらを一覧すると、まず本尊と仰ぐ「曼荼羅本尊」をはじめ、「釈迦立像幷四菩薩」「聖人御影」の木像と、「十羅刹」「天台大師御影」の画像がまず掲げられている。これらはいずれも礼拝の対象となる聖物であるから、「仏」の範疇に入れることができる。

次いで、日蓮が依経とした『法華経』の写本二部、「科文法華経箱」には「科文法華経」一部七巻をはじめ、「維摩経」等の諸経が十経ほど揃っている。次に「六十巻箱三合」に「法華

【表】日常『上常院本尊聖教事』（永仁７年３月６日）の分類

1	仏宝	妙法華経曼荼羅・釈迦立像幷四菩薩・十羅刹・天台師御影・聖人御影・聖人御袈裟
2	法宝	金泥法華経・法華経・科文法華経箱（11項目）・六十巻箱（３合）・章疏箱（14項目）
3	僧宝	（日蓮）御自筆皮籠（観心本尊抄等7項目）
		（日蓮自筆）巻物分（8項目）
		（日蓮自筆）御消息分（46項目）
		（日蓮）御書箱（12項目）
		要文書（20項目）

三大部」という一部一帖が、「章疏箱」には「貞元録」六帖をはじめ二巻十六帖の書名がそれぞれ列挙されていて、「法」の部門を形成する。

これに「僧」の部類が続き、日蓮の真蹟と、真蹟の写本が数多く記入されている。この部類に一括された日蓮の遺文には、まず、もっとも重要な『観心本尊抄』をはじめ、一巻六帖あわせて七点が「御自筆皮籠」として掲げられる。続いて「巻物分」十三通、「御消息分」五十四通、「御書箱」の日蓮真蹟の写本が『立正安国論』以下一巻十四帖、真蹟二帖が列挙される。最後に「要文箱」をあげて、日蓮とその弟子が協力して書写した「要文集」が二十六帖と、「雑雑要文　一結」などが列記されている。

このように、「仏・法・僧」の三部から構成される文書と典籍は「聖教」として一括され、「日常置文」に「聖人御書幷六十巻以下聖教等不可出寺中事」と規定された。これらの聖教を閲覧するには道場の中のみに限られ、「聖教殿居事」といって書庫に僧が常駐して厳格な管理体制が整えられていた。

二　「俗」の文書

法華経寺第三代の日祐は、在地領主の千葉胤貞流の氏寺として法華経寺を拡大した住持で、書籍等を積極的に収集して「本尊聖教」の量を格段に増加させた。その上で、康永三年（一三四四）二月八日に『本尊聖教録』（「祐師目録」と通称する）を著し、膨大な量に上る聖教を納入する箱ごとに分類して、全体の目録をした。後に、延文四年（一三六三）六月十七日には「置文」を定めて、「本尊聖教御殿居以下事」を従来の通り護ることを確認している。その分類方針は日常の『本尊聖教録』準拠し、その内容を格段に充実したもので、度々上洛して聖教を収集した日祐の業績を如実に示すものである。

日祐について今一つ注目すべきは、『文書等事』と題する文書目録が、康安元年（一三六一）九月十七日に作成されたことである。その内容を見ると、四種類の袋に、文書がそれぞれ分納されている状態が窺われる。「皮袋」に日常と日高二代の置文・譲状、千葉胤貞・胤継等の寄進状、寺領の坪付など三十数通が納められている。「キンケラの袋」には末寺とその守護神堂への寄進状等一帖十五通が、「カゴノ布袋」には日常が創立した若宮戸法華寺への寄進状等十四通が納められている。さらに「ミノフノ袋」には「雑々御状」の書付があって、末寺領の寄進状・坪付や檀越からの書状等十七通が収められている。「松ノ布袋」には「岩部安久山」と書付があり、末寺の安久山円静寺と岩部安興寺の寺領に関する二十通と、「為用意譲状等一結」が収められている。

緊急時に持ち出しやすいように、皮や布を材料とした袋に納めたこれらの文書は、本寺と末寺にわたる寄進状や手継証文で、いずれも俗権との対応を前提とした文書群で、「仏・法・僧」の範疇には入らない。また「日常置文」に定められた、必要の時にこれを堂内で披見できる聖教とは、全く別に扱われたはずである。このように、『本尊聖教録』のほかに『文書事』と題する目録が作成され、聖教とは別に扱われた文書群は、「仏・法・僧」に対して「俗」と規定することができる。つまり、教団の成長とともに現れる俗権との対応文書は、本来的な「仏・法・僧」にいま一つを加えて、「仏・法・僧・俗」の四要素による「寺院文書」の構造的把握を示唆するものである。

三　「霊宝」の成立

寺院では、伝来の聖教を「宝物」「霊宝」などと呼んで筐中に納め、宗教的権威の象徴として尊ぶ。その内容を列記する目録を、「宝物帳」「霊宝帳」と題して宗教的権威の象徴とする風が一般化したのは、近世になってのことである。

京都の日蓮宗にとってその運命にもかかわる重大な事件は、天文五年（一五三六）に起こった天文法華の乱で、比叡山を盟主とした諸宗の連合軍と戦った末、法華宗は敗退して堺の末寺を頼って避難した。やがて七年後に帰洛が許されて復興に取り掛かった。この法華宗受難の時期、妙顕寺の住持は日広（一五）で、文書等の護持に渾身の努力を傾注した。堺に移った日広は、携えてきた文書を確認して、天文九年七月に本阿弥二郎三郎の寄進によって軸装を施している。やがて帰洛の後、天文十五年（一五四六）五月に「重書記録」（後世に加えられた表紙には「霊宝録」と記されている）を作成して、戦火に包まれながら妙顕寺から避難した文書を記録した。その内容は、日蓮・日朗・日像をはじめ、妙顕寺歴代の文書等で、法華経寺の聖教にみる文書と同じで、妙顕寺の伝灯を示す聖物を意味する。その後、日堯（一五四三〜一六〇四）は、避難のために分散していた重書を集め、さらに教義書等を収集して『日堯目録』を作成した。内題に「妙顕寺重書之目録」と日堯の自筆で記されたこの目録は、文禄二年（一五九三）には成立していたとみられる。

十七世紀の末、近世的寺院体制が完成期を迎える時期に、妙顕寺第二十代の住持となった日耀（一六三六〜九七）は、『霊宝目録』と『末寺用箱日記・葵箱入日記』を作成した。その『霊宝目録』には、妙顕寺の宗教を象徴する「五箇の霊宝」をはじめ、曼荼羅幷消息・御書幷巻物類からなる聖教に加えて、綸旨幷勅筆・御教書類・御朱印・制札・書籍等が収められるようになった。これらの霊宝は厳重な土蔵に納められ、その鎰を住持が厳格に管理していた。このように、「霊宝」は住持が継承する法灯の権威を示すものとして、土蔵の鎰とともに相続されていく。

「末寺用箱日記」に記される文書は、末寺支配の論理を記した書類の「黒箱」と、末寺の訴訟関係文書の「白箱」からなっている。もう一つの「葵箱」には、寺院本末関係による幕府の寺院支配に基づいた、本寺・末寺の定法等が入れられている。これら黒箱・白箱・葵箱には「学問所有之」と注記されていて、住持に限らず寺の役僧が容易に閲覧できる体制になっていた。

四　学問所の文書

一方、きわめて日常的な実務に関わる文書の存在を考えなくてはならない。京都法華宗の共有文書に、中世末期から明治初年までの文書からなる『十六ヶ本山会合用書類』がある。その文書の多様さからみると、法華宗本山間に相当頻繁に文書の往復があったように見受けられる。実際、妙顕寺に伝来して重要文化財に指定されている文書は、約一〇〇〇点にも上る。『妙顕寺文書』では、これらの文書を、A寺院と朝廷・公家関係、B寺院と武家、C寺院と宗門・会本（本山会合）、D寺院と末寺、E寺院と檀信徒、F寺院内、Gその他、P写本類の八項目に分類した。妙顕寺の書記をつとめる僧が、到来した文書を仕分けする作業を予想しながら、このような分類項目を設定すると、文書目録が容易に作成されることが分かった。『妙顕寺文書』の内「常用函文書」の重要文化財指定は、このようにして完成した文書目録をもととしたものである。

五　「常用函文書」の意味

このように見てくると、妙顕寺の「寺院文書」は、「重宝」ないしは「霊宝」として土蔵に納められる聖教等の文書と、学問所に架蔵され「常用函文書」の二に大きく分けられる。その霊宝は「仏・法・僧・俗」に区分され寺宝目録に記載され、妙顕寺の宗教的権威を体現する貴重な文書として伝世される。これに対して、「常用函文書」は日常的な業務を運用するための文書で、実務を執行する僧が容易に利用できるものであった。

先述の通り、中世において京都妙顕寺が蒙った最大の受難は、天文五年の「天文法華の乱」で、比叡山を盟主とした連合軍に攻撃されて、寺は焼失して一時期堺の末寺に避難していた。この危急に際して、文書袋などに分納された土蔵の重書は、寺僧が分担して緊急避難したので、多少の例外はあるものの、そのほとんどが現状に復した。しかし、日常に使用される文書の多くは搬出されることもなく、伽藍とともに灰燼に帰した。その結果は、寺院の宗教権威を示す文書を主体とする聖教等が「重宝」として伝わり、法華一揆で語られる町との日常的な文書等は失われてしまった。

中世寺院の「常用函文書」を窺わせる文書群としては、幸いに京都法華宗の「京都十六本山会合用書類」が伝来している。妙顕寺をはじめとする京都法華宗十六本山会合の組織は、永禄八年（一五六五）に発足して明治初年まで続いた。その共有文書が昭和五七年の夏に頂妙寺で発見され、京都府の指定文化財に指定された。このなかには、会合組織の運営に関する日常的な文書が含まれ、特に勧進・旅日記・入用覚・口上控など、戦国期末から近世初頭にかけての様々な文書が混入している。寺院運営上のこれと同様な内容の書状は、用済みとなると早い機会に反故にされてしまう運命にあった。それだけに「京都十六本山会合用書類」は、寺院の日常文書の姿を伝える文書群として重要である。しかし、寺院の日常的な運営文書類の大部分は、特殊な事情がない限り、重書として土蔵に収められることはなく姿を消していった。京都における法華一揆の文書史料が乏しいことも、このような事情によるものである。

六　本末寺関係の文書

一寺院の存在は、本寺と末寺との関係を主軸として運営され、教団を形成している。全国的な寺院本末関係が整ったのは近世であるが、様々な意味での本末関係を除外して一寺は存立できず、寺院同士が相互補完的な関係を保ちながら宗なり門流を維持してきた。したがって、寺院文書の研究には、本末関係の帯びる宗教関係についての、全体的な理解と理解が求められる。

このような意識のもとに、かつて中山法華経寺に連なる末寺の史料を収集し、その中世史料を『中山法華経寺史料』として刊行した。鎌倉時代後期から中世を通して展開した法華経寺の末寺地帯の諸寺を採訪して、文書以外の史料もあわせて採録した。その項目は、①寺院文書・②造像銘・③板碑銘・④曼荼羅本尊・⑤記録の五項目である。これらの史料が語る史実の性格についてみると、①文書と⑤記録は概して寺院ないし一門の動静や運営についての状況を物語り、他の②造像銘・③板碑銘・④曼荼羅本尊は信仰の表明や儀礼の執行について物語るものである。

このことは一般の寺院においてもいえることで、きわめて具象的な運営面の文書を確定する一方で、信仰の心的情況を明確に把握する必要がある。また、寺院ないし教団の動向が、その信仰情況を直截に反映するものとは、必ずしも言えないことに留意すべきである。しかもそれは、中世仏教に限定するのではなく、時代を越えて寺院を歴史的に把握する上で、必須の条件といえよう。

結　論

「寺院文書の構造的把握」のテーマをかかげ、日蓮宗の寺院文書を扱った体験をもとに、近世初頭を基準にその構図を描いてみた。その結果を結論的にまとめてみよう。

寺院文書は、基本的に「重書」と「常用函文書」の二に大きく分類される。「重書」は、中世の「本尊聖教」の系譜を引き、「仏・法・僧」の三部によって構成され、「宝蔵」「土蔵」に納めて住持が鎰を管理した。「常用函文書」は、日常的な通常の業務を執行するための文書で、重書とは別に学問所のようなオープンな場所に置かれていて、寺僧が容易に閲覧することができた。

危急にあたっては、重書は寺僧が分担して疎開するので、今日に伝来するケースが顕著である。しかし、「常用函文書」は重要度が低く、都市災害等によって消失することが多く、寺院運営の史料に支障を来たす場合が多い。

寺院文書は、その寺一寺で完結するものではなく、本寺末寺の関係を辿りながら、門流ないしは宗派規模の内容を帯びていることには注意しなくてはならない。また、運営面の文書に止まらず、信仰の心的情況や、その表現としての儀礼についても読み取っていくことが要請される。

参考文献

中尾　堯編『中山法華経寺史料』吉川弘文館　一九五九年
中尾　堯『日蓮宗の成立と展開』吉川弘文館　一八七三年
立正大学日蓮教学編纂会編『日蓮宗宗学全書』上聖部　一九五九年
頂妙寺文書編纂会編『頂妙寺文書・京都十六本山会合用書類』一・二・三・四　大塚巧芸社　一九八六～一九八九年
中尾　堯『日蓮真蹟遺文と寺院文書』吉川弘文館　二〇〇二年
中尾　堯「十六世紀の京都妙顕寺における『重書目録』の検討―日広・日堯の文書・典籍目録と蒐集事業をめぐって―」冠賢一先生古稀記念論文集『日蓮教団史論集』所収　二〇一三年
妙顕寺文書編纂会『妙顕寺文書』二　妙顕寺　二〇一三年
中尾　堯「近世初期における妙顕寺の文書管理とその意義―『日耀目録』の検討―」立正大学仏教学会『大崎学報』二〇一三年
中尾堯他『日蓮聖人と法華の至宝』第四巻　同朋舎メディアプラン　二〇一三年

幕末期江戸周辺地域史論 ―武士と農民との婚姻関係を中心に―

森　安彦

はじめに

江戸周辺地域史に関する研究は、これまで主として政治史・経済史・文化史等について多くの蓄積がみられる。その研究史や文献目録もすでに少なからず作成されている。(1)

しかし、人的交流、とくに婚姻関係等の社会史的研究は管見のところあまりみられない。

小稿では、江戸周辺地域史研究の一つとして、江戸という五〇万人に及ぶ武士社会とそれに隣接した周辺農村との相互関係とくに人的交流の一環として、武士と農民との婚姻関係の検討を試みたものである。

近世社会は、兵農分離という基本的社会政策の上に成立し、さらに両者間には士農工商という厳しい身分制度があり、両者は画然としていたというのがこれまでの歴史的常識であったといえよう。

しかし、この体制も近世後期から崩れ、武士と農民との婚姻関係が展開している状況をみることができるのである。小稿では、江戸日本橋から二里半（一〇キロメートル）の西南に位置した武州荏原郡太子堂村（現在東京都世田谷区）を取り上げて、武士との婚姻がみられる同村の村役人（年寄→名主）森家と森家以外の数家にみられる武士と農民との婚姻関係について検討し、江戸周辺地域社会の一つの特質を明らかにしてみたい。
なお、小論に使用した「文書」は、主として、太子堂村名主森家文書である。(2)

一　武蔵国荏原郡太子堂村と名主森家

1　太子堂村の特質

小稿でとりあげる江戸周辺村落は、武蔵国荏原郡太子堂村である。同村については、すでに二、三の論文を発表してきた。(3)

ここでは、小稿の前提として太子堂村の特質について簡単に述べておこう。

太子堂村は、江戸日本橋から西南二里半という位置に存在し、街道は南端に大山街道が通り、大山街道の三叉路字名三軒茶屋は太子堂村のいわば玄関口である。同村の中央低地には、玉川上水から分水した烏山用水が貫流し、その周辺が水田であり、南北の傾斜面は屋敷・畑・林であった。

近世後期の太子堂村の家数は五〇数軒（借家人一〇軒余を除く）、人口は三〇〇人前後である。明治一〇年（一八七七）の「地位等級帳控」で村の地目の反別をみると、総反別は六二町五反四畝歩で、その内、田が八町四畝九歩（一三パーセント）、畑が三二町八畝一歩（五一パーセント）、林が一二町八反二畝二七歩（二一パーセント）、宅地が五町三反七畝二一歩（八パーセント）、その他となっている。土地面積の半分が畑地で、水田はわずかに一割強程度であったことがわかる。江戸時代も中後期は、明治一〇年とほぼ同じ様子であったといえよう。

太子堂村の元禄期（一六八八〜一七〇三）以降の村高は、三八石五斗で、そのうち三五石が幕府直轄領、二石五斗が旗本志村又左衛門（八王子千人同心頭）知行所、一石が彦根藩井伊領という、いわゆる三給支配で、井伊領一石分には所属の百姓は一軒で、旗本志村知行所には所属の百姓は存在せず、その他の百姓は全部幕府直轄領に属していた。太子堂村の大きな特色としては、開村以来幕府・領主による検地の施行はなく、無検地の「抓高《つかみだか》」の村で、「当村之義、前々ゟ無反別ニ而、反別相知不申、御水帳等無之」とあり、検地が施行されていないので、各自の持高は年貢納高に等しく、非常に零細高となっている。例えば明治二年（一八六九）の最高の高持百姓は二石八斗七升（反別三町六反二畝一五歩）、最小百姓は五合四勺（二畝二〇歩）、平均一軒当り高七斗（九反三畝歩）である。同年の村民の階層分化をみると、富農・地主層は五軒（八パーセント）、自作農は九軒（一四・五パーセント）、小自作農一六軒（二五・八パーセント）、貧農・小作層二三軒（三七パーセント）、無高・借家層九軒（一四・五パーセント）となり、合計六二軒であり、貧民層が村の過半を占めている。

さて、近世後期の太子堂村は、江戸との深い絆によって結びついていた。一つは江戸市場への前栽物の販売と下肥の購入、もう一つは労働力の移動である。すなわち、比較的豊かな上層・中層の農民は前栽物の販売と肥料購入という流通過程を通じて江戸市場に全面的に依拠していたのであり、下層・極下層の人々は、江戸へ流出したり、あるいは江戸から村へ借家人層として流入してきたのである(4)。

2　系図からみる森家の特色

太子堂村の村役人の一人である森家の系図を「過去帳」等から作成してみると〔図1〕のようになる(5)。この系図から判明する事項を簡単に指摘してみよう。

①初代惣兵衛から三代次左衛門までは、夫婦の戒名と没年月日しか知ることができない。

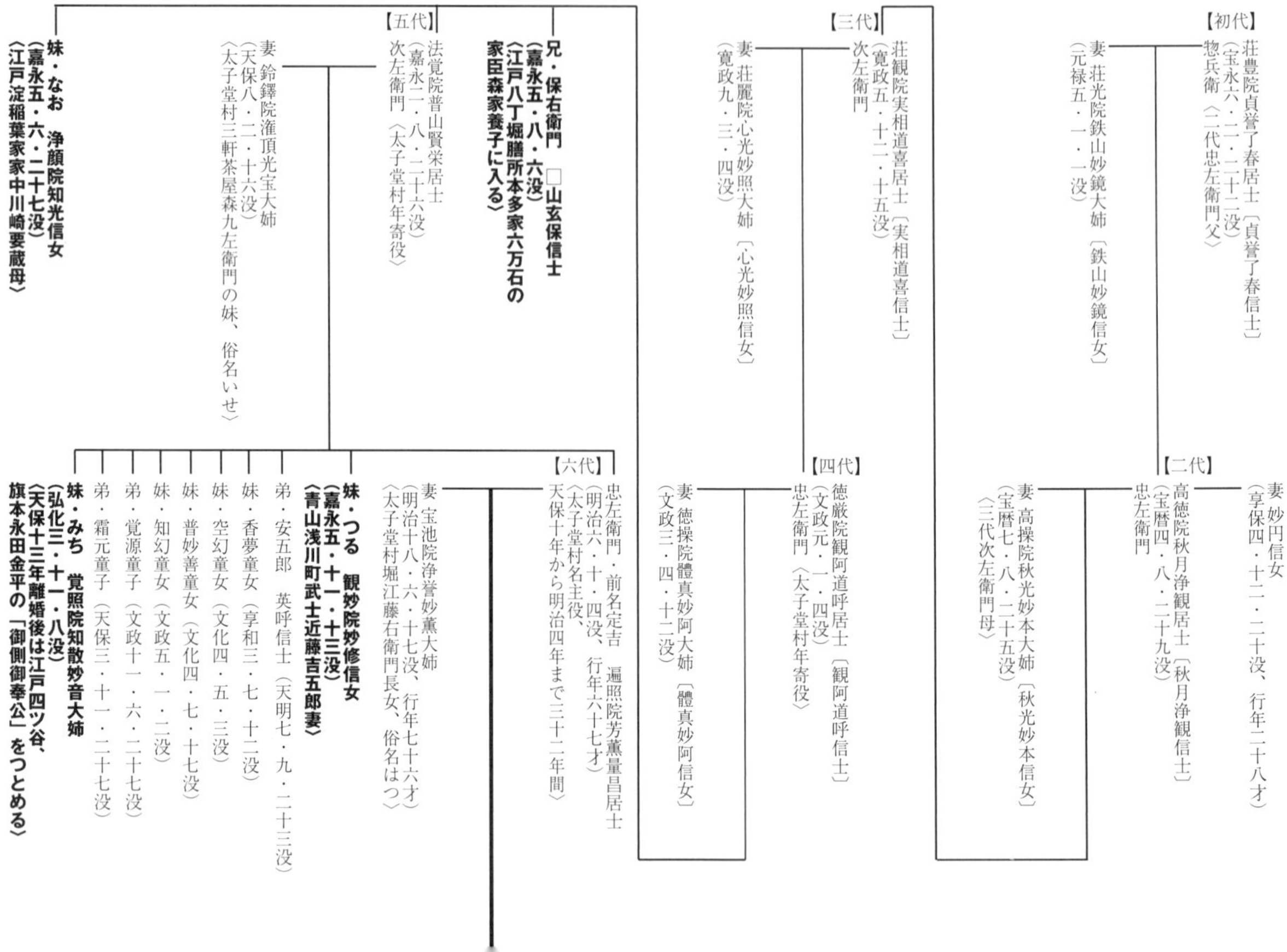

［図１］ 武蔵国荏原郡太子堂村 森家系図

兄・菊之助　観月喜道信士
〈明治二十三・十・二十五没〉
〈嘉永六年江州膳所本多家家来、森保右衛門の養子となり、喜久蔵と改名〉

妻　華厳院離相妙春大姉
〈明治十・四・三没、行年三十七才〉
〈俗名きん、武蔵国荏原郡瀬田村星谷勘四郎次女〉

【七代】
岩次郎喜忠　荘厳院義相道諦居士
〈明治三十七・五・十三没、行年七十才〉
〈元治元年名主見習・明治五年副戸長・学務委員〉

妻　荘照院諦相妙貞大姉
〈大正二・九・十六没、行年六十三才〉
〈俗名イソ、下北沢村田中伝蔵娘〉

妹・知空童女〈天保十・三・十二没、行年八才〉

弟・錠之助　浄光院真諦宥範居士
〈明治五・九・八没、行年二十七才〉
〈弘化三年生れ、文久三年十八才のころより長病を患い成田山・木曽御嶽山を信仰し、七・八年間水行で精進し、一時回復する、森家の地守「錠身魂神」として祀る〉

妹・すず（鈴）永寿院顕誉妙貞信女
〈明治三十一・一・十五没、行年五十九才〉
〈十九才から二十四才まで江戸城大奥奉公、慶応元年二十六才で江戸麹町の武士福島正好と結婚〉

妹・ます（増）端応院浄厳妙傾信女
〈大正十四・十・二十九没、行年八十三才〉
〈十七才から二十二才まで江戸城大奥奉公、慶応元年二十四才で代田村鈴木米次郎と結婚〉

弟・力之助　釋浣城信士
〈大正九・三・二十一没、行年七十二才〉
〈嘉永元年生れ、文久三年十六才のとき、荏原郡大森村平林家の養子となり、惣右衛門と改名、神道御嶽教三笠山講の先達となる〉

弟・慶之助　賢光院慶雲良暉信士
〈明治四十三・二・七没、行年五十七才〉
〈安政元年生れ、明治十五年世田谷村羽根木の豪農芹澤家の分家娘うくの婿養子となる〉

【八代】
忠左衛門高治・前名鎌太郎　荘徳院慈観顕道居士
〈慶応元・五・五生れ〉
〈昭和十七・十二・八没、行年七十八才〉

妻　荘林院清観妙浄大姉
〈昭和四・一・八没、行年五十九才〉
〈俗名りん、世田谷村竹ノ上安藤七五郎娘〉

妹・チエ（知恵）
〈明治七・二・十二生れ、
明治四十四年種山八代次郎と再婚〉

弟・鉱三郎　椿岳恵光童子
〈明治八・一・三十没、行年七才〉

以下、九代・十代・十一代（現当主）は省略

弟・金作　金剛善栄居士
〈昭和十八・四・五没、行年六十五才〉
〈明治十二・六・十二生れ、明治三十七・八年日露戦争に従軍、旅順口第三回閉塞隊ニ選抜せられ、金鵄勲章勲八等功七級、一時金五百円を賜う、二十八才ノ時、森家より分家し大森村南原平林作次郎二女つるを娶る〉

弟・忠造
〈明治十六・八・二十三生れ、明治三十六・九・一麻布連隊区第二補充兵編入、明治四十五年・四・十五養子縁組届〉

弟・周作
〈明治二十一・一・二十八生れ、二十一才のとき明治四十一年十一月騎兵十五連隊に入営、四年間兵役に就いた、大正元年十一月三十日習志野騎兵十五連隊五中隊軍曹として除隊、大正三・一・十五渋谷区代々幡田中清次郎方へ婿養子に入る〉

妹・けい
〈明治二十四・八・二十五生れ、明治四十一・一、十七才のとき、児童文学作家巌谷小波の家に住込み奉公、同四十二・六・十一豊島郡代々幡大字代々木、町田徳次郎と結婚〉

②四代忠左衛門からは、夫婦とともに子供たちの存在が記され、家族構成が判明する。
③森家が村役人として登場してくるのは、四代忠左衛門の年寄役からであり、五代次左衛門も年寄役、六代忠左衛門は名主役、七代岩次郎は名主見習・副戸長を務めている。
④四代から六代までは、安永期（一七七二～八〇）から明治四年（一八七一）の一〇〇年間である。この期間に森家では武士との婚姻が六件みられる。すなわち、武士の家に養子に入った者二名、嫁入した者四名である。
⑤七代岩次郎の子供のうち長男（八代忠左衛門）を除く三人の男子は、いずれも明治の一時期軍人となっている。
さて小稿では、④で指摘した武士との婚姻関係を中心に検討することとしたい。

なお、森家の太子堂村における持高の階層的位置は、文化三年（一八〇六）には一石五斗余、文政四年（一八二一）で約二石と村内でも上位三番目であったが、文政一二年（一八二九）には、わずか六斗一升余と三分の一に激減し、さらに天保一一年（一八四〇）には一斗六升余と転落している。しかし、天保一五年（一八四四）には持高も一石一斗余に回復し、以後明治二年（一八六九）には一石一斗八升余となり、その反別は田二反一畝歩、畑一町五反歩、野林一反七畝歩で合計一町八反七畝歩を保持し、五三軒中上位八番目となっている。

二　森家における武士との婚姻関係

1　大名の家来の養子になった四代忠左衛門長男保右衛門

森家の「過去帳」によると四代年寄役忠左衛門長男保右衛門は大名江戸八丁堀膳所藩本多家（六万石）家臣森家の養子に入っている。それがいつの頃かは未詳であるが、保右衛門は嘉永五年（一八五二）八月六日没とあるので、かりに三〇年前とすると文政初年頃が予想される。この養子縁組に関しては二つのことが注目される。一つは養子先の武士の家が森姓と同姓であること。二つは、本来家の相続人であるべき長男が養子として家を出ていることである。ここで、太子堂村の森家の伝承が想起されるのである。すなわち、森家の先祖は織田信長の家臣で、次いで豊臣秀吉に仕え、関ヶ原・大坂の陣では西軍・豊臣方に属し、敗戦後は、兄弟のうち、兄は武士の道を歩み、弟は帰農して百姓となったということである。[6]

現在、太子堂村の森家に残る「由緒書」と保右衛門の養子先で武士の子孫に残る「森家系写」を掲示すると次のとおりであるが、いずれも明治期に作成されたものであり、史料としては確証に足るものではないが、参考までに掲示してみよう。

太子堂村森家の由緒書〔**八代・森忠左衛門高治執筆**〕

清和源氏八幡太郎義家之六男森六郎義隆之後胤美濃国ノ住人森三左衛門尉可成、仕信長越前ノ戦ヒニ討死、男武蔵守長可仕秀吉、元亀元年九月十八日近州宇佐山ニ於テ討死、浅井朝倉ノ為ニ織田信治ト共ニ討死ス、男惣兵衛成人秀頼公ニ随ヒ慶長十六年（元和元年の誤り）大坂落城ノ時零落シテ武州荏原郡菅苅庄太子堂ニ住ス、寛文四年甲辰三月四日ニ終ル、母□せ養育ス、二子アリ三太郎二男三之助ト云フ、治左衛門ト改名ス、初代貞誉了春也

武士の森家系写〔**森喜久蔵長男重之助執筆**〕

信長ノ臣―森伝蔵ヨリ九代孫―森保右衛門
太子童（堂）森忠左衛門長男―森喜久蔵

膳所ニテハ肴蔵奉行
江州信楽小原村ニテ死去
喜久蔵長男重之助
武蔵国荏原郡太子童村
喜久蔵実父森忠左衛門（以下略）

ここにみえる森喜久蔵とは、後述するように六代忠左衛門の長男菊之助のことである。菊之助は保右衛門の養子となり喜久蔵と改名した(7)。

膳所藩は、近江国（現在滋賀県）大津周辺を領した譜代中小藩である。慶安四年（一六五一）に本多俊次が伊勢国亀山城主から膳所城主となり、幕末まで一三代二二〇年に渡って在封した。膳所藩の江戸末期の江戸屋敷の所在地は上屋敷が品川南八丁（現在中央区銀座）、中屋敷が日本橋若松町（中央区）、下屋敷が柳島町（墨田区）である(8)。保右衛門は江戸上屋敷詰の家臣であったと思われる。

なお、保右衛門の弟で太子堂村森家五代目を相続した次左衛門が死去したときの嘉永二年（一八四九）八月二八日の「香奠帳(9)」に、保右衛門家関係者が次のように記載されている。

「一金壱分也　　南八丁堀本多御屋敷
　　　　　　　　　森　勘次」

この勘次が保右衛門とどのような関係にあったかは未詳であるが、身内の者であることには間違いないであろう。前述のように保右衛門はそれから三年後の嘉永五年（一八五二）に死去したのである。

2　大名の家来と結婚した四代忠左衛門の長女なお

四代忠左衛門長女なおは、「江戸淀稲葉家家中川崎要蔵母」と「過去帳」に記載され、没年は嘉永五年六月二七日とある。

なおの名前は、なおの兄で五代次左衛門が嘉永二年（一八四九）八月二八日に死去した際の前記の「香奠帳」の中に次のように記されている。

「一金壱分　　稲葉御屋敷　河崎なお
　一金弐朱　　　同人悴　同　要蔵」

なおの夫の稲葉家の家来の名前は未詳である。

淀藩稲葉家は一〇万二〇〇〇石の譜代大名であり、淀城は宇治川と木津川の合流する川中島にあった（所在地は京都市伏見区淀本町）。江戸屋敷は上屋敷が小川町、中屋敷が木びき丁つきじ、下屋敷が渋谷である。[10]

文久二年（一八六二）の太子堂村森家の「諸式小遣其外諸入用控帳」の同年三月十日の記事に「一、三百文　　稲葉様屋敷肥代遣ス」[11]とあり、稲葉家屋敷の下肥を購入していたことが注目される。

3　御家人と結婚した五代次左衛門の娘つる

森家の「過去帳」によると、五代年寄役次左衛門娘つるは、江戸青山浅川町（現在東京都港区）武士近藤吉五郎[12]の妻となり、嘉永五年（一八五二）一一月一三日没とある。

近藤吉五郎は幕府御家人であり、『江戸幕臣人名事典』には次のように記載されている。[13]

近藤吉五郎（こんどう・きちごろう）

未歳五十　高十五俵一人半扶持　本国生国共武蔵　祖父近藤安太郎死元西丸切手御門番同心　養父近藤堅助死元御留守居同心　祖父田中又次郎死元御目付支配無役　実父田中勘右衛門死御留守居同心天保八酉年十二月十九日御留守居同心ヨリ病気ニ付奉願小普請入

これによると、近藤吉五郎は、未歳（天保六年）で五〇歳。高は一五俵一人半扶持という小禄の御家人。本国・生国とも武蔵国。祖父近藤安太郎は死亡しているが元西丸切手御門番同心。養父近藤堅助死亡、元御留守居同心。祖父田中又次郎死亡、元御目付支配無役。実父田中勘右衛門死亡、御留守居同心。吉五郎は田中家から近藤家へ養子に入ったことが判る。天保八年（一八三七）一二月一九日御留守居同心より病気につき小普請入を出願した。

このつる・吉五郎夫妻が太子堂村の文書の中に出てくるのは、前記のつるの父五代次左衛門の葬儀の嘉永二年（一八四九）八月二八日の「香奠帳」の記載である。

「一金弐朱　（青山）同所　近藤吉五郎」

また同帳には、

「嘉永弐酉年八月廿八日夕七ツ時頃
　葬式送リ人覚　」の中に

「　親類
一羽織袴　亀次郎
（親類・村役人等一四名中略）

一上下にて送り　施主　忠左衛門
一同　　　　青山　　菊之助
一同　　　　　　近藤吉五郎
合拾八人一統あみかさニて送り
外ニ
一白帷子之者三人　　おはつ
　　　　　　　　　　おつる
万次郎妻　　おみな　」

近藤吉五郎は施主六代忠左衛門・その長男菊之助とともに「上下《かみしも》」を着用し、つるは施主忠左衛門の妻と同じ「白帷子」を着て葬儀に参加しているのである。

武士といえども妻の実家の百姓の葬儀に武士の礼服である「上下」を着用して参列していることが注目される。

4　旗本の「側室」となった五代次左衛門の娘みち

五代年寄役次左衛門の娘みちは二四歳で離婚した後に、旗本永田金平の「御側奉公」を五年間つとめ、病気により実家に戻るが、それからわずか一六日後の弘化三年（一八四六）一一月八日に二九歳で死去した。

みちの短い生涯を辿ってみよう。

みちは天保一三年（一八四二）三月二五日に行蔵と離婚した。そのときの「離縁状」が残っている。[14]

離縁状

其元義、我等不応心底、及離縁候、以後何方江被参候共、可為勝手次第候、以上

（天保十三年）
寅三月廿五日

行　蔵

おミちとのへ

行蔵という人物については未詳であるが、太子堂村には行蔵という名前の者は存在しない。武士とも考えられるが確証がない。みちが、「御側奉公」の中で病気となり実家の太子堂村に戻り、二人の医者の治療を受ける。弘化三年（一八四六）一〇月の「医師様御薬控　森みち」という帳面の「表紙裏書」には次の一文が記載されている。(15)

一おみち事四ツ谷御旗本永田金平様御屋敷御側御奉公ニ寅年十月中相越、五ヶ年目当午年十月廿二日大病ニ付駕籠ニ而参リ、十一月八日十六日目ニ而相果、刻限九ツ時頃ニ御座候、葬礼ハ同九日ニ御座候、寅（午）廿九歳ニ而

相果申候

みちは、四ツ谷に屋敷のある旗本永田金平の御屋敷で「御側奉公」にあがり、天保一三年一〇月より五年目の当弘化三年一〇月二二日に大病により駕籠で送り届けられたが、一一月八日、帰宅してから一六日目に死去した。息を引きとった時刻は九ツ時（現在の一二時）であった。葬礼は翌九日に営む。行年二九歳。戒名は「覚照院知散妙音大姉」とあり、院・大姉がつけられている。森家では、当主の妻以外は院・大姉をつけている者はいない。

みちに関しては、前記の弘化三年一〇月の「医師様御薬控」のほかに、同年一一月九日「香奠帳俗名みち」があ

り、そこには姉つるの夫、青山・近藤吉五郎の香奠「一金五拾疋」の記載もみられる。また同年月日のみち葬儀に関する諸費用を記した「諸入用覚帳」には、総支出額は「金四両三分弐朱卜銭四百八拾五文」とある。(16)

また翌年の弘化四年一一月七日には、みちの一周忌念仏が施行された。(17)

さて、このみちが仕えた旗本永田金平とは、いかなる地位の者であろうか。『江戸幕臣人名事典』によると、次のように記載されている。(18)

永田弥左衛門（ながた・やざえもん）

歳午二十四　高千二百石上総・常陸　本国尾張　生国武蔵　宿四ツ谷御門外御堀端祖父永田弥左衛門死中奥御番相勤申候　父永田金平死西丸御書院番相勤申候　元治元甲子年八月二十日従御軍艦奉行支配御番入被仰付御小性組六番巨勢大隅守組江入

（傍線は引用者、以下同じ）

見出しは金平の子永田弥左衛門の名前となっている。高千二百石で上総（現在千葉県）・常陸（現在茨城県）の両国に知行所があり、本国は尾張（現在愛知県）、生国は武蔵（現在東京都・埼玉県等）で屋敷は四ツ谷（現在新宿区）御門外御堀端である。金平の父永田弥左衛門は死亡しているが生前は中奥御番勤務。金平は西丸御書院番勤めである。みちが離婚後どのような契機で旗本永田金平に仕えるようになったのかなどの経緯については未詳である。

5　大名の家来の養子となった六代忠左衛門の長男菊之助

六代名主忠左衛門の長男菊之助は嘉永六年（一八五三）黒船来航の年、二五歳で、江州膳所本多家六万石の家臣森保右衛門家の養子となった。森保右衛門については前記したように、四代忠左衛門の長男で本多家家臣森家に養子に入った人物である。それ故、長男菊之助が養子となることで、太子堂村の森家から武士の森家へ二代にわたって養子縁組が行われたこととなる。ここで注目すべきことは、保右衛門が長男であるにも拘らず武士の家の養子に入ったのと同じ様に菊之助も長男でありながら武士の家の養子に入ったことである。しかし、保右衛門は前年の嘉永五年八月六日にすでに死去しており、菊之助はその遺跡を継承したことになる。武士の家を継いだ菊之助は、喜久蔵と改名した。前記した「森家系写」によると喜久蔵は膳所藩では、「肴蔵奉行」を勤めた。また、「幕末膳所城下図」（嘉永六年頃の城下図とある）には森喜久蔵と記された屋敷が北大手口の家老屋敷に隣接して存在している。

しかし、喜久蔵が膳所藩本多家家臣となってから、一五年目の四〇歳のときに明治維新となるのである。喜久蔵は武士身分の解消にともない苦難の人生をたどり[19]、明治二三年（一八九〇）一〇月二五日に膳所表（江州信楽小原村）にて七五歳の生涯を閉じるのである。

さて、菊之助の去った実家には名主である父忠左衛門と菊之助に替わって家を相続した弟の岩次郎が存在した。武士喜久蔵家と実家の太子堂村名主森家とのその後の交際の一端を示すものに、名主森家文書の中に「諸式入用控帳」が存在している[20]。

文久元年（一八六一）から明治二年（一八六九）までの九年間分の両家に関する記事を表示すると〔表1〕のとおりである。膳所藩の江戸屋敷は、上屋敷が品川南八丁にあったので、喜久蔵家を「八丁堀」と記している。

〔表1〕から、その交際の実態が判明する事項を列挙してみよう。

①文久元年（一八六一）から慶応二年（一八六六）までの五年間は、交際記事が年間数回から五、六回であるのに対して、慶応三年（一八六七）から明治二年（一八六九）までの三年間は頻繁に交流している。文久元年から慶応二年までを前半期とし、慶応三年から明治二年までを後半期と分けてみることができる。喜久蔵は後半期には江戸屋敷に

存在していたものと思われる。

②前半期は家族間の交流が中心である。文久元年四月一日には喜久蔵が実家に来たので馳走で持て成している。同二年閏八月一九日には、母はつが喜久蔵家を訪ねている。同三年三月八日には弟岩次郎が八丁堀に出向した。同年八月一三日には「八丁堀より御本丸出候諸小遣三人分」として銭三四八文が支出されている。これは後述するように、六代忠左衛門の娘（喜久蔵の妹）二人が江戸城大奥奉公に上がっているので、この妹たちが兄喜久蔵の家に宿泊し、そこから本丸へ出かけたということであろう。

実家の家族と喜久蔵家とが日常的に親しく交際していることが判明する。

元治二年三月一七日には父忠左衛門が八丁堀へ菓子（二〇〇文）を遣している。

慶応二年は、幕長戦争や世直しの打ちこわしに象徴されるように、物価高騰・食糧危機に見舞われた。同年一二月一八日には、実家森家から「大角豆二升二合五勺」を喜久蔵へ遣し、翌一九日には「米粃代八丁堀江遣ス」として銭二貫文を支出している。「米粃」とはよく実らない米のことである。このように農家から武士へ資金を渡して、食料を調達していることが注目される。

③後半期に入ると、武士社会の崩壊と喜久蔵の商人的役割が顕著にみられる。

慶応三年に入ると八丁堀喜久蔵家との交流記事が二〇項目と激増している。中でも注目するのは、喜久蔵が米糠や米粃等を太子堂村の森家へ斡旋していることである。

四月二三日には「四月二十日八丁堀使参り、其節糠代内渡」として金一両を支出し、五月二〇日には「金壱両三朱ト八百文、米糠八丁堀より一石三斗代、外ニ金壱両渡ス」とある。

八月一二日には、「金壱両ト銭壱貫百弐拾四文、九斗壱升五合代八丁堀米粃代内渡、金壱両相場九貫三百文」とある。

[表1] 名主森家と武士森喜久蔵家との交際一覧

年.月.日	金	銀	銭	内容
文久 1.4.1			148文	喜久蔵参り候節馳走入用
〃 1.4.29	2朱			八丁堀　遣物其外二日之間小遣
〃 1.11.20			248	八丁堀　遣物菓子
合計	2朱		396	[出典]万延元年12月「諸式入用控帳」
文久 2.8.24	1朱			八丁堀江出候小遣
〃 2.閏8.12			200	菓子八丁堀
〃 2.閏8.19			400	おはつ八丁堀入用
合計	1朱		600	[出典]文久2年正月「諸式小遣其外諸入用控帳」
文久 3.3.8	1朱			八丁堀江出岩次郎小遣
〃 3.7.3			548	八丁堀江参り候節入用
〃 3.7.9			200	八丁堀江出入用
〃 3.8.12			200	八丁堀　菓子
〃 3.8.13			348	八丁堀より御本丸出候諸小遣三人分
〃 3.12.13			248	八丁堀江遣物菓子其外
合計	1朱		1貫544	[出典]文久3年正月「諸式小遣其外諸入用控帳」
元治 2.2.28	1朱		324	八丁堀江1朱遣ス　其外ハ菓子
〃 2.3.17			200	八丁堀江忠左衛門菓子遣ス
〃 2.6.21			200	喜久蔵江土産
〃 2.9.7			300	八丁堀より手前迄使1人頼遣ス
〃 2.9.11	2朱			八丁堀江出候節壱式諸入用
合計	3朱		1貫024	[出典]元治2年「諸式小遣其外控帳」
慶応 2.12.18	1朱		100	八丁堀江荷物鎌吉手間
〃 2.12.18			1貫248	大角豆2升2合5勺森江遣ス
〃 2.12.19			2貫000	米糀代八丁堀江遣ス
合計	1朱		3貫348	[出典]慶応2年正月「諸色小遣其外控帳」
慶応 3.2.19			600	煙草1斤八丁堀遣物
〃 3.2.19			400	煎餅同人江
〃 3.2.19		5匁		銀20匁茶小半斤
〃 3.2.19			700	同所ニ而小遣
〃 3.2.19	1朱			同所薬礼
〃 3.2.19	1分			同所江遣シ申候
〃 3.3.13	2朱			竹の子弥五郎より買ヽ八丁堀土産ニ遣ス
〃 3.4.23	1両			4月20日八丁堀使参りヽ其節糠代内渡
〃 3.5.20	1両3朱		800	米糠八丁堀より1石3斗代外ニ金1両渡ス
〃 3.5.20			200	八丁堀　菓子

〃　3.8.12	1両		1貫124	9斗1升5合代　八丁堀　米粃代内渡　、金1両相場9貫300文
〃　3.8.12			564	八丁堀土産
〃　3.9.8	1分			八丁堀繁吉江祝儀ニ遣ス
〃　3.9.8			7貫872	米粃代内渡
〃　3.10.14			900	八丁堀江土産買
〃　3.10.14			200	八丁堀使ニ遣ス
〃　3.12.11	1両1分1朱		124	米粃代八丁堀遣ス
〃　3.12.11			400	同所江菓子
〃　3.12.11			200	同所江金五郎小遣
〃　3.12.11			200	同所江忠左衛門小遣
合計	5両3朱	5匁	14貫284	[出典]慶応3年正月「諸式小遣其外入用控帳」
慶応　4.1.18			1貫000	八丁堀年始
〃　4.1.19			400	八丁堀木元角蔵年始入用
〃　4.2.晦	1朱		200	八丁堀土産
〃　4.2.晦	2朱			同所子供江遣ス
〃　4.3.14	1朱			八丁堀土産
〃　4.4.19			500	八丁堀江出菓子
〃　4.5.3	1朱		400	八丁堀土産遣
〃　4.6.17	2朱			八丁堀土産
〃　4.8.11			400	八丁堀江菓子
〃　4.8.11	2朱			八丁堀法事ニ付御仏前江
〃　4.8.13			732	八丁堀帰り三人支度代
〃　4.11.24	2朱		600	八丁堀江土産
合計	2分3朱		4貫232	[出典]慶応4年正月「諸式小遣入用万廉控帳」
明治　2.3.13	3朱		400	森喜久蔵外四人入来　酒1升5合買
〃　2.3.13	2朱			森喜久蔵参り　さしみ代
〃　2.6.8	1分1朱			酒1升5合内1貫200文肴　喜久蔵参り候節
〃　2.6.晦	1朱			喜久蔵方江参り候節せんへい
〃　2.7.1	1分			森喜久蔵忰繁吉江祝儀ニ遣ス
〃　2.7.3	1朱			八丁堀土産
〃　2.7.4	3分			喜久蔵殿江餞別
〃　2.7.4	5両			同人江貸申候
〃　2.8.26	1朱			本多様屋敷小遣忠吉江遣ス
合計	6両3分1朱		400	[出典]明治2年正月「諸色小遣入用附立帳」
総合計	13両3朱	5匁	25貫828	慶応3年の銭相場金1両=9貫300文　、故25貫828文は2両と7貫228文となる

九月八日には「米粃代内渡」として銭七貫八百七十二文、一二月一一日には金一両一分一朱と銭百二十四文を「米粃代八丁堀遣ス」とある。

このように、喜久蔵も武士でありながら実家への米糠や米粃の調達に一役買っていたことが判明する。

④明治二年になると、喜久蔵一家は東京を離れ、国元の膳所へ転居する。その様子を窺ってみよう。

明治二年三月一三日には、森喜久蔵外四人が太子堂村の実家に入来した。酒やさしみを買って持て成している。また同年六月八日喜久蔵の来訪には酒一升五合と肴で供応している。六月晦日には、太子堂村の森家から喜久蔵方へ煎餅を持参して訪ね、翌日の七月一日には喜久蔵の悴繁吉に金一分を祝儀として遣した。同月四日には、「喜久蔵殿江餞別」として金二分を贈り、同時に金五両を「同人江貸申候」とある。

このとき、父忠左衛門は六三歳、母はつは五九歳、喜久蔵四一歳である。これが喜久蔵と両親との最後の別れとなった。

6　江戸城大奥奉公に上がった六代忠左衛門の娘すずとますの姉妹

六代名主忠左衛門の娘すずとますの両人はほぼ同時期の安政五年（一八五八）から文久三年（一八六三）までの六年間江戸城大奥奉公に上がっていた。すなわち、姉のすずは一九歳から二四歳まで、妹のますは一七歳から二二歳までである。大奥奉公を退いた二年後の慶応元年（一八六五）に、それぞれ結婚した。姉のすずは江戸麹町（現在千代田区）の武士福島正好と結婚し、妹のますは太子堂村の隣村の代田村百姓鈴木米次郎と結婚した。

ここでは、すずとますの大奥奉公について検討することとしよう。

すずとます姉妹の大奥奉公に上がる前年の安政四年（一八五七）五月の「端物古着買立控帳」には、同年五月から文久二年（一八六二）一二月までの六年間における森家の衣類等購入状況が年月日順に詳細に記載されている。[22]この記載の中から、すずとます両人の衣類の買入れ状況を表示すると、〔表2〕のようになる。〔表2〕から判明する事項を簡単に列挙すると次のとおりである。

①すずに関する記事は三〇項目であり、その支出総額は金八両三分二朱・銀二一匁三分六厘・銭八貫七二二文である。それに対して、ますに関する記事は二六項目、その支出総額は金五両二分二朱・銀六一匁二分三厘・銭一貫五八二文となる。すずの方がますよりやや高額の支出となっている。しかし、両人の合計金額は金一四両二分・銀八二匁五分九厘・銭一〇貫三〇四文となり、相当高額なものである。

②すずの支出の中には、安政五年（一八五八）一〇月一七日に「桐小だんす」二分二朱とあり、衣類を入れる桐の小箪笥を購入している。

同年一二月二六日には、一両一朱を「御殿帯代ニ而遣ス」、同日金一両を支出し「金三分二朱島縮緬壱反御殿にて買候代同人江遣ス、其外小遣」とある。これは、すずが御殿で島縮緬一反を三分二朱で購入したのに対し、父忠左衛門は一両を渡し、残金二朱を小遣としたということである。大奥では、女性の衣類や帯などを売る商人が出入りしていたことが判る。

③ますの記事の中で注目されるのは、安政六年（一八五九）一一月一二日「一金弐朱　金弐分ニ而女布子一ツ買候内壱分弐朱増女ゟ受取」とある。これは、父忠左衛門が金二分で「女布子一ツ」を購入してますへ渡すと、その代金の一部一分二朱をますから受取ったということである。それ故、父忠左衛門の支出は二朱であったという意味である。

④この「端物古着買立控帳」の安政五年一二月の記事に次のような記載がある。[23]

[表2] 名主忠左衛門娘すず・ます衣類等買入れ一覧

年.月.日	すず				ます			
	金	銀	銭	物品	金	銀	銭	物品
安政4.5.1	1両			縮緬の単物地1反反物				
4.閏5	1朱	3匁5分		紫縮緬うらゑり	1分			白地中形単物古着ニて
4.9	2分1朱			太折中型小紋帯地売丈買				
5.5.2					1分	3匁2分		中形1反単物
5.5.3					1分	5匁		中形地単物
5.5.3						1匁2分6厘		さらし木綿3尺
5.5.3						4分5厘		萌黄絹糸
5.5.3						3分		木綿糸
5.9.4	1分1朱			桟留嶋1反				
5.9.4		1匁8分6厘		小袖綿				
5.9.24					1分2朱		200文	木綿袷1ツ
5.9.24					2朱		72文	太折女帯地
5.10.7						3匁5分		黒繻子半ゑり
5.10.7						7匁3分8厘		秩父絹6尺
5.10.7							48文	芳礼綿
5.10.17	2分2朱	1匁		めいせん1反				
5.10.17	2分2朱			桐小だんす				
5.12.22		14匁4分		緋ちりめん切三尺	3分2朱	2匁5分		嶋縮緬女小袖
5.12.26							316文	前掛切地
5.12.26	1両1朱			御殿帯代ニ而遣ス			232文	丸文半足袋
5.12.26	1両			金3分2朱嶋縮緬1反御殿にて買候代同人江遣ス、其外小遣				
6.3.18	2分3朱			縮緬替裏小袖	1両1分2朱			御召縮緬替裏女小袖
6.4.29					2分		100文	木綿紺縮単物1ツ
6.5.2	1分			帷子買代				
6.6.24							276文	白木綿6尺
6.7.6	1朱		80文	麻木綿7尺				
6.8.10					2朱			帯地太折
6.9.18	2分2朱			帷子買代				

6.10.28	1分2朱			四布蒲とん				
6.10.28	2分2朱			内ニ有之候夜着1ツ右之代くらい				
6.10.28	1分2朱			布子1ツ遣ス				
6.11.12					2朱			金2分ニ而女布子1ツ買候内1分2朱増女より受取
6.12.9	1分2朱	1匁		女布子1ツ				
6.12.9	1分			女裕1ツ内より同人江遣ス				
6.12.9		5匁5分		白木めん1丈1尺同人江遣ス				
6.12.14	3朱		100文	小袖花色絹裏1枚同人江				
6.12.27	1分	3匁		緋ちりめん腰帯しん共同人江				
万延1.閏3.28	1分	4匁3分		単物1反				
1.閏3.28	1分	3匁		単物1反				
1.5.1						16匁5分		中形単物1反
1.5.1					1朱		38文	白ちりめん帯留3尺5寸
1.9.7	2分			当夏中晒帷子買候払				
1.9.7	2朱	2匁3分		うこん木綿1反遣ス				
1.9.7	3朱		100文	古着緋裏裾廻しなし1枚				
1.9.7	2朱	1匁5分		花色裾廻し6尺				
1.9.19	1両			模様物買足合金同人江渡ス				
1.12.22					1分		200文	不断帯買払相渡ス
1.12.22					1朱		100文	めいせん前掛地買同人江
文久1.6.22					1両			帷子
1.7.9	1両2分2朱			着物払				
2.12.29						18匁3分9厘		太折切地九尺帯地
2.12.29						2匁7分5厘		前掛
合計	両分朱 8.3.2	匁分厘 21.3.6	貫 文 8.722		両分朱 5.2.2	匁分厘 61.2.3	貫 文 1.582	

［注］ すず・ます合計　金14両2分・銀82匁5分9厘・銭10貫304文（銭相場1両＝6貫732文、換算金15両2分・銀82匁5分9厘・銭3貫572文）

「　覚
　一金三分二朱也　午十二月増女ゟ給金受取
　一金壱分三朱也　　同月鈴女ゟ給金受取
　〆金壱両壱分壱朱也
　　　　　　　　　　　　」

この金額は安政五年分の森家全員の衣類購入代金「金拾四両ト銭七百七拾弐文」のうち、ます・すず両人が大奥奉公の給金の中から負担した金額を示しているのである。

つぎに、この大奥奉公期間のうち文久元年（一八六一）一月から元治二年（慶応元、一八六五）四月までの四年間余の父忠左衛門からすずとますに与えた小遣を各年の「諸式小遣其外入用控帳」の中から抜粋して表示すると〔表3〕のとおりである。

この〔表3〕によって判明する事項を列挙すると次のとおりである。

すずは三四回、総額金二両三分と銭五貫五四四文である。ますは二六回、総額金二分二朱と銭四貫九七〇文となる。両人合計金三両一分二朱と銭一〇貫三八四文となる。

この小遣は、ただ「小遣」とある場合と「御本丸江出候節小遣」「御城江菓子」「御城江参り小遣色々」等と江戸城大奥へ登城する場合の「小遣」とに大別できる。すず・ますとも四年間で一〇回ぐらい帰宅している。一回の小遣の額は二朱、または二〇〇文程度で必ずしも高額とはいえない。

すずの場合は、「たばこ一斤同人江遣ス」（三〇〇文）、「たばこ二斤同人江」（六〇〇文）、「同人きせる」（一五六文）等がみられ、すずは喫煙者であったようである。

この小遣の中で、注目されることは、文久三年（一八六三）二月八日「一金弐朱ト弐百文　御本丸ゟ飛脚賃」とあり、それから一か月余の三月一五日「一弐百文　増女迎之入用」とある。これはますの「宿下がり」ともみられるが、同年一〇月一七日「一百四拾八文　両人御城江出小遣」とあるので若干疑問が残る。同年一二月一六日に「一百文　渋谷御本丸御用人江菓子遣物」とある。この「渋谷御本丸御用人」とはどういう人物か不明であるが、大奥奉公に際し、何らかの関りがあった人物で、「宿下がり」をまじかにひかえて、菓子を持参して挨拶に赴いたともとれなくもない。

元治二年（一八六五）四月六日「一、四百文　鈴女御城江上り小遣ニ遣ス」とあり、この記事をもってすず・ますに関すると大奥の記事は終わるのである。

7　武士と結婚した六代忠左衛門の娘すず

大奥奉公を終えたすずとますは、前述したようにそれぞれ結婚した。すずは慶応元年（一八六五）一〇月に二六歳で、江戸麹町居住の武士福島正好と、ますは同年二月、二四歳で太子堂村の隣村代田村の百姓鈴木米次郎とそれぞれ結婚した。

すずの結婚披露は慶応元年（一八六五）一一月二八日に弟力之助の結婚披露と合同で行われた。この両人の婚礼を記録した書類に「慶応元年丑十月十二日より森力之助寿す両人婚礼ニ付諸式入用覚帳　太子堂村森忠左衛門」(25)が存在している。

この記録によると、次のように書かれている。

「　覚

丑拾月十三日聟入ニ付

一六百七拾弐文　いな五つ

［表3］　すず・ます大奥奉公期間の父忠左衛門からの小遣一覧

年.月.日	すず				ます			
	金	銀	銭	内容	金	銀	銭	内容
文久1.1.26			172文	御本丸江出候節小遣				
1.2.6							400文	小遣
1.3.5							200文	小遣
1.3.5							32文	遣し
1.3.12							200文	御城出候小遣
1.3.26							300文	小遣
1.3.26							160文	同人出候節小遣色々
1.4.29	2朱			小遣				
1.5.2					1朱			小遣
1.6.6							300文	小遣
1.6.22							300文	小遣
1.7.9	2朱			小遣				
1.7.9			160文	両人御城江出小遣				
1.7.9			172文	江戸二度小遣				
1.8.9					1朱			小遣
1.8.9							132文	二人江戸小遣
1.9.4	2朱			小遣				
1.9.11							400文	小遣
1.10.26					2朱			小遣
1.11.21							200文	小遣
1.11.21	2分			小遣				
1.11.25	2朱			小遣				
1.12.19			100文	江戸両人小遣				
1.12.20							148文	江戸両人小遣
1.12.23			400文	江戸両人小遣				
1.12.23					2朱			小遣
2.2.13	2朱			小遣	1朱			小遣
2.2.13			100文	御城江菓子				
2.3.20			348文	御城江参り小遣色々				
2.3.20	1分			遣ス				

2.4.13			100文	淡嶋様両人小遣				
2.5.3	2朱			小遣			500文	小遣
2.7.2					1朱		100文	小遣
2.7.4	2朱			小遣				
2.閏8.10	2朱		500文	小遣				
2.閏8.12							200文	小遣
2.9.7							400文	小遣
2.9.8	2朱							
2.10.17					1朱			小遣
2.11.2	2朱			遣ス				
2.11.2			300文	たばこ1斤同人江遣ス				
2.11.2			264文	御本丸迄2人小遣				
2.11.24							300文	小遣
2.12.23	1分							
2.12.28							500文	小遣渡
3.2.4	1分			遣ス				
3.2.4			600文	煙草2斤同人江				
3.2.4			200文	御城江出2人小遣				
3.2.8					1朱			遣ス
3.2.8	2朱		200文	御本丸より飛脚賃				
3.3.15							200文	増女迎の入用
3.6.4	1朱			遣ス				
3.6.4			156文	同人きせる				
3.6.10			200文	遣シ				
3.10.17			148文	両人御城江出小遣				
3.12.16			100文	渋谷御本丸御用人江菓子遣物				
元治2.3.1			300文	小遣遣ス				
2.3.1			300文	すず錠之助小遣				
2.3.27			324文	晒木綿切地九尺寿々女分				
2.4.6			400文	鈴女御城江上り小遣ニ遣ス				
合計	2両3分		5貫544文		2分2朱		4貫970文	

［注］すず・ます合計金3両1分2朱・銭10貫384文（金1両＝6貫700文換算）→金4両1分2朱・銭3貫684文

一百拾六文　　　買物出小遣
一金壱朱　　　　供之もの江祝儀
　　（以下略）
　　　　　　　　　　　」

これによると慶応元年一〇月一三日に「聟入」が行われた。「聟入」とは「嫁入」の前に聟が嫁の家に行き披露宴を行うことである。福島正好が供一人をつれてすずの実家を訪ねたのである。そのときに森家から供の者へ金一朱を祝儀として渡したのである。この帳面には、以後二二項目にわたってすずの嫁入り支度のための購入品が代金とともに列挙されている。ついで、森力之助の聟入のための諸品とその代金が記されている。

一一月二八日には招待客一四名が列記され最後には次のように記されている。

「右は、丑十一月廿八日寿々女、力之助両人ニ而結納酒披露として右之人数客呼ニ御座候、尤丸印之分ハ家内中呼申候控」

として、丸印の家族ぐるみの招待客は五軒であり、一軒につき一人のみは六軒、二人は三軒である。この二人招待の三軒の中には、すずの妹で、すでに同年二月に結婚していたます・米次郎夫婦が含まれている。

この帳面の末尾には、招待客からの「祝儀貰覚」が記されている。合計金二両であるが、その中に妹ます・米次郎家からは、

「一金壱分御祝儀　代田米次郎
一金壱分　　　　　同　人
一御樽代壱ツ　　　同　人
一扇子壱対　　　　同　人

鈴女・力之助江祝貰申候　」

とあり、他家に比較すると一段と高額な祝儀を出していることが注目される。

すずと結婚した福島正好という武士は一体どのような武士なのだろうか。今のところ充分には把握できていない。[26]すずの実家森家と福島正好家との交際の状況を、慶応二年（一八六六）四月から明治三年（一八七〇）閏一〇月までの約五年間についてみると〔表4〕のとおりである。[27]この表から判明する事項を指摘してみよう。

①慶応二年四月二八日には、父忠左衛門が福島家を訪ねた。しかし、当主は留守であったが、「御伺遣物」として金一分とせんべい・たばこ四ツ・小遣（二〇〇文）をすずに渡している。

②同三年九月には、すずが出産し、父忠左衛門が九月一六日には「番町（現在千代田区）福島江初着代祝」として金一両一分と鰹節二本（八四〇文）を持参した。

③同四年三月一日には「福島江餞別」として金三分と土産（二〇〇文）を持参した。「餞別」とあるが、その実態は不明である。年月日からみて、武士身分の解消と関連があるのだろうか。

④明治二年一月一二日の項に「正月八日初而福島兵馬入来ニ付酒三升買申候」として、金二分一朱を、また同日「同断肴買代」として金三朱を支出している。福島正好が兵馬と改名したのであろうか。

⑤明治三年になると福島関係の記事が二一項目と激増している。森家と福島家との交際が盛んとなり、福島が来訪の節は酒で持て成し、土産を渡している。

同年閏一〇月五日の項には「一金拾両也　十月十五日福島江預ケ」また同日「一金三拾五両也同人江預ケ」という記事がみえる。

この時期には森家では豚の飼育経営に乗り出していた。それを示すのが、次の文書である。

[表4]　すずの実家（森家）と武士福島正好家との交際一覧

年.月.日	金額			内容
	金	銀	銭	
慶応２.４.２８	１分			福島留守　御伺遣物
〃　２.４.２８			３００文	同人江せんべい
〃　２.４.２８			１００	たばこ４ツ
〃　２.４.２８			２００	其節小遣
〃　２.９.２５			６００	福島遣物其外
〃　２.１１.５			２００	福島江土産
合計	１分		１貫４００文	〔出典〕慶応２年正月「諸色小遣外控帳」
慶応３.２.１７			１貫８００文	福島遣物
〃　３.３.６	１分			白木綿６尺゛桃色６尺福島江祝
〃　３.４.１０	２朱			福島江菓子
〃　３.６.１４			３００	福島江菓子
〃　３.９.１６	１両１分			番町福島江初着代祝
〃　３.９.１６			８４０	同所江鰹節２本
合計	１両２分２朱		２貫９４０	〔出典〕慶応３年正月「諸式小遣其外入用控帳」
慶応４.１.１７			１貫０００	福島年始
〃　４.２.２			２貫０００	玉子３５福島遣物
〃　４.３.１	３分			福島江餞別
〃　４.３.１			２００	土産
合計	３分		３貫２００	〔出典〕慶応４年正月「諸式小遣入用万廉控帳」
明治２.１.５			１貫２７２文	鶏゛卵２０福島江土産
〃　２.１.１２	２分２朱			正月８日初而福島兵馬入来ニ付酒３升買申候
〃　２.１.１２	３朱			同断肴買代
〃　２.４.１９			１貫０４８	玉子１４福島遣物
合計	３分１朱		２貫３２０	〔出典〕明治２年正月「諸色小遣入用附立帳」
明治３.１.２	２朱			菓子福島年玉
〃　３.３.２０	１朱		２００	福島参り入用
〃　３.３.２７			２貫０００文	酒２升　福島出候節買
〃　３.４.１５	１朱			福島土産
〃　３.４.１５	１朱			煙草半斤
〃　３.４.１５			１３２	同
〃　３.５.５	１朱			福島江せんべい遣ス
〃　３.６.３	１分			酒１升福島参り候節
〃　３.７.２６	２朱		２００	福島氏江菓子遣物
〃　３.９.１０	１朱			枝柿９わ福島氏江
〃　３.９.１４	２朱			福島土産
〃　３.１０.８	１朱			福島土産
〃　３.１０.９	１朱			其節小遣
〃　３.１０.１４		１３匁		上酒１升　福島江遣ス
〃　３.１０.１４			４００	同断
〃　３.閏１０.２	１朱			福島江土産
〃　３.閏１０.５	１０両			１０月１５日福島江預ケ
〃　３.閏１０.５	３５両			閏１０月４日同人江預ケ
〃　３.閏１０.１９			３００	みかん２１福島江遣ス
〃　３.閏１０.１９	１朱			其節土産其外共
〃　３.閏１０.２１	３朱			たこ１ツ福島江遣ス
合計	１両１分２朱 ４５両（預け金）	１３匁	３貫２３２	〔出典〕明治３年正月「万機入費日々附立帳」
総合計	４両３分１朱 ４５両（預け金）	１３匁	１３貫０８４	

「明治三年十月豚一条諸入用控帳　森氏」[28]である。これによると「〆金六拾弐両弐分　豚買込、内金弐拾両は福島方江今以乗合」とある。明治維新となり、武士も百姓も新しい商売に踏み出したのであった。

名主忠左衛門の長男菊之助は武士の家へ養子に入り、維新以後は実家森家から離れ、独自に苦難な道を辿り、娘すずは武士福島正好と結婚し、維新以後は実家森家との共同で新しい産業に携ってゆくのであった。[29]

三　武士と結婚した森家以外の太子堂村の女性たち

1　御家人と結婚した百姓角次郎の姉ぎん

太子堂村百姓角次郎姉ぎんは文久四年（一八六四）二月、二五歳で幕府吹上奉行支配、江戸麻布田島町（現在港区）居住の武士岩崎雄之助二八歳と結婚した。その時の「人別送り状」と その「受取書」は次のとおりである。

人別送り一札之事

木村董平御代官所
武州荏原郡太子堂村
百姓角次郎姉
ぎん
当子廿五才

右之もの儀此度貴殿妻ニ差遣し申候趣申出候ニ付、当村人別致除帳申送り候間、其御筋人別江御加入可被成候、
此段申送り候、為後日依而如件

右村
名主　忠左衛門

文久子四年二月
麻布田島町
岩崎雄之助殿

人別送り書受取之事

右は今般其御村方百姓角次郎殿姉ぎん事、拙者妻ニ貰請申候、然ル上は其筋人別ニ差加江可申候、尤右ニ付故障のもの一切無御座候、為後日之人別請取一札入置申処如件
文久四甲子年二月
吹上奉行支配
麻布田島町
岩崎雄之助㊞
木村董平様御代官所
武州荏原郡
太子堂村
名主　忠左衛門殿

この二通の文書によって、この結婚が正式に認証されたものであることが判明する。
そこで、ぎんの家柄について簡単に記しておこう。

ぎんは天保一一年（一八四〇）父民蔵・母みよの長女として生まれた。民蔵家の持高は同年一石八升余、同一五年（一八四四）一石九斗二升、明治二年（一八六九）一石二斗九升余となり、比較的安定した持高を維持していた。前述したように太子堂村の持高は年貢高を示し、一石以上の持高は自作・富農層に入るのである。

父民蔵は、ぎんが結婚する一年前の文久三年（一八六三）に四八歳で死去し、弟角次郎が父の跡を相続した。

さて、夫となった岩崎雄之助は吹上奉行支配とあるが、どんな役職であろうか(30)。

吹上奉行は吹上花畑奉行ともいう。江戸城西丸の北面にあった吹上の庭を管理し、同時に御茶屋の掃除や庭の手入れなどを行った。定員は三名で役高二〇〇俵、役料として七人扶持が給された。焼火間《たきびのま》を詰所とし、若年寄支配に属す。配下には、吹上添奉行、役人目付、御庭入口番人頭、御屋敷方世話役などがあった。

さて、百姓角次郎の姉ぎんと武士岩崎雄之助との両者の縁をとりもったものは何であろうか。その一つと考えられるものに、「慶応三年九月　下掃除場所取調書上帳　武州荏原郡太子堂村」の中の次の記載である(31)。

「
（太子堂村）
同
角次郎

去戌年ゟ三拾ケ年
一、江戸青山甲賀町林口与右衛門様
右同断
一、同町　小谷辰三郎様
去丑年ゟ三ケ年

一、江戸青山御手大工町小菅銀三郎様

去申年ゟ八ケ年

一、江戸麻布田島町岩崎雄之助様

右同断

一、同町　石島貞四郎様

〆　　　　　　　　　　　」

これによると、角次郎は「去申年」（万延元年＝一八六〇）より「八ケ年」にわたり「江戸麻布田島町岩崎雄之助様」の下肥を購入していたのである。これが機縁となって、文久四年（一八六四）にぎんが岩崎雄之助と結婚したといえるのではないだろうか。

ぎんは結婚すると名前をすず（寿々）と改名した。幕府の崩壊した明治二年（一八六九）二月雄之助は家族五人（雄之助三三歳・妻すず三〇歳・娘しやう七歳・悴鎌太郎五歳・雄之助妹みの一二歳）と共に、すずの実家角次郎方へ寄宿し、その後すずの親戚、太子堂村の百姓利左衛門の貸家に居住し「筆工職」（筆を製造する職工）で生計をたてていた。七代森岩次郎妻きんが死去した明治一〇年（一八七七）四月三日の「香奠其外諸式附立帳」の中に「一、六銭二厘五毛　大塚筆屋雄之助」とある。[32]「大塚」というのは太子堂村の中の字名で大山街道に面している場所である。

かつての武士が維新以後村の庶民の中に融合している姿をみることができるのである。

2　大名の家来の妻となった百姓久蔵の従姉とめ

慶応四年（一八六八）六月一三日、青山左京太夫家来山科庄吉郎から太子堂村名主忠左衛門へ庄吉郎伯母とめに関する「人別送り状(33)」が届けられた。

人別送り之事

一我等伯母とめト申すもの、当辰六拾八歳ニ相成候もの、貴殿御支配内百姓久蔵方江引渡候ニ付当屋敷人別相除此段申送リ候間、其御村方人別ニ御加入可被下候、此段頼一札入置申処如件

慶応四辰年

六月十三日

青山左京太夫家来

山科庄吉郎㊞

松村忠四郎殿御代官所

武州荏原郡太子堂村

名主

忠左衛門殿

これによると、伯母とめ六八歳を太子堂村百姓久蔵方へ引渡しすることになったので、山科庄吉郎の屋敷人別からとめの名を除くので、太子堂村人別に加入してくれる事を依頼したものである。

また山科庄吉郎から久蔵宛にとめ引渡しの際に次のような「証文」が出されている。

入置申一札之事

一我等伯母とめト申もの身寄ニ而不遁ものニ御座候候処、今般示談之上、其元江引渡申、尤扶持料として、月々金弐分ツヽ、堀田何様御家来何誰様ゟ右とめ義は養母ニ罷在候ニ付、其身壱代之月々差出可申筈対談行届候ニ付、此上何分御せ話被成下候様頼上候、尤右之もの死去いたし候節は其元菩提寺江葬式是亦頼上候、右ニ付彼是故障等一切無御座候、為後日御頼一札入置申処如件

慶応四辰年六月

青山左京太夫家来

山科庄吉㊞

武州荏原郡太子堂村

久　蔵殿

これによると、伯母とめの引渡し条件として、扶持料として毎月金二分ずつを堀田何様家来何誰様より、とめ一代の内は提供する。とめは、この人の養母に当る。またとめが死去したときは、久蔵の菩提寺で葬式を頼む。

とめと久蔵との関係は「宗門改帳」などで調べると次のとおりである。

とめは、久蔵の父次兵衛の姉の長女であり、久蔵の従姉に当る。明治二年に父次兵衛が八四歳で、また同五年とめが七二歳でそれぞれ死去した。久蔵家の持高は、天保一五年（一八四四）では五斗七升余、嘉永二年（一八四九）には二斗三升余、明治二年（一八六九）には二斗七升余であり、村内でも持高は低く、職人を兼業していた。

とめが嫁いだ青山左京太夫家来山科太兵衛とはどの程度の武士身分の者であったかは不明であるが、前述した慶応三年九月の太子堂村「下掃除場所取調書上帳」には次のように記載されている。(34)

「

（太子堂村）

同

久　蔵

去寅年ゟ弐ケ年
一、江戸青山若松町高野仁三郎
去申年ゟ八ケ年
一、江戸麻布龍土青山左京太夫様御下屋敷内
　岡野文太郎
　山科庄蔵
　鷲見吉五郎
　川合準次郎
　岡本新蔵
　松本久兵衛
」

これによると、久蔵は「去申年ゟ八ケ年」すなわち万延元年（一八六〇）より慶応三年（一八六七）までの八年間にわたり、「江戸麻布龍土青山左京太夫様御下屋敷内」の六軒の武士の家の下肥を購入していたのであり、その一軒に山科庄蔵家が入っているのである。これはとめが山科太兵衛と結婚した以後に下肥関係が発生したものと思われるが、両者のあり方を示す注目すべき事柄である。

なお、青山左京太夫は譜代大名篠山藩六万石の領主であり奏者番等を勤めた。篠山城は兵庫県多紀郡篠山町にあった。[35]幕府の崩壊により、大名の家来の家も解体し、とめは結局出身の百姓家を頼らざるを得なかったことを示しているのである。

3　大名の家来の妻となった百姓豊次郎の妹たき

たきは、太子堂村百姓豊次郎の妹で、安政五年（一八五八）四月、二二歳のとき、徳川御三家の一つ紀州藩の江戸詰家臣である高梨久兵衛の弟祐三郎（勇次郎）と結婚した。次の文書は、その時の「人別送り状」である。[36]

小林藤之助御代官所
武州荏原郡太子堂村
百姓豊次郎妹
たき
午二十二歳

右之もの此度紀州様御添屋敷内高無《梨》勇次郎殿妻ニ差遣し候趣申出候ニ付、依之当村人別致除帳、此段申送り候間、其御屋敷人別ニ御差加へ可被成候、已上

右村
名主
忠左衛門印

安政五午年四月三日
紀州様御添屋敷内
高無久兵衛様

この文書は、太子堂村名主忠左衛門が高無（高梨）久兵衛へ宛てた、たきの「人別送り状」の控である。これを受

取った久兵衛が名主忠左衛門に、たしかにたきの人別送り状を受け取り、たきの人別を祐三郎（勇次郎）の妻として、高梨家の人別に加えたことを通知したのが次の文書である。

小林藤之助殿御代官所武州荏原郡
太子堂村百姓豊次郎妹たき
右は拙者弟同苗祐三郎妻ニ貰請申候処実正也、右ニ付村人別致除帳被相送申候段委細致承知、人別江相加へ申候、以上

安政五年
午四月
紀伊殿家来
高梨久兵衛㊞

名主
忠左衛門殿

この文書は、先の名主の人別送り状を受けて、高梨久兵衛から名主忠左衛門に宛て、たきと弟祐三郎との結婚が成立し、武家の人別に加えたことを知らせたもので、この結婚が正式手続のもとに行われていたことが分る。

しかし、どのような経緯で両者が結婚に達したかについては不明である。

しかし、それから七年後の元治二年（一八六五）二月、たきと祐三郎の結婚は破局を迎え、離婚した。たき二八歳のときである。次の文書がその時のものである。(37)

一札之事
一貴殿娘たき事、先年拙者妻ニ貰請候処、此度心ひ違之義御座候ニ付、離縁いたし、右ニ付人別慥ニ相返し申

候、以上

元治二年丑二月　　　　　　　　高梨祐三郎㊞

兼次郎殿

桐　蔵殿

離婚の理由は「心ひ違」であったというが具体的なことは不明である。この文書は、離縁により夫祐三郎が、たきの人別送り状を親兼次郎へ送ったという証文である。兼次郎と並んで桐蔵の名前があるが、この桐蔵がどのような人物かは不明であるが、あるいは祐三郎とたきの結婚を斡旋・仲介した者であろうか。

離婚したたきは、太子堂村の実家へ戻ったが、実家では父兼次郎が大病をわずらい、そのため経済的にも一層困窮し、持高もたきが結婚したときの三分の一に減少して、わずか高一斗八升七勺という、ごく零細なものとなっていた。たきは実家に戻ってから九か月後の慶応元年（一八六五）十一月に、横浜港崎町《みよさきちょう》（現在神奈川県横浜市）松五郎店遊女屋徳兵衛方へ奉公に出た。そのときの人別送り差出しの依頼状が次の文書である。[38]

入置申一札之事

一今般我等妹たき事、横浜港崎町遊女屋徳兵衛方江奉公稼ニ差出度ニ付、同人人別送り状御差出呉候様申出候処、右始末方種々御尋被成候処、親兼次郎義一躰病身もの之処、殊ニ当節大病ニ而罷在候処、困窮ニ而薬用も不行届、何卒全快為致度奉公ニ差出シ、其金子ヲ以薬用致度、勿論遊女屋奉公ニは候得共、下働奉公ニ而遊女奉公ニは無㊞御座候、依而は当人人別送り、同町其御筋江御差出可被下候、右ニ付以後何様之六ケ敷義出来候共、加判人并当人ニ而急度引㊞受埒明ケ、貴殿方江少も御苦労ニ相懸ケ申㊞間敷候、為後日一札入置申候処、仍而如件

武州荏原郡

太子堂村
百姓
豊次郎㊞
組頭
利右衛門㊞

慶応元丑年十一月

名主
忠左衛門殿
村役人中

この文書によると、たきの遊女屋奉公は親兼次郎の病気治療のための薬代を得るためであり、遊女屋奉公といっても下働き奉公であって決して遊女奉公ではないことを強調している。しかし、下書では「下働奉公」という文言はなく名主が追加したものである。こうして、たきの人別送り状が港崎町の佐藤啓之助宛に出されたのである。(39)

木村董平御代官所
武州荏原郡太子堂村
百姓豊次郎妹
たき
丑二十八歳

一生国御当地
真言宗ニ而代々当村円泉寺旦那

右之もの此度横浜港崎町松五郎店遊女屋徳兵衛方江奉公ニ差出度旨申出候ニ付、則取調候処、親兼次郎不断病

身もの、殊ニ当時大病ニ而薬用も行届兼、薬代金ニ差支、為薬用当人ゟ奉公致度由申之ニ付、此段申出候間、
　当村人別致除帳申送リ候、以上

右村
名主
忠左衛門㊞

慶応元丑年十二月
佐藤啓之助殿

当時、横浜は外国貿易港として、生糸売込商などが集まり繁栄していたが、たきが奉公に出てから一〇か月後の慶応二年（一八六六）一〇月二〇日早朝、大火により港崎町の廓はことごとく焼失して死者四百数十人をだし、多くの遊女が焼死するという事件が起きた[40]。その後のたきの消息は、杳としてつかめない。村の女性が江戸町方の武士の妻となり、離婚して横浜の遊女屋奉公に出るという顛末のなかに、この時代に生きた女性の一つの姿をみることができるのではないだろうか。

おわりに

小論では、江戸周辺農村の一つである太子堂村をとりあげ、武士と農民との婚姻関係の事例を提示した。その結果、江戸周辺農村の村々にとって、江戸はまさに婚姻圏の一環であり、婚姻の対象は町人だけでなく武士身分のものも入っているということが判明した。

小論では太子堂村に限定したが、太子堂村にみられる事例が、他村でもみられるのである。

例えば、江戸日本橋より四里（一六キロメートル）の荏原郡用賀村（現在世田谷区）名主飯田家に存在する「飯田家系図」[41]に歴然としている。簡単に紹介すると次のとおりである。

近世中期以降、用賀村名主九代飯田安之丞吉房の娘タミは「仙台藩士相原甚之丞室」、一〇代栄治良吉寛の娘コウは「西丸御徒河原量平室」、一一代安之丞吉延の長男菊太郎武保は「仙台藩士佐々木家養子」、同三男壽三郎吉房は「仙台藩士伊藤家養子」とある。飯田家と仙台藩との関係が注目される。

また、旗本の娘が農民へ嫁いだ事例もある。江戸日本橋より六里（二四キロメートル）の多摩郡西窪村（現在武蔵野市）名主井野家の「過去帳」の記載の中には、一〇代名主紋右衛門の妻は「江戸旗本ノ娘、知恵吉善応ノ娘」とあるが「行年廿九才若クシテ死ス、実子ナクシテ夫人ノ弟ヲ養子トス」（天保二年三月七日）とあり、旗本の家から養子を迎え、一一代名主紋右衛門となるのである。[42]

このような武士と農民との広汎な婚姻関係の展開をどう理解したらよいのであろうか。江戸時代の「士農工商」といわれた身分制度は崩壊し、明治時代以降は「四民平等」へと移行するが、その実態は幕末期にはすでに部分的ではあるが、現実化していたといえるのではないだろうか。

註

（1）比較的最近のものとしては「江戸関係主要文献目録」（竹内誠編著『近世都市江戸の構造』所収、三省堂、平成九年）がある。

（2）森家文書は、現在世田谷区立郷土資料館に寄託され、『旧荏原郡太子堂村名主森家文書目録』（昭和五六年）・「森家文書補遺」（『世田谷区諸家文書目録』（昭和五九年）が刊行されている。

（3）拙稿「幕藩制崩壊期における都市と農村―江戸周辺農村の構造と動向―」（歴史学会編集『史潮』新八号、弘文堂、昭和五十五年）のち拙著『幕藩制国家の基礎構造』（吉川弘文館、昭和五六年）に収録。

（4）拙著『世田谷女性史（中）―幕末期の太子堂村と妻たちの生涯―』（東京都世田谷区教育委員会発行、昭和六一年）

拙稿「江戸周辺農村の日常生活の一斑―武州荏原郡太子堂村M家『諸式入用控帳』の分析―」（国学院大学史学会編集『国史学』一八〇号、平成一五年）。

（5）註（3）の拙稿参照。

（6）森家には、いわゆる「系図」は存在しない。それ故ここでは「過去帳」「宗門人別改帳」等から作成したものである。なお、初代から四代までの戒名は、信士・信女であったが、森家九代忠左衛門が昭和二〇年代に院居士・院大姉を追号した（過去帳奥書より）。

（7）太子堂村森家の先祖が武士であったことを証徴するものに戦国時代の長巻の太刀が森家に伝存されている（文化庁からの保存所持許可の認定を受けているものである）。

（8）武士の森保右衛門―喜久蔵の子孫は、現存しており、兵庫県宝塚市に居住の森みゐ子氏である。先祖に関する若干の資料を所持されていたが、阪神淡路大震災の際、家屋とともに焼失した。大震災以前に一度訪問して関係資料をみせてもらったことが小稿作成に大変役立った。ここに森家の皆様に厚く感謝の意を表したい。

（9）木村礎・藤野保・村上直編集『藩史大事典』第5巻近畿編六一頁（雄山閣出版、平成元年）。

（10）この「香奠帳」は『世田谷区教育史』資料編一、一一九頁に収録（世田谷区教育委員会、昭和六三年）。

（11）『藩史大事典』第5巻近畿編九七頁。

（12）世田谷区立郷土資料館編集『世田谷区史料叢書』第十六巻七八頁（世田谷区教育委員会発行、平成一三年）。

（13）森家「過去帳」には「金五郎」とあるが、関係文書にはすべて「吉五郎」とあり、吉五郎が正しいといえる。

（14）監修小西四郎・編集熊井保・大賀妙子『江戸幕臣人名事典』第二巻一五五頁（新人物往来社、平成元年）。

（15）『世田谷区教育史』資料編一、七七頁。

（16）前掲書（註14）一一八頁。

前掲書（註14）一二三頁。

(17) 前掲書（註14）一二八頁。
(18)『江戸幕臣人名事典』第三巻、一六二頁（平成二年）。
(19) この間の事情については、太子堂村森家文書の中に喜久蔵から弟岩次郎に宛てた書簡が数点存在し、知ることができる。
(20)『世田谷区史料叢書』第十六巻所収。
(21) 太子堂村の森家に残る喜久蔵の書簡の記載による。
(22)『世田谷区史料叢書』第十六巻一九～三〇頁。
(23) 前掲書（註22）一二三頁。
(24) 前掲書（註22）三一～一七九頁。
(25)「森家文書」の文書番号三三三。
(26) 福島正好については、福島正則の傍系正長系との説もあるが確証は得ていない。『寛政重修諸家譜』第一一巻三二一～三二四頁（続群書類従完成会、昭和四一年）。
(27) 前掲書（註22）二一八～四一三頁。
(28) 前掲書（註22）四一〇～四一三頁。
(29) 明治維新以後の菊之助（喜久蔵）の森家や福島家については別稿にゆずりたい。
(30)「吹上奉行」については『日本歴史大事典』3、五一三頁（小学館、平成一三年）による。
(31)『世田谷区史料』第四集四四五頁（東京都世田谷区、昭和三六年）。
(32)『世田谷区教育史』資料編一、一五一頁
(33) 前掲書（註32）一〇五頁。
(34) 前掲書（註31）四四五頁。
(35) 前掲書（註8）四一四頁。
(36) 前掲書（註32）七九頁。
(37) 前掲書（註32）八一頁。

(38) 前掲書（註32）八一頁。
(39) 前掲書（註32）八二頁。
(40) この火事は通称「豚屋火事」と呼ばれ、石井光太郎・東海林静男編『横浜どんたく』下巻（有隣堂、昭和四八年発行）に紹介されている。
(41) 『旧荏原郡用賀村名主飯田家文書目録』（世田谷区立郷土資料館、平成二四年）所収。
(42) 井野家文書（『武蔵野市史　続資料編九　諸家文書二』一八四頁（武蔵野市、平成一四年）。

第六三回（東京）大会の記録

大会成果刊行特別委員会

はじめに

地方史研究協議会第六三回（東京）大会は、二〇一二年一〇月二〇日（土）から二二日（月）までの三日間、東京都品川区で開催された。大会の共通論題は「地方史、その先へ—再構築への模索—」とした。一日目は、自由論題研究発表二本、共通論題研究発表二本、公開講演二本および総会が、二日目は、共通論題研究発表七本と共通論題討論が行われた。そして三日目は、「水路でめぐる江戸・東京」をテーマに巡見が行われた。

本書は、この大会の成果について、公開講演・研究発表および討論要旨などをまとめたものである。書名は共通論題を踏まえつつ、討論や収録論文の内容から『地方史活動の再構築—新たな実践のかたち—』と名付けた。構成は、「Ⅰ　地方史研究の現状と課題」「Ⅱ　地方史活動の広がり」「Ⅲ　地方史資料の新たな可能性」「Ⅳ　公開講演」とした。

一　大会準備状況

本大会については、二〇一〇年七月の二〇〇九年度第八回常任委員会において、まず第六三回大会準備委員会を発足し、開催地や大会のあり方に関して検討することから始まった。当初の委員は、生駒哲郎・太田尚宏・熊本史雄・斉藤進・渋谷葉子・谷口榮・西村健・藤野敦・鎮目良文の九名で、第二回準備委員会において鎮目が準備委員長に互選された。準備委員会では、一九九六年に開催された第四七回（東京）大会「地方史の再生—多様性からの出発—」以後の社会情勢の変化の中で出てきた地方史研究や資料保存利用運動（以下、「地方史活動」）における新たな課題や今後のあり方について、全国各地の地方史研究者や地方史活動の現場に関わっている方をなるべく広く集め、議論をすることを目的に、東京都内での開催を前提に準備を進めた。そして、二〇一〇年一一月の二〇一〇年度第一回常任委員会において、開催地を東京都内とすることに決定した。二〇一一年四月、会場候補地の本会会員と非公式に打合せ会を開催し、大会の持ち方に関する説明を行った。同年五月の第六回常任委員会において日程を決定し、同年六月の第七回常任委員会において、大会会場を立正大学石橋湛山記念講堂とすることに決定した。その後、一〇月の第一〇回常任委員会において大会の名称を第六三回（東京）大会とすることに決定した。この間、石山秀和・栗原健一の二名の委員が補充され、準備委員は計一一名となり、一一月の二〇一一年度第一回常任委員会で、準備委員会は、第六三回（東京）大会運営委員会となった。なお、常任委員長は二〇一〇年一〇月まで小高昭一、それ以降は平野明夫が務め、運営委員とともに大会準備にあたった。

　実行委員会については、地方史研究の現状に鑑み、常任委員が直接関わる体制とし、大会準備を進める中で、東京および東京周辺に在住・在勤の地方史研究や資料保存に意欲的な方々も実行委員に加えて構成した。

【実行委員会】

　委員長　奥田晴樹
　事務局長　小泉雅弘
　委員　新井浩文、伊藤暢直、乾賢太郎、牛米努、大嶌聖子、小高昭一、亀川泰照、川上真理、菅野洋介、工藤航平、桑原功一、小松寿治、斉藤照徳、佐藤孝之、実松幸男、滝口正哉、高橋伸拓、寺門雄一、富澤達三、中野達哉、長沼秀明、鍋本由徳、野本禎司、西海賢二、原淳一郎、保垣孝幸、星野尚文、宮原一郎、山野井健五、吉田律人

　実行委員会は合計一五回開催されたが、各回の協議内容については、『地方史研究』第三四九号以降の「事務局だより」および「第六三回（東京）大会運営委員会報告」に記載されているので、ここでは省略する。実行委員会・準備委員会・運営委員会の開催状況は以下のとおりである。

【実行委員会】

第1回　二〇一一年　四月二三日（駒澤大学）
第2回　五月二五日（駒澤大学）
第3回　七月　二日（立正大学）
第4回　八月　三日（駒澤大学）＊1
第5回　九月三〇日（立正大学）
第6回　一〇月二八日（立正大学）
第7回　一一月二四日（立正大学）
第8回　二〇一二年　一月一八日（立正大学）
第9回　二月一五日（立正大学）
第10回　三月一三日（立正大学）
第11回　四月二六日（立正大学）
第12回　七月　八日（立正大学）＊2
第13回　七月二五日（立正大学）
第14回　九月一二日（大崎第一地域センター区民集会）
第15回　一〇月一九日（立正大学）

＊1　この回までは、常任委員で実行委員会を組織し大会のテーマ・

方向性について検討を行っていた。

＊2　同日に共通論題研究発表の準備報告会を開催した。

本大会では、「地方史活動」の現状を把握するという観点から、共通論題研究発表の準備報告会は報告者の地元で開催し、合わせて見学会を行ったり、地元の研究会と合同で行ったりする場合もあった。

前述以外の共通論題研究発表の準備報告会日程は以下のとおりである。

二〇一二年五月二〇日　八尾市立歴史民俗資料館

※同日に、八尾古絵図研究会（「山本新田を歩く」）の活動及び市民共催展示「八尾の古絵図―市民と歩いた八尾の歴史―」を見学した。

二〇一二年七月一五日　寒川文書館

※同日に寒川文書館の施設見学を行った。

二〇一二年七月二五日　徳島市立文化センター

※本報告会は徳島地方史研究会と研究例会と合同で行った。

二〇一二年八月二五日　立正大学

プレ大会は二〇一二年九月一七日、駒澤大学深沢校舎にて開催した。

【準備委員会】

第1回　二〇一〇年　八月二四日
第2回　　　　　一〇月　四日
第3回　　　　　一一月　二日
第4回　　　　　一二月　六日
第5回　　　　　一月二五日
第6回　　　　　二月一六日
第7回　　　　　三月　九日
第8回　　　　　六月二〇日
第9回　　　　　七月一四日
第10回　　　　　八月三〇日
第11回　　　　　一〇月一二日
第12回　　　　　一一月　八日

【運営委員会】

第1回　二〇一二年　一月　五日
第2回　　　　　二月　八日
第3回　　　　　二月二七日
第4回　　　　　四月二五日
第5回　　　　　六月二七日

二　大会テーマ（共通論題）の設定

本大会のテーマについては、当初より「地方史研究の現状と課題」を柱の一つとして準備を始めた。これは、一九九〇年代後半から二〇〇〇年代において、国や地方自治体のあり方についてさまざまな議論が社会で起こり、財政難などを理由とする行政改革の動きや平成の市町村合併、地域の過疎化の進行などが、地方史研究の環境や歴史資料保存機関における活動に大きな影響を及ぼしているという危機意識が常任委員会の中にあったことによる。こうした危機意識は、『地方史研究』第三五〇号で組まれた小特集「地方史研究の現在」に寄せられた各地域の地方史研究者の論考でも同様に見られた。そこで、準備（運営）委員会では、近年地方史研究協議会が開催したシンポジウムや出版物、会誌の「動向」記事などをもとに、論点の整理を行った。こうした準備の最中、二〇一一年三月一一日東日本大震災が発生した。津波による被害そして福島第一原子力発電所の事故によって、生活の場が失われるという状況を目の当たりにし、地方史研究者に何ができるかを考えることも、本大会の課題の一つとなった。以上のような危機意識や課題がある一方で、大会参加者が自らの「地方史活動」の現場に、何かしらのヒントを持ち帰ることかができるように、前向きな議論を行うという方向で大会テーマを設定することになった。

実行委員会や準備（運営）委員会での議論のほか、常任委員会でも議論を重ね、「地方史、その先へ―再構築への模索―」を共通論題として決定した。そして以下の大会趣意書が『地方史研究』第三五六号・第三五八号・第三五九号に掲載された。

【第六三回大会を迎えるにあたって】

地方史、その先へ―再構築への模索―

常任委員会
第六三回（東京）大会実行委員会

地方史研究協議会は、第六三回大会を、二〇一二年一〇月二〇日（土）から二二日（月）までの三日間、東京都品川区で開催する。本会常任委員会および東京周辺の地方史研究者を中心に組織された大会実行委員会では、大会の共通論題を「地方史、その先へ―再構築への模索―」と決定した。

本大会の目的は、一九九六年に開催された第四七回（東京）大会「地方史の再生―多様性からの出発―」以降の社会状況の変化の中で出てきた地方史の研究や資料保存利用運動など（以下、「地方史活動」）における新たな課題、そしてその解決に向けた取り組みや方法について、さまざまな地域やそれぞれの現場の声をもとに検証し、これからの「地方史活動」のあり方を議論することである。

第四七回大会では、地方史研究は「総合学」であることが要請されているとの分析のもと、地域の独自性や固有性を重視した地域史の解明のためには、隣接諸科学との連携が必要であること、また社会史研究の進展により、地方史資料の対象も拡大し、発掘が進んでいることが指摘された。そして、地方史研究の新しい「核」として博物館・資料館・文書館を位置づけ、地方史資料の保存・利用を地域住民とともに行っていくための方法について議論された。本会では、この大会の成果を踏まえ、「地方史研究における協業」や「地域博物館における博物館資料論」など、新たな地方史研究の方法論を深めてきた。

ところが、同大会以降、すなわち一九九〇年代後半から二〇〇〇年代にかけて、日本社会は大きく変化した。この時期、国・地方公共団体とも財政難への対応が大きな政策課題となり、財政基盤の強化を目的の一つとした市町村の大合併が行われ、組織・活動の見直しを含む行財政改革が推進された。この影響を受け、地方史研究の「核」の一つとして期待が高まっていた博物館・資料館・文書館、また従来から「地方史活動」とつながりが強かった図書館や自治体史編纂事業などの予算が縮小され、指定管理者制度の導入など、組織や活動目的のあり方に再考を迫られるといったことを見聞きするようになった。その他にも、研究機関・教育現場における研究環境の悪化を指摘する声が多数あがっている。

この状況にあって、「地方史活動」の現場では、活動に対する理解者の増加や新たな担い手づくりのため、地域の歴史の伝え方への工夫や、地域住民と協力して活動を行うための新しい組織を作るといった動きが見られるようになった。例えば、歴史的環境や地域の歴史資料をテーマに、特定の時代や研究領域、行政区域や所属機関を越えた研究活動が行われ、その成果がさまざまな形で報告されている。また、地域住民と協力して、地域の歴史資料の掘り起こしや古文書調査、文化財保護活動を行っているという事例もある。さらには、大学や博物館などが、歴史的経緯を持つ地場産業や伝統産業に光をあてて新しい活動を始めたり、その土地の歴史的景観や史跡・資料をまちおこしや観光資源として活用したりするなど、「地方史活動」は広がりつつある。こうした動きは、地方史研究への興味・関心を広げ、博物館や図書館などにおける歴史講座や古文書講座への参加者増をもたらすなどの成果も生んでいる。そして、自治体や大学、地域住民が協力しあいながら、その地域独自の研究活動を生み、それを自治体史編纂や学校教育・生涯学習にも反映させるようになっている。

しかし、以上のような課題解決への取り組みは、各現場の個人の努力に支えられているのが現状である。加えて、「地方史活動」の広がりは、ややもすれば、一過性のものとなりかねず、地域の歴史および資料を単なる「消費」の対象と捉えてしまうという危惧もある。地域の歴史を資料とともに後世へ伝えること、さらにその資料をもとにした研究活動を核として、地域の歴史像を考える新しい視点・方法を生み出すために、本大会では、各現場の独自性や自立性を尊重しつつ、一方で共有し得る課題や連携の方法について議論したい。

このような趣旨で大会の準備を行っていた最中、二〇一一年三月一一日に東日本大震災が発生した。この震災では、津波や原子力発電所の事故によって、多くの人々が生活の場や戻るべき場所を奪われているという事態を私たちは目の当りにしている。被災した地域の歴史資料については、これまでの経験に基づき救済活動が早くから行われている一方で、資料保存のあり方について、根本から考え直し始めた現場も多いのではないだろうか。ふり返ってみれば、一九九〇年代後半以降は、多くの災害が起こった時期でもあり、今後も各地で災害の発生が懸念されている。そうした時代の中で、いかに「地方史活動」を行っていくべきか、考えるべき課題は大きい。

現在の「地方史活動」上の課題やその解決に向けた取り組みは多岐にわたる。その中にあって、本会が従来から行ってきた地域の歴史像の解明、資料保存利用運動をさらに発展させていくためにはどうすればよいのか、これからの時代における「地方史活動」の再構築に向け、その方向性について模索したい。ぜひとも、この議論に参加していただきたい。

三　問題提起

例年同様、本大会でも共通論題に関する問題提起を募集し『地方史研究』第三五八号（大会特集Ⅰ）に一八本、同第三五八号（大会特集Ⅱ）に九本掲載した。

1　四国の地方史・地域史を考える
　　—四国地域史研究連絡協議会の試み—　胡　光
2　信濃史学会の現状と課題　山浦　寿
3　歴史系施設における地域横断型ネットワークの重要性　松本洋幸
4　佐田岬半島の「地方史活動」模索　高嶋賢二
5　郷土資料館における「地方史活動」の取組みと課題
　　—北海道江差町の事例—　宮原　浩
6　生きられる歴史/モノごとの歴史　平井太郎
7　観光地の中の地域博物館

―日常と非日常の狭間で―　保科智治

8　「地方史活動」の一拠点として　米澤英昭

9　中世惣国復活プロジェクト
―フィールドミュージアムの試み―　海津一朗

10　地方史は理解されていくか？
―就実大学吉備地方文化研究所の難問―　苅米一志

11　『新修彦根市史』（第十巻 景観編）の試み
―「市民の市史」をめざして―　小林　隆

12　「低成長時代」の自治体史編さんと地域への役割
―青森県史を事例に―　中野渡一耕

13　地方における埋蔵文化財の保存と活用　栗山葉子

14　東京都立高校における地域史学習の動向
―東京都設定科目「江戸から東京へ」の
導入も視野に入れて―　加藤　健

15　博物館と学校、及び小中高学校間の連携について　深田富佐夫

16　一歴史系クラブのささやかな活動紹介　風間　洋

17　漁業史研究からみる環境史研究への展望　髙橋美貴

18　東日本大震災避難所資料の収集・保存
―新潟県長岡市の事例から―　田中洋史

19　住民と区立博物館の関係から
―足立区の事例―　多田文夫

20　地域博物館における循環型活動をめざして
―千代田区の事例から―　滝口正哉

21　地域住民にむきあう
―名古屋市博物館の取り組み―　岡村弘子

22　江東区文化財保護推進協力員制度と活動領域の展開　斉藤照徳

23　文化財行政と地域文化の再生産
―杉並区文化財保護ボランティア活動の試み―　野本禎司

24　地方史活動と文書館の現状
―千葉県文書館の活動を通じて―　高橋伸拓

25　大河ドラマと地方史研究　工藤航平

26　江戸時代地方史の研究をめぐる
二つの情報ネットワーク
―瀬戸内海域における異国船対応史の視座から―　鴨頭俊宏

27　東京大空襲における被害の実体解明と
焼失した地域の構造を復元する試みについて　西村　健

四　自由論題研究発表

大会一日目の一〇月二〇日午前に行われた自由論題研究発表は以下のとおりである。

1　天正期北関東の政治情勢と在地領主
　―「総無事」論との関わりで―　宮川展夫

2　地域再生の歴史学
　―地方紙記者からの提言―　楠瀬慶太

宮川報告は、天正一一年（一五八三）から同一三（一五八五）の反北条連合（佐竹氏を旗頭に北関東諸氏が結束してできた連合）を考察対象とし、秀吉が発給した「総無事」の受容のあり方について検討することによって、天正期北関東における政治情勢や在地領主が多様な構造を持っていることを論じていた。

楠瀬報告については本書掲載論文を参照していただきたい。

五　公開講演

一〇月二〇日午後には以下の公開講演が行われた。

1　寺院文書の構造的把握　中尾　堯

2　幕末期江戸周辺地域史論
　―武士社会と農村との人的交流―　森　安彦

内容については、本書掲載論文を参照していただきたい。

※森氏の講演は、本書掲載にあたり題名が変更された。

六　共通論題研究発表

大会一日目の午前と大会二日目の一〇月二一日に行われた共通研究発表は以下のとおりである。これらはすべて本書に掲載されている。

1　関東大震災と地方史の教訓
　―横浜市史の編纂過程を中心に―　吉田律人

2　地方史研究と総合学
　―地域学創出にむけて―　青木歳幸

3　地域住民による「地方史活動」と地域博物館
　―平塚市博物館歴史系サークルの活動を通して―　早田旅人

4　新しい学びのかたちを求めて
　―八尾市立歴史民俗資料館の活動を通して―　小谷利明

5　地域博物館の活動から捉えた地方史の展開と課題　加藤隆志

6　地域誌（史）研究の愉しみ、そして可能性
　―まちと暮らしの中で―　北村　敏

7　市町村アーカイブズの役割
—地域のコンシェルジュをめざして—　高木秀彰
8　徳島県における地域史研究の現状と課題
—徳島地方史研究会の取り組みを中心に—　石尾和仁
9　地方史活動と学校教育
—その現状と可能性—　毛塚裕之
※青木・北村・石尾各氏の報告は本書掲載にあたり題名が変更された。

七　共通論題討論

共通論題研究発表に続いて、共通論題討論が行われた。討論の議長は、大会運営委員の藤野敦（東京）、実行委員の寺門雄一（東京）、大会運営委員長の鎮目良文（東京）の三名が務めた。まず討論にあたって、鎮目から「多様性からの出発をうけて—地域博物館の現状—」「他機関や他分野との関係性（連携）の構築」「地方史、その先へ」という三つ論点が示された。

第一の論点「多様性からの出発をうけて—地域博物館の現状—」については、議長を寺門氏とし、早田・小谷・加藤・北村各報告を中心に討論が行われた。

まず寺門氏から地域住民を巻き込んだ「地方史活動」に関して、その参加者層について四名に質問をした。この質問で四名とも共通していたのは、参加者の多数がリタイア層であるということである。また戦後ベットタウン化し、新住民と旧住民の関係性が見えやすい八尾・相模原などでは、新住民の方が地域の歴史について知りたいという欲求が多いということが指摘された。

次に早田報告と小谷報告について、地域住民とのアプローチの違いに関して比較が行われた。このことに関して、小谷氏は関東の博物館活動について学芸員と地域住民との関係に縦関係の印象があると述べた。一方で八尾市では、参加者の目的の違いやニーズを尊重し、緩やかな連携や組織作りを行っていると述べた。それに対し、早田氏は、自身の活動は、ギブアンドテイクを基本とし、地域住民と対等な関係で活動を行っていると述べた。一方で博物館ができる前から郷土史家団体があり、そこが博物館設立の原動力になった八尾市と、博物館が主導して郷土史家を作ろうとしている平塚市との違いがそうした印象を与えている原因ではないかと述べた。

次に、民俗学をフィールドとした加藤報告と北村報告について、地域住民とともに「今を記録する」ということを「楽しみながら」行っているという特徴があると指摘し、そうした活動ができるようになるまでの過程やその間の苦労について質問があった。加藤氏は地域住民とともに調査を行う場合には、地域生活に直結したテーマを取りあげていること、そして調査した成果は具体的な形にすることを心がけていると述べた。北村氏は、フィールドワークにはそもそも発見する喜びがあることを述べた上で、その満足度や発見したことを表現する方法については各個人で違うことを認めることが大事であると強調した。

以上のような討論を受け、寺門氏から、地域住民と一緒に活動をしていく上での学芸員（研究者）の役割やコツについて教えてほしいとの要望があり、「同じ目的・目標を持った者であるという対等な関係づくり」（早田氏）、「情報共有して人をつないでいくこと」「さまざまな形で居場所を用意し、根付くまで我慢すること」（小谷氏）、「一緒にやりたいということを発信し続け、種をまくこと」（加藤氏）、「発見する楽しみ、表現する楽しみを用意（装置化）すること」（北村氏）と各氏は述べた。

ここで、宮崎俊哉氏（群馬県）から市町村立での施設における地域住民との取り組みについては理解できたが、県立や大学ではどのような取り組みが可能かという質問があった。この質問については、石尾氏が徳島県の事例をあげ、県立博物館でも市民講座やボランティア組織などがあり、住民と博物館組織との間では関係が形成されているが、地域住民が主体的となって地域の調査や研究をするまでには至っていないのではないかと述べた。また青木氏は、佐賀大学地域学歴史文化センターの取り組みとして、地域連携事業を紹介し、地域住民と資料保存や展示活動を行ったり、公開講座を開いたりするなどして、地域の資料は地域で守るという意識を持ってもらう努力をしている最中であると述べた。

ここで議長が藤野氏に代わり、第二の論点「他機関や他分野との関係性（連携）の構築」の討論に移った。ここでは、青木・石尾・高木・毛塚報告を中心に討論を行った。

まず青木報告について、小泉雅弘氏（東京）、鈴木靖氏（埼玉）、宮崎俊哉氏（群馬県）から、佐賀大学地域学歴史文化センターの取り組みが、学生や地域住民にどのような影響を与えているか、また地域学そのものの意義や定義について質問があった。これに対し、青木氏は学生への対応として、佐賀大学には日本史専攻がないことをまず述べ、その上で、佐賀学プロジェクトに参加している教員から自身の専門領域をベースにして佐賀に関することを講義することを企図した

「佐賀学」という講座を立ち上げていることを述べた。また、地域住民や社会人への公開講座の開催、さらには社会科教員への再教育プログラムの一環として古文書講座を行っていると述べた。そして地域学については、文書資料などが残されていない地域の歴史を解明していためには、人文科学だけでなく社会科学や自然科学などの研究者と連携が必要であり、地域を総体的に捉えることは、地域再生という現代的課題に答えていくためにも重要なことだと述べた。

石尾報告については、阿波学会の中で生まれた成果や今後の発展の可能性について質問があった。これに対し、石尾氏は、阿波学会は徳島県立図書館に事務局とし、設立当初は徳島大学を中心に、いわば官製的活動から始まったものではあるが、現在では在野の団体が緩やかに連携しながら活動をしていることを述べた上で、参加団体の多くが、会員の減少など運営に関して危機感をもっているようだと述べた。しかし、例え少人数になったとしても、機関誌の刊行や研究会活動などを継続していけば、新たな連携の可能性が生まれることがあると指摘した。また、阿波学会は、現在まで各団体の関心で調査を進めていくことを慣例としていたため、特定のテーマを持って学際的調査することによって、発展の余地がまだあると述べた。一方、在野の研究団体が、地域社会に入って研究活動を進めていくためには、教育委員会などの行政の協力も不可欠であると指摘した。

高木報告では、博物館とアーカイブズの違い、とくに今回の大会で示された地域のコンシェルジュという考え方に対し、博物館の学芸員や地域住民の中に入ってコーディネーター的な役割を果たしている研究者との違いについて質問があった。この質問に対し、高木氏は、博物館は教育機関・生涯学習施設としての役割があり、そのために積極的な仕掛けを行っている印象があるが、アーカイブズはどちらかといえば受け身的であり、利用者の興味関心に基づいて資料を提供していく施設であると述べた。そのことを前提に、アーキビストは、地域住民からレファレンスに対し全身全霊を持って答えること、利用者・地域住民が本当に知りたいことを引き出した上で、適切なサービスを提供することができる存在でありたいということからコンシェルジュという用語を使用したと述べた。そして、アーキビスト制度は、利用者に対するサービスや、地域住民のニーズに目を向けるべきであるという問題提起をした。

毛塚報告については、博学連携の必要性はいわれて久しく、また地方史活動と学校教育の連携について、さまざまな取り組みがあったと考えられるが、未だに多くの課題があることを踏まえて、乗り越えられなかった壁とはいったい何かという質問があった。これに対し毛塚氏は、端的にいえば継続的に行う体制になっていないことが問題であると述べた。例えば、出前講座などのプログラムを考えてみても、現状では個人の能力に委ねられていることが多く、組織立っていないのではないかと述べた。また、一方で博物館や研究者を受入れる学校側においても、教員の多忙化によって準備に時間が割けないということも、継続的に行えない要因であると述べた。そうした現状を踏まえて上で、毛塚氏から学習指導要領の改訂を受け、学校教員側にはニーズが高まっていることに対し、博物館や文書館などの施設はどのように考えているか、また具体的な取り組みがあるかについて質問が投げかけられた。これに対し、小谷氏は、八尾市の社会科教育研修会に参加し、副読本の作成などの協力は行っているものの、それはいわば点のつながりであり、継続的なつながりになっていないところに課題があると述べた。一方で、学校の中には地域社会を知るための歴史的教材が眠っている事例があることを述べ、博物館と教員が共同で、そうした教材の再生や活用を図るなどの具体的な活動を行えば、関係性を構築していくことができるのではないかとも述べた。高木氏は、文書館は常にレファレンスなどの窓口を開いているが、そうした情報をどう伝えたらいいかについては模索中であると述べた。一方で、寒川文書館の事例として、地域の調べ学習の一環で、小学生が文書館を利用する際の傾向として、質問の内容や仕方に学校ごとに大きな違いがあるという現状を述べた。その上で、施設利用や質問の仕方についての事前学習や、学校から文書館へ予め単元の意図などの情報提供があればレファレンスの質も変わってくるとも述べた。ここで藤野氏から、地方史研究協議会では、研究者・学芸員・アーキビスト・教員などさまざまな組織に所属する人が一堂に会し議論をすることができる場であり、そのことによって横の連携や可能性を広げることができるのではないかと述べ、次の討論に移った。

ここで議長が鎮目に代わり、第三の論点「地方史、その先へ」に関して、吉田報告そして自由論題研究発表ではあったが、関わりがあるとして楠瀬報告を中心に討論を行った。

まず楠瀬報告について、石尾氏から地方における地方紙そしてその記者が持つ影響力の大きさについて指摘があった。在野の研究団体の活動が地方紙で取りあげられた場合の反響はとても大きいことから、主体的に働きかける場合があるとする一方、地方紙自体の仕掛けとして、まちおこしや地域の歴史資源の掘り起こしが行われている場合があることを説明した。これによって大きい成果が生まれることがある一方で、地方紙が行う活動は地方史記者個人の能力に依るところが大きく、また新聞記者はその職務上、配置転換などがあることもあり、継続性について課題があると指摘した。次に、北村氏は楠瀬報告について、都市部における地域資源の掘り起こしと限界集落のそれとは、大きく意味合いがことなるのではないかと述べた。即ち、継続的に住民が流入してくる都市部では、調査し記録するという作業を通じて掘り起こされた地域資源は、地域住民のアイデンティティの創出につながりやすいが、限界集落などにおいて、歴史的蓄積を明らかにすることは、その地域に残る覚悟を改めて決める材料になることもあれば、逆に、その地を離れることを選択する判断材料にもなりうるのではないかと指摘した。

吉田報告については、氏の報告の課題として上げられていた、東日本大震災後における地方史研究者の役割とこれからのあり方について質問をした。吉田氏は、これに対し、震災以後、研究者だけでなく、広く一般においても、地域の災害の歴史に対して関心が高まっていることを指摘した。その上で、歴史資料保存・活用施設としては、こうした地域住民のニーズに対し、過去の記録を防災という観点から改めて掘り起こすとともに、地域住民にわかりやすく示していくことが重要であると述べた。また一方で、災害の記録を未来に残すことも地方史研究者の責務であると述べるとともに、自治体史編纂事業や資料集の刊行は、地域住民のニーズに答えることの一環でもあり、加えて、資料自体を災害などで喪失した場合の保険となり得る点を強調した。

吉田氏から出された災害の記録を未来に残すのも地方史研究者の責務であるという指摘を受け、毛塚氏から茨城県における東日本大震災時の記録を残す活動が行われたことが述べられ、この件については、久信田喜一氏（茨城）が詳しいとして紹介された。久信田氏は、茨城県教育史研究会での取り組みとして、三月一一日以降の年表を作成するとともに、県内の幼・小・中・高に震災当日の現場の状況などについてアンケートを実施、さらに詳しく教員からの証言を集めたり、生徒たちに作文を書いてもらったりしたものを、『東日本大震災と学校　三・一一の記録』という形でまとめたと紹介した。また、茨城地方史研究会の活動として、茨城史料ネットに協力して資料救済にあたるとともに、その活動や経験を記録しているとも述べた。

討論の最後に、鎮目がさまざまな立場の人による「地方史活動」の情報を継続的集めていくこと、また震災の記録を含め、今という時代を記録していくことの意義、さらにそうした情報や記録を広く共有化していく中で、新たな連携や地方史研究の可能性が生まれるのではないかと述べ、二時間以上に及ぶ共通論題討論を締めくくった。

八　巡見

大会三日目の一〇月二二日には巡見が行われた。本大会では「水路でめぐる江戸・東京」をテーマに次のとおりコースを設定した。

品川・船清―第六台場―第三台場（停船見学）―浜離宮（停船見学）―隅田川―桜橋（停船見学）―小名木川―扇橋水門―江東区中川船番所資料館（上陸見学）―荒川ロックゲート―砂町水門―大森海苔のふるさと館（上陸見学）―品川

今回の巡見は、大型屋形船を一日借り切り、水上から東京の水路やその近くにある史跡を見学するものであった。その珍しさもあってか、巡見には八五名の方が参加された。心配された天候にも恵まれ、順調に航行していたところ、小名木川にある新高橋のところで、普段より水位が上がっていたため、橋をくぐれないという出来事が起こった。三〇分ほど水位が下がるのを待って、航行を試みたものの、結局くぐれず、江東区中川船番所資料館を割愛せざるを得なかった。同館では、休館日にもかかわらず待機していただていており、恐縮の限りである。この場を借りてお詫び申しあげたい。船はここでUターンして、直接大森海苔のふるさと館へ行き、その後、船清のご好意で見学コースになかった羽田沖を見学して、予定の時刻に帰航した。船内では実行委員や大会報告者である北村氏に加え、大会テーマに関連して、品川区のボランティアガイドとして活躍されている渡邉瑞穂氏の詳細な解説があった。今回の巡見にあたっては、破格の値段で屋形船を提供していただいた船清のほか、見学施設や船着場のご理解・ご協力があった。これらのことについて改めてお礼を申し上げたい。

※なお、江東区中川船番所資料館については、二〇一二年度第四回研究例会（二〇一二年三月三〇日）で、見学会を実施した。

九　総括例会

大会から四ヶ月を経た二〇一二年二月二三日、立正大学において総括例会が開催された。これは、本会の研究小委員会が担当し、大会の成果と課題を確認するために開催される。運営委員会側から栗原健一氏、実行委員会側からは山野井健五氏が報告に立った。栗原報告では、趣意書の内容を確認した上で、問題提起・共通論題研究発表・討論から「地方史活動」をキーワードに大会の成果を整理するものであった。「地方史活動」については、地域博物館や文書館、地域史研究会・行政・大学、学校教育の現場の働きかけによって、多くの地域住民を巻き込み、多様化・広がりを見せていることを確認できたとする一方で、被災地や限界集落などの「地方史活動」の危機的地域も存在しているのが現状であり、その点に関し検討が足りなかったのではないかと指摘した。その上で「地方史活動」において重要なのは、継続的な実践であり、そのためには担い手の継続が不可欠であると指摘し、地方史研究者自体の育成も重要であるとした。

山野井報告では、「地方史活動」の現場で働く当事者の立場から、本大会の成果をいかに活かすかという視点から、共通論題報告と問題提起を、(1)歴史に対するニーズ、(2)地域における博物館・資料館活動、(3)地域・学校との連携という三つに観点から整理し報告を行った。氏は大会の成果について、資料保存・活用機関と地域住民との間で双方向的な「地方史活動」が行われることが、地域の活性化につながり得る可能性が見えた点であると述べた。一方で、「地方史活動」とメディアと関係並びにまちおこしとの関係については議論を深める余地があるのではないかと指摘した。その後、討論では地方史研究と教育現場との継続的な関係構築に関してや、今後の本会の活動のあり方にも議論が及んだ。

※なお、両氏の報告要旨は『地方史研究』第三六四号に掲載されているのでご参照いただきたい。

おわりに

本大会は三〇四名の参加者を得て、三日間の日程を無事終了した。前述のとおり、本大会は、近年の大会運営とは異なり、常任委員会を中心に実行委員会を立ち上げ、そこに東京周辺に在住・在勤の地方史研究や資料保存に意欲的な方々に加わっていただくという形をとった。会場となった立正大学関係者、新たに加わっていただいた実行委員の方々、そして何より各地から集まっていただいた報告者のご協力・ご尽力もあって、大会そのものは滞りなく終え、一定の成果を上げることができた。しかし準備過程では、さまざまな課題があったことを特記しておきたい。まず大会テーマに関しては、準備（運営）委員会に対し、概念的な枠組みを作ることに終始し、具体的な報告者や内容が見えてこないということがしばらく指摘され続けた。最終的には、実行委員の研究活動や常任委員が各地で開催した大会で築いた人脈をもとに、多彩な経験を持つ報告者を得ることができたが、常任委員の中でも、経験や地域社会との関わり方の差が大きいことが改めて浮き彫りになった。「地方史活動」においては、その継続性の重要性が指摘されたが、その意味においても、本会の歴史や役割、また諸先輩の経験を学ぶ機会を積極的に持つこと、さらに本会の担い手を絶えず育成していくことが重要であると自戒を込めて記しておきたい。また、成果として「地方史活動」の広がりが確認できた一方で、被災地や限界集落など「地方史活動」の危機的地域への対応について検討しきれていないという指摘も多く受けた。こうした地域に対し、「地方史活動」をどう展開していくかについては、今後の課題とするところである。しかし、本会の大会は、専門分野や研究領域、所属施設の垣根を越え、議論することができる場であることが改めて確認できたことは大きく、さまざまな経験や成果を共有していくことはもちろん、問題解決の方法を探る手段として、継続的に「地方史活動の現状」について考察する機会を設けることができればと考える。

最後になったが、大会の後援・協力・協賛団体を紹介する。

【後援】立正大学　品川区　品川区教育委員会

【協力】江東区教育委員会　しながわ観光協会　株式会社南東京ケーブルテレビ

【協賛】全国歴史資料保存利用機関連絡協議会関東部会　関東近世史研究会　首都圏形成史研究会　江戸東京近郊地域史研究会

以上の団体には、大会会場の確保や巡見の見学先との交渉、大会の周知など多方面にわたってお世話になった。改めて感謝申し上げる。

本書の刊行は、地方史研究協議会第六三回（東京）大会成果論集刊行特別委員会が担当した。委員は、生駒哲朗・石山秀和・太田尚宏・栗原健一・斉藤進・西村健・藤野敦および鎮目良文（委員長）の七名である。刊行に際しては株式会社雄山閣の羽佐田真一氏・安齋利晃氏に大変お世話になった。記して謝意を表したい。

（文責　鎮目良文）

執筆者紹介（五十音順）

青木歳幸（あおき　としゆき）
佐賀大学地域学歴史文化研究センター教授。
［連絡先］〒840－8502 佐賀県佐賀市本庄町一
佐賀大学地域学歴史文化研究センター気付

石尾和仁（いしお　かずひと）
徳島地方史研究会／徳島県教育委員会。
［連絡先］〒770－8040 徳島市上八万町中山十七－二五九

加藤隆志（かとう　たかし）
相模原市立博物館学芸員。
［連絡先］〒252－0221 神奈川県相模原市中央区高根三－一－一五
相模原市立博物館気付

北村　敏（きたむら　さとし）
大田区立郷土博物館。
［連絡先］〒191－0012 東京都日野市七七七三－四〇一

楠瀬慶太（くすのせ　けいた）
高知新聞社窪川支局。
［連絡先］〒786－0008 高知県四万十町榊山町一三六八－五九

毛塚裕之（けづか　ひろゆき）
つくば市立二の宮小学校教諭。
［連絡先］〒300－0819 茨城県土浦市上高津新町八－十一

小谷利明（こたに　としあき）
八尾市立歴史民俗資料館 館長補佐。
［連絡先］〒581－0014 大阪府八尾市中田四－一四三－三

高木秀彰（たかき　ひであき）
寒川文書館。
［連絡先］〒253－0106 神奈川県高座郡寒川町宮山一三五－一
寒川文書館気付

中尾　堯（なかお　たかし）
立正大学名誉教授。
［連絡先］〒192－0914 東京都八王子市片倉町一四〇五－一三五

早田旅人（はやた　たびと）
平塚市博物館学芸員。
［連絡先］〒257－0024 神奈川県秦野市名古木四五七－九

森　安彦（もり　やすひこ）
国文学研究資料館名誉教授。
［連絡先］〒167－0042 東京都杉並区西荻北四－五－二

吉田律人（よしだ　りつと）
横浜開港資料館調査研究員。
［連絡先］〒231－0021 横浜市中区日本大通三
横浜開港資料館気付

平成25年10月25日 初版発行 《検印省略》

地方史研究協議会 第63回（東京）大会成果論集

地方史活動の再構築―新たな実践のかたち―

（ちほうしかつどうのさいこうちく―あらたなじっせんのかたち―）

編　者　ⓒ地方史研究協議会

発行者　宮田哲男

発行所　株式会社 雄山閣

〒102-0071　東京都千代田区富士見２-６-９
電話 03-3262-3231㈹　FAX 03-3262-6938
http://www.yuzankaku.co.jp
E-mail　info@yuzankaku.co.jp

振替：00130-5-1685

印刷・製本　株式会社ティーケー出版印刷

Printed in Japan 2013 ISBN978-4-639-02286-2　C3021
N.D.C.213　284p　22cm